高职高专"十四五"规划学前教育专业新标准实践型示范教材

总主编　蔡迎旗

幼儿园课程

主　编◎欧　平　欧阳艳桂

副主编◎莫云云　彭敏利　谢少封　秦炜森　杨钰锋

编　者◎欧　平（衡阳幼儿师范高等专科学校）

欧阳艳桂（永州师范高等专科学校）

莫云云（湘中幼儿师范高等专科学校）

彭敏利（湘南幼儿师范高等专科学校）

谢少封（衡阳幼儿师范高等专科学校）

秦炜森（周口职业技术学院）

杨钰锋（衡阳幼儿师范高等专科学校）

梅珺珺（黄冈师范学院附属幼儿园）

肖　燕（黄冈师范学院附属幼儿园）

杜　宇（武汉市直属机关育才幼儿园）

华中科技大学出版社
http://press.hust.edu.cn
中国·武汉

图书在版编目（CIP）数据

幼儿园课程 / 欧平，欧阳艳桂主编. -- 武汉 ：华中科技大学出版社，2025. 7. -- ISBN 978-7-5772-2121-2

Ⅰ. G612

中国国家版本馆 CIP 数据核字第 2025MX9719 号

幼儿园课程

Youeryuan Kecheng

欧　平　欧阳艳桂　主编

策划编辑：周晓方　周清涛　袁文娣

责任编辑：周　天

封面设计：廖亚萍

责任校对：张汇娟

责任监印：曾　婷

出版发行：华中科技大学出版社(中国·武汉)　　　电话：(027)81321913

　　　　　武汉市东湖新技术开发区华工科技园　　　邮编：430223

录　　排：华中科技大学惠友文印中心

印　　刷：武汉科源印刷设计有限公司

开　　本：889mm×1194mm　1/16

印　　张：12.75

字　　数：300 千字

版　　次：2025 年 7 月第 1 版第 1 次印刷

定　　价：49.90 元

网络增值服务使用说明

欢迎使用华中科技大学出版社人文社科资源网

1 教师使用流程

（1）登录网址：http://rwsk.hustp.com（注册时请选择教师用户）

注册　登录　完善个人信息　等待审核

（2）审核通过后，您可以在网站使用以下功能：

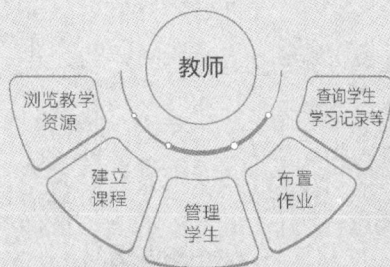

教师

浏览教学资源

查询学生学习记录等

建立课程

布置作业

管理学生

2 学员使用流程

（建议学员在PC端完成注册、登录、完善个人信息的操作）

（1）PC 端学员操作步骤

① 登录网址：http://rwsk.hustp.com（注册时请选择普通用户）

注册　完善个人信息　登录

② 查看课程资源：（如有学习码，请在个人中心 - 学习码验证中先验证，再进行操作）

选择课程

首页课程　课程详情页　查看课程资源

（2）手机端扫码操作步骤

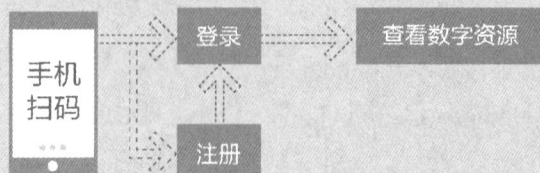

手机扫码

登录 → 查看数字资源

注册

Abstract
内容提要

《幼儿园课程》是一本系统介绍幼儿园课程理论与实践的专业教材。全书共分为六个项目，涵盖幼儿园课程概述、目标体系、内容、实施、评价、游戏化改革等内容。教材以任务驱动为主线，结合案例导入、知识梳理、拓展阅读等模块，旨在帮助读者深入理解幼儿园课程的设计与实施。

本教材注重理论与实践相结合，突出实用性和可操作性，强调游戏在幼儿园课程中的核心地位，提供了丰富的案例和实施策略；内容清晰，语言通俗易懂，旨在为幼儿园课程开发与教学实践提供科学指导，适合学前教育专业学生、幼儿园教师使用。

总　序

人生百年，立于幼学。学前教育是我国学校教育制度的奠基、国民教育体系的重要组成部分和重要的社会公益事业，其关系到我国千万儿童的健康快乐成长和家庭的和谐幸福，故我国各级政府高度重视，社会各界高度关注。推动学前教育普及、普惠和高质量发展已成为我国学前教育事业改革与发展的未来路向。

幼儿园教师是决定幼儿园保育与教育质量的关键因素，是我国构建现代化、高质量的学前教育体系的根本保障。当前，我国学前教育事业发展的薄弱环节在于幼儿园教师队伍的建设。高质量的幼教师资来源于高水平的学前教师教育。为满足我国学前教育事业发展的迫切需求，我国颁布了《教师教育课程标准（试行）》《幼儿园教师专业标准（试行）》《新时代幼儿园教师职业行为十项准则》《学前教育专业师范生教师职业能力标准（试行）》等多项标准和文件，对我国幼儿园教师教育课程、幼儿园教师专业素养、职业道德与行为、职业能力与岗位适应等进行规范与引导，以努力提升我国学前教师教育的整体质量与水平。当前，我国幼儿园教师起点学历有所提升。在职幼儿园专任教师中专科及以上学历比例超过了 90%，其中近八成是专科学历。高职高专在我国幼儿园教师人才培养中具有举足轻重的地位，是我国学前教师教育的主力军。

职业教育是我国国民教育体系和人力资源开发的重要组成部分，是培养多样化人才、传承技术技能、促进就业创业的重要途径。我国各级各类职业教育院校守正创新、锐意改革,大力提升职业教育办学质量和适应性,而打造职业教育精品课程与教材是提高职业教育办学质量和适应性的关键所在。华中科技大学出版社计划出版的"高职高专'十四五'规划学前教育专业新标准实践型示范教材"回应了我国学前教育事业发展之所急和职业教育事业发展之所需。本人受邀作为本套教材的总主编,深感荣幸且责任重大。通过跟出版社深度沟通、市场调研和全国学前教育专业相关院校教师专家的研讨,本套教材试图实现如下六个方面的创新与突破。

第一,坚持立德树人,创新教材理念。本套教材将以培养高素质专业化幼儿园教师为目标,坚持教材的思想性和先进性,把社会主义核心价值体系有机融入教材,精选对培养优秀幼儿园教师有重要价值的课程内容,将学前教育领域的前沿知识、教育改革和教育研究最新成果引入教学内容,加强中华优秀传统文化的渗透与融入,实现课程思政一体化,立德树人,德技并修。本套教材注重引导学习者树立正确的儿童观、教师观、教育观和长期从教、终身从教理念,塑造未来教师的人格魅力;加强职业道德教育和职业态度与行为的养成;着力培养学习者的社会责任感、创新精神和实践能力。

第二,分层分类设计,优化教材体系。本套教材从"教育信念与责任""教育知识与能力""教育实践与体验"三个维度,按照《教师教育课程标准(试行)》对幼儿园教师教育课程的要求,设计了"人文素养与思政类""保教理论与实践类""教师技能与艺术类"共三个层次40多本教材,分别着重培养学习者的人文科学素养与师德理念、幼儿园保育与教育职业能力以及幼儿园教师教育素养与艺术素养;强化教育实践环节,加强职业技能训练内容,编写教育见习、实习和研习手册,提供名师优秀教学案例;坚持育人为本,促使学习者"德、才、能、艺"全面发展,人才培养目标从促进就业、创业转变为促进人的全面发展和专业职业的可持续发展。

第三,"岗课赛证"并重,精选教材内容。本套教材的大纲与内容、拓展练习与教学资源库均依据我国幼儿园教师职前和职后教育、幼儿园教师职业与岗位准则、幼儿园教师资格制度、幼儿园教师职业技能大奖赛等方面的相关标准和文件,实现"岗课赛证"一体化。本套教材坚持职前教育和职后培训贯通设计,在全面夯实学习者专业知识与能力的基础上,注重学习者职业道德与能力的培养和从业态度与行为的养成教育。

另外,本套教材注重课前、课中与课后的整体设计,课前预习相关学习资源,课中精讲关键知识点,课后链接"岗课赛证"相关练习,以便于学习者巩固所学内容并学以致用,提升学习者的专业与职业综合素质以及职业与岗位适应能力,实现终身学习和发展。

第四,以生为本引导学习,完善教材体例。本套教材从"教"与"学"两个角度设置教材体例,使其符合学习者的学习、内化乃至实践应用的规律,具有启发引导性,也充分考虑了教材面向的主体——高职高专学生的学习特点,内容编排由浅入深,理论与实践并重,努力做到"教师好教,学生好学";注重培养学习者对学前教育学科知识的理解和感悟,设计模拟课堂、情境教学、案例分析、技能训练、教学竞赛等多样化的教学方式,让学生增强学习兴趣,提高学习效率,实现学习能力、实践能力和创新能力的三重提升。

第五,数字技术强力支撑,丰富教材形式。本套教材注重将信息技术作为基础条件与支撑,构建丰富多彩、高质量的数字资源库,努力实现课程与教学资源的共建共享;实现"互联网+"教育和教材形态的多样化与数字化,将纸质媒介和电子媒介相结合,创设数字化的教育教学情境。教材中穿插的大量数字资源可以引导学习者在课前和课后拓展学习海量专业知识,培养学习者的数字化教育能力和数字化学习能力,做新时代高素质的数字化教育者和学习者。针对幼儿园管理与保教的特点,本套教材尤其注重提升学习者的信息素养和利用信息技术进行保育与教育、安全风险防控和质量管理的能力。

第六,"校社产教"多元合作,确保教材质量。为确保教材质量,我们特聘请全国开设学前教育专业的高职高专院校和本科高校中教学经验丰富、有较强影响力的专家及一线骨干教师担任每本教材的主编和副主编,拟定编写体例,给出编写样章,同时参与大纲和样章审定工作,总体把控书稿的编写进度与质量。参与编写工作的人员来自高校、行业领域和实践一线,实现"校社产教"不同领域的协同创新与深度合作。

当然,以上六个方面只是本人作为总主编对这套教材的美好期待与设想,这些想法能否真正实现,有赖于所有参编人员和编辑的共同努力,也有待广大读者的审读与评判。在本套教材编写的过程中,我们参阅、借鉴和引用了国内外大量科研成果和实践经验与案例。科研成果为教材提供了学术滋养,而实践经验与案例展示了当前我国学前教育改革与发展的生动样态,在此对这些成果的作者表示感谢。书中如有疏漏和不妥之处,敬请各位读者批评指正。

最后,我谨代表本套教材的所有编委和作者,衷心感谢本套教材的策划者——华中科技大学出版社人文分社社长周晓方,周社长对学前教育事业充满热情和信心,对教材的编写、出版和发行倾注了大量心血,还要感谢策划编辑袁文娣和其他各位编辑及相关工作人员。我们基于教材的首次合作渐趋默契和融洽。让我们携手共进,继续为我国学前儿童的福祉和学前教育事业的健康可持续发展贡献智慧与力量!

2023 年 5 月
武汉桂子山·华中师范大学教育学院

Preface
前　言

为深入贯彻落实习近平总书记关于职业教育工作和教材工作的重要指示批示精神,全面贯彻党的教育方针,落实立德树人根本任务,体现教师教育改革的新特点,彰显学前教育专业的新理念,我们编写了《幼儿园课程》这本教材,旨在为学前教育工作者提供一套系统、实用的课程理论与实践指南。随着学前教育改革的深入推进,幼儿园课程的设计与实施成为教育实践的核心议题。本教材紧密结合当前的教育需求,以促进幼儿全面发展为目标,注重课程的游戏化、生活化和综合化特征,为读者提供前沿的理论支持和实践方法。

本教材的主要特色与创新之处有以下几点。

(一)模块化结构设计,兼顾系统性与层次感

本教材采用"项目—任务"双层次架构,将内容划分为六大项目、十四项任务,每个项目都包含了"学习目标""项目导航""案例导入""任务要求""知识梳理""拓展阅读"等模块。例如,"幼儿园课程概述"项目包含"幼儿园课程基本理论"与"幼儿园课程发展历程"两项任务,系统介绍了幼儿园课程的概念、特点、类型及理论基础,并对比了国际国内课程模式演变,帮助读者建立基础认知。

(二)理论与实践深度融合,强化应用导向

本教材秉持"实践出真知"理念,既注重理论体系的完整性,又突出实践策略的可操作性。在理论层面,本教材系统阐释了课程目标的横向

与纵向结构、内容选择的原则等基础理论;在实践层面,针对课程实施中的环境创设、游戏活动组织等难点,本教材提供具体的操作方法。通过"案例导入＋知识梳理＋任务实施"的闭环设计,实现从理论到实践的无缝衔接。

(三)聚焦前沿趋势,突出游戏化课程改革

本教材将"幼儿园课程游戏化改革"设为项目六,系统探讨了游戏化的内涵、基本要求与基本途径,呼应《3—6岁儿童学习与发展指南》中"以游戏为基本活动"的核心理念。内容涵盖游戏与课程的有机融合机制、教师支持策略、环境渗透方法等,并通过"拓展阅读"引入教学经验,拓宽读者视野。

(四)多元评价体系,关注过程性与发展性

本教材在"幼儿园课程评价"项目的编写过程中,突破传统的以结果为导向的评价模式,重点介绍观察法、作品分析法、问卷调查法等多元评价工具,并强调评价的过程性与发展性。

本教材由衡阳幼儿师范高等专科学校的欧平担任第一主编并负责全书的大纲制定与统筹工作,永州师范高等专科学校的欧阳艳桂担任第二主编;湘中幼儿师范高等专科学校的莫云云、湘南幼儿师范高等专科学校的彭敏利、衡阳幼儿师范高等专科学校的谢少封和杨钰锋、周口职业技术学院的秦炜森担任副主编。各项目编写分工如下:欧平负责项目一"幼儿园课程概述"的撰写;莫云云负责项目二"幼儿园课程目标体系"的编写;秦炜森负责项目三"幼儿园课程内容"的编写;彭敏利负责项目四"幼儿园课程实施"的撰写;欧阳艳桂承担项目五"幼儿园课程评价"的编写;谢少封、杨钰锋共同完成项目六"幼儿园课程游戏化改革"的编写。

本教材在编写的过程中,参考了许多专家、学者的著作,编者深受启迪,在此谨致衷心的谢意! 华中科技大学出版社对本教材的出版给予了大力支持,在此一并表示感谢! 由于时间紧、任务重,虽数易其稿,书中仍难免有不足之处,热忱希望广大专家、学者、幼教工作者和读者对书中的内容和观点提出宝贵的意见和建议。

欧平

2025 年 5 月 27 日

Contents
目　录

项目一　幼儿园课程概述

幼儿园课程是幼儿园教育中最重要的研究领域和内容。幼儿园课程研究的逻辑起点是幼儿园课程的本质问题，即"什么是幼儿园课程"。因此，我们必须了解幼儿园课程的定义、特点、类型、理论基础、国际学前教育课程模式和我国幼儿园课程发展沿革。

◇ 学习目标

［素质目标］

1. 产生研究幼儿园课程的兴趣，形成科学、正确的幼儿园课程观。

［知识目标］

1. 理解幼儿园课程的概念。

2. 掌握幼儿园课程的特点及类型。

3. 辨析幼儿园课程的理论。

4. 了解幼儿园课程模式。

［能力目标］

1. 能运用课程的相关理论，对幼儿园课程的相关现象进行正确的判断和分析。

◇ 项目导航

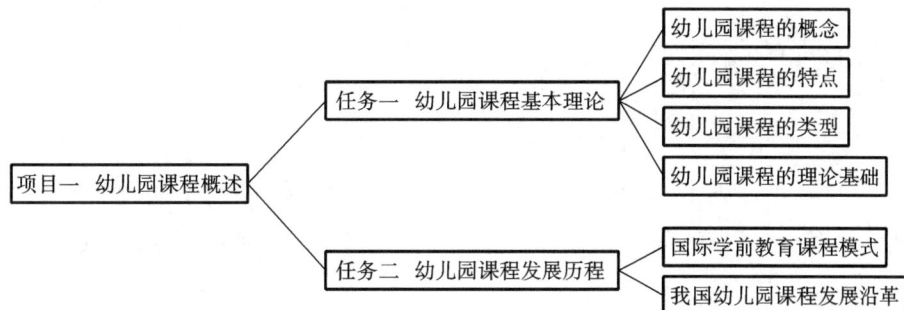

"我爱幼儿园"主题课程

某幼儿园开展了一门名为"我爱我的幼儿园"的主题课程。在课程实施过程中，教师组织幼儿参观幼儿园的各个功能室，如美工室、图书室、科学发现室等；邀请厨房工作人员为幼儿讲解食物制作过程，并让幼儿参与简单的食物准备；组织幼儿以绘画、手工等形式展现自己在幼儿园的生活体验。通过这一主题课程，幼儿不仅熟悉了幼儿园环境，而且增强了对幼儿园的喜爱之情，同时，幼儿在各种活动中提升了观察、动手、语言表达等多方面能力。

思考问题：

1. 从课程定义的角度分析，"我爱我的幼儿园"主题课程体现了哪些课程要素？
2. 该课程在实施过程中可能受到哪些课程理论的影响？

任务一　幼儿园课程基本理论

【任务要求】

能够从多种角度阐述课程的定义，并结合幼儿园教育实际，分析各定义对幼儿园课程实践的指导价值；深入研究不同课程理论流派，对比其核心观点、理论基础和实践应用，总结适合幼儿园课程的理论要点；运用所学课程理论知识，对给定的幼儿园课程案例进行分析，提出优化建议。

【知识梳理】

不同教育阶段的幼儿园课程存在诸多共同之处，各教育阶段的课程又存在区别于其他各级各类教育课程的独特之处。幼儿园作为一种正规的特定的教育机构，拥有自己特定的课程。

一　幼儿园课程的概念

在我国，20世纪上半叶，幼教界开始普遍使用"课程"一词，并对幼儿园课程进行了比较深入的研究，取得了非常丰富的研究成果。幼儿园课程的概念也历经了时代的变化，具有代表性的概念界定主要有如下几种。

陈鹤琴认为，幼儿园应该给儿童一种充分的经验，这种经验的来源有两个：一是与实物的接触，二是与人的接触。应该把儿童能够学而且应该学的东西有选择地组织成系统，应该以自然环境和社会环境为中心组织幼儿园课程。[①] 张雪门认为，课程是经验，幼稚园课程就是给三足岁到六足岁的孩子所能够做而且喜欢做的经验的预备。[②] 张宗麟曾评价：幼稚园课程者，广义上讲，乃幼稚生在幼稚园一切之活动也。它包括一切教材，科目，幼稚生之活动。[③] 陶行知认为，儿童的生活就是儿童的教育，儿童的生活进程就是幼稚园的课程。全部的课程就是生活，我们没有课程外的生活，也没有生活外的课程。[④]

20世纪末至21世纪初，国内一批学者在前人研究的基础上，结合时代发展的具体情况，对幼儿园课程进行了进一步的探究，并提出了如下观点。

卢乐山认为，幼儿园课程是指幼儿园整体教育或某一科目教学的教学内容、教学过程及时间安排等。[⑤] 王月媛认为，幼儿园课程是指幼儿园中幼儿的全部活动或经验。[⑥] 冯晓霞认为，幼儿园课程是幼儿在幼儿园教育环境中进行的、旨在促进其身心全面和谐发展的各种活动的总和，或者换一个角度，用简单明快的语言表述，即幼儿园课程是幼儿园教育活动的总和。[⑦] 傅淳提出，幼儿园课程是指幼儿在幼儿园有目的、有计划的安排与教师的指导下，为达到幼儿教育目标而进行的各种有程序的学习活动。[⑧] 李季湄认为，幼儿园课程是指实现幼儿园教育目的的手段，是保证幼儿获得有益的学习经验，促进其身心和谐发展的各种活动的总和。[⑨] 袁爱玲认为，幼儿园课程是指在幼儿园安排下所进行的一切有组织、有系统、有意义的园内外学习经验或活动。[⑩] 虞永平认为，幼儿园课程是指从幼儿身心发展的特点和特定的社会文化背景出发，有目的地选择、组织和提供的综合性的、有益的经验。[⑪]

《幼儿教育辞典》将幼儿园课程定义为：为实现幼儿园教育目标而组织安排的全部教育活动，或指规定的全部教学科目及其目的、内容、范围和进程的总和。

在国外，"幼儿园课程"一词通常指的是学习计划、活动、学校科目、材料及学习的主题等，幼儿园课程往往被定义为所有与学校有关的、能对幼儿产生影响的教学经验。就目前而言，很少有把幼儿园课程单纯界定为学科知识的定义。各国具有代表性的观点主要有以下几种。

美国幼儿教育协会将幼儿园课程定义为一种有组织的框架，它描述了幼儿学习的内容、幼儿达到规定课程目标的过程和教师为帮助幼儿达到这一目标而承担的责任，以及教与学所发生的环境。

---

① 严碧芳：《关于陈鹤琴幼儿教育思想研究综述》，《儿童发展研究》，2016年第2期。
② 北京市学前儿童保教工作者协会：《张雪门先生论幼稚园行为课程》，北京市学前儿童保教工作者协会，2013年版。
③ 张宗麟：《幼稚园的社会》，海豚出版社，2012年版。
④ 陶行知：《陶行知全集》，华中师范大学出版社，2022年版。
⑤ 卢乐山：《卢乐口述历史我与幼儿教育》，北京师范大学出版社，2012年版。
⑥ 王月媛：《幼儿园目标与活动课程教师用书》，北京师范大学出版社，2001年版。
⑦ 冯晓霞：《幼儿园课程》，高等教育出版社，2000年版。
⑧ 傅淳：《幼儿园课程改革》，云南教育出版社，1992年版。
⑨ 李季湄：《关于幼儿园课程的几个问题——幼儿园教育目标，课程目标及其课程模式》，《学前教育研究》，2001年第1期。
⑩ 袁爱玲：《幼儿园课程》，北京师范大学出版社，2015年版。
⑪ 虞永平：《聚焦质量——幼儿园课程改革的思考》，教育科学出版社，2023年版。

Note

日本幼教界认为，课程就是幼儿自发性的游戏活动和一些有目标、有组织性的系列活动，课程的结果就是幼儿获得的经验。

在英国，幼儿园课程被定义为，幼儿在机构中所做、所见、所听或所感受到的任何事情，包括经过计划的和未经计划的内容。

从以上阐述中，我们可以看出，对幼儿园课程概念的界定主要从科目、经验、活动、目标与计划几个维度切入，人们对幼儿园课程的认识也越来越趋于一致。一方面，幼儿园课程是由教师、幼儿、教育情境以及活动四大要素构成的一个生态系统，其目的是使幼儿获得有益的经验；另一方面，幼儿园课程是由目标、内容、实施和评价四个基本要素构成的一个动态系统，是在一定的教育思想指导下形成的，是教育思想转变为教育实践的桥梁。因此，我们不妨把幼儿园课程定义为：为促进幼儿身心健康发展，为幼儿提供的、能使幼儿获得有益经验的一切活动。

二　幼儿园课程的特点

幼儿园课程是专门为幼儿的学习与发展设计和开发的。幼儿与其他各教育阶段的学习者相比，其学习与发展有着不同的特点、规律及需要，这决定了幼儿园课程的特点。

（一）基础性

幼儿园教育是整个教育体系的基础，幼儿园课程作为幼儿园教育的载体，是整个课程体系的基石。幼儿园课程不仅直接影响幼儿在这一教育阶段所获得的经验及发展，而且会影响幼儿今后乃至一生的发展，因而具有基础性。

案　例

幼儿园一日生活

在幼儿园的一日生活中，教师会引导幼儿养成良好的生活习惯，如规律的作息、自己穿衣吃饭等。以午睡环节为例，教师会帮助幼儿养成每天定时午睡的习惯，这有助于幼儿身体的正常发育，为他们今后形成健康的生活方式奠定基础。

想一想

为什么说幼儿在幼儿园养成的生活习惯会对其一生的发展产生影响？如何让幼儿在家庭生活中保持在幼儿园培养的良好习惯？

（二）启蒙性

幼儿阶段是人生的启蒙阶段，是幼儿懵懵懂懂迈开脚步走出家门、走向社会的开始，幼儿园课程只需要让幼儿获得关于自然、社会与人类最浅显的知识和观念，不求多么系统、多么专业、多么深奥、多么高远，即幼儿园课程关键在于帮助幼儿在原有发展水平上获得初步的认知萌发与心智启迪，所以启蒙性是幼儿园课程的一大特点。

案例

科学活动"有趣的影子"

在科学活动"有趣的影子"中，教师带领幼儿在阳光下玩耍，让他们观察自己和物体的影子，引导幼儿思考影子是怎么形成的，为什么自己的影子会跟着自己移动等问题。这样的活动能够激发幼儿对自然现象的好奇和探索兴趣，培养他们的科学思维。

想一想

如何在日常生活中抓住契机，对幼儿进行启蒙教育？比如，在散步时，可以引导幼儿观察哪些自然现象来启发他们思考？

（三）整合性

在幼儿阶段，幼儿身心各方面发展迅速并相互影响、相互促进，这就决定了幼儿园课程必须是高度整合的课程。《幼儿园教育指导纲要（试行）》也明确指出，幼儿园的教育内容是全面的、启蒙性的，可以相对划分为健康、语言、社会、科学、艺术等五个领域。各领域的内容相互渗透，从不同的角度促进幼儿情感、态度、能力、知识、技能等方面的发展。整合性的学习有利于知识、经验以及相应学习策略的迁移，有利于学习效率的提高。因此，幼儿园课程应涵盖多个学科、多个领域，并使之相互联系、相互促进，从而构成一个有机的发展整体。也就是说，幼儿园课程体现出整合性特点。

案例

"春天来了"主题活动

在"春天来了"为主题的课程活动中，教师将语言、科学、艺术等多个领域的内容整合进来。在语言领域，让幼儿朗诵与春天有关的儿歌、讲述春天的故事；在科学领域，引导幼儿观察动植物在春天发生的变化；在艺术领域，组织幼儿画春天、唱春天的歌曲等。这样的主题活动，能够让幼儿从多个角度感受春天，获得多方面的发展。

Note

想一想

　　在设计幼儿园课程时，如何更好地实现各领域内容的整合？怎样根据幼儿的兴趣来确定活动主题，以达到最佳的整合效果？

（四）活动性

对幼儿来说，学习内容多来源于生活而不是书本，他们多运用感官而不是语言来学习，他们必须借助具体的情境、具体的事物，在与环境的互动中获得直接经验。也就是说，需要把学习和幼儿生活紧密联系起来，让幼儿在游戏中获得直接经验，这样的学习方法对幼儿来说才是最为有效的。从这一意义出发，幼儿园课程的核心在于为幼儿提供丰富的活动情境，创设有益于幼儿自主性发挥的活动氛围，为幼儿提供各种自发探究与实践的机会，让幼儿在活动中获得发展，故幼儿园课程具有活动性。

案例

建构游戏

在建构游戏中，幼儿用积木搭建高楼大厦、桥梁等。在这个过程中，幼儿通过动手操作，了解形状、大小、空间关系等知识，同时提高了创造力和合作能力。他们不断地在尝试和探索中，体验到成功的喜悦，获得了失败的教训。

想一想

　　如何为幼儿提供丰富多样的活动材料，以支持他们在活动中的学习和发展？教师在幼儿活动过程中应扮演怎样的角色？

Note

事实上，幼儿园课程的各个特点之间有着非常密切的联系，我们还可以对其进行更为深入的分析。比如活动性特点，可以进一步细化为生活性、游戏性等特点，这取决于我们对幼儿园课程的理解和把握。

三 幼儿园课程的类型

幼儿园课程的类型，是指幼儿园课程的存在或表现形式。了解幼儿园课程类型，有助于我们加深对幼儿园课程的理解。整体而言，幼儿园课程类型的划分具有复杂性。一方面，幼儿园课程作为课程的一种特殊形式，遵循课程的一般分类标准；另一方面，幼儿园课程因自身的特点，其类型划分又有特殊性。

在课程理论与实践中，典型的课程类型包括学科课程与经验课程、分科课程与综合课程、必修课程与选修课程、直线式课程与螺旋式课程、显性课程与隐性课程等。此外，美国斯坦福大学艾斯纳教授还提出了"悬缺课程"的说法。他从课程功能的角度出发，将课程分为以下三种类型。第一，显性课程，又称"正规课程"，即学校按计划开设的，由专门的教师负责组织实施的正式课程。第二，隐性课程，又称"隐蔽课程""无形课程""潜在课程"等，即在学校情境中（包括物质环境、社会环境和文化环境体系），以间接的、内隐的方式呈现的课程。具体来说，隐性课程是指那些在学校政策和课程计划中没有明确规定的，但对学生身心发展产生重要影响的教育因素，即学生在学习环境中所学习到的非预期的或非计划性的知识、价值观念、规范和态度。第三，悬缺课程，即学校理应为学生传授却未能传授的内容（如选择、看法、概念）。这是一种介于"理想的课程"和"实际的课程"之间的"流失的课程"。随着社会的发展以及人们对课程的认识的加深，悬缺课程必将受到越来越多的关注。

在幼儿园课程理论与实践中，常见的幼儿园课程类型有以下几种。

（一）基础性活动课程

幼儿园基础性活动课程是指以幼儿的生活、游戏、学习、运动等基本活动为主要内容的课程，旨在促进幼儿的全面发展，为其后续学习和终身发展奠定基础。

案例

生活课程与运动课程

在生活课程中，教师引导幼儿学习整理自己的物品，如收拾玩具、整理书包等，培养幼儿的自理能力；在运动课程中，教师组织幼儿进行户外体育活动，如跳绳、踢毽子等，增强幼儿的体质。

Note

（二）特色活动课程

幼儿园特色活动课程是指幼儿园根据自身的办园理念、师资优势、地域文化等因素开发和设计的，具有独特性、创新性和差异性的课程。常见的幼儿园特色活动有以下几种。

1. 艺术特色课程

艺术特色课程包括专门开设的绘画、舞蹈、音乐等课程，这类课程能够让幼儿在艺术的熏陶中提高审美能力和艺术修养。例如，幼儿园可以设置"创意美术"课程，通过各种材料和形式，激发幼儿的创造力和想象力。

2. 科学探索特色课程

科学探索特色课程注重培养幼儿对科学的兴趣和探索精神，通过实验、观察、操作等活动，让幼儿了解自然科学知识和科学现象。比如，在"小小科学家"课程中，幼儿可以在教师的指导下进行简单的科学实验，如"会跳舞的盐"等。

3. 传统文化特色课程

将传统文化元素融入幼儿园课程，如剪纸、武术、国学经典等，可以让幼儿了解和传承中华优秀传统文化。以"剪纸艺术"课程为例，幼儿可以学习剪纸的基本技巧，制作各种精美的剪纸作品。

4. 运动特色课程

运动特色课程通常以某种特定的运动项目为特色，如足球、篮球、轮滑等，旨在提高幼儿的身体素质和运动技能，培养幼儿的团队合作精神和竞争意识。以"快乐足球"课程为例，幼儿可以在游戏中学习足球的基本技能，感受足球运动的乐趣。

（三）主题式课程

幼儿园主题式课程是一种以主题为核心，整合多个领域的知识和经验，让幼儿在主题情境中进行学习和探索的课程模式。

案 例

"我爱我家"主题活动

某幼儿园开展"我爱我家"主题活动，教师通过引导幼儿介绍自己的家庭成员、讲述家庭故事、制作家庭相册等活动，让幼儿感受家庭的温暖和亲情的珍贵。在主题活动中，幼儿还可以通过角色扮演游戏，模仿家庭成员的日常活动，进一步加深对家庭的认识和理解。

(四)领域课程

幼儿园领域课程是将幼儿园教育内容按照不同的领域进行划分和组织的课程体系。课程通常被划分为健康、语言、社会、科学、艺术等五个领域，各领域的内容相互渗透，从不同的角度促进幼儿情感、态度、能力、知识、技能等方面的发展。

案 例

领域课程

在健康领域，教师通过开展体育活动、健康教育活动等，帮助幼儿养成良好的生活习惯；在语言领域，教师组织幼儿进行故事讲述、诗歌朗诵等活动，提高幼儿的语言表达能力和阅读能力。

拓展阅读

中班体育活动：我是小小解放军

一、活动目标

1. 乐意在活动中扮演"小小解放军"，养成不怕困难等良好的精神品质。

2. 学习投掷的动作要领，锻炼走、跑、跳等基本动作。

3. 能够遵守游戏规则，与同伴合作，共同完成任务。

二、活动重难点

1. 活动重点：学习投掷的动作要领，锻炼走、跑、跳等基本动作，养成不怕困难等良好的精神品质。

2. 活动难点：能够遵守游戏规则，与同伴合作，共同完成任务。

三、活动准备

1. 知识经验准备：幼儿在活动前已经掌握走、跑、跳等基本动作的要领。

2. 物质准备：①"我是小小解放军"课件PPT；②"勇敢士兵"的音频资料。

四、活动过程

(一)热身运动，导入活动

1. 教师讲述活动情景，激发幼儿参与活动的兴趣。

教师可以和幼儿说：今天我们都是勇敢的小士兵，我是你们的指挥官。今天早上，我收到飞鸽

Note

传信，前方发现敌人阵营，指挥部命令我们随时做好战斗准备。士兵们，为了更好地完成任务，让我们一起强身健体吧！

2. 教师带领幼儿进入活动室做热身操。健身操的歌词如下：

小小士兵真勇敢，

踏进训练的战场。

准备，

举枪，下蹲。

体转，寻找敌人。

左找找，右找找。

踢踢腿，踢踢腿。

完毕，

随时待命！

（二）练习本领，学习投掷等基本动作要领

1. 教师可以对幼儿说：小小士兵们，收到最新情报。我们的侦察兵在前方发现了敌人的碉堡，顺利地炸掉碉堡是我们取得胜利的关键。现在，这里有大量的手榴弹，你们知道该如何炸碉堡吗？

2. 引导幼儿自由探索炸碉堡的方法，教师巡回观察指导。

3. 请幼儿分别展示自己的方法，教师根据幼儿的回答，进行提炼和总结。

4. 带领幼儿练习单手挥臂投物：两脚一前一后分开，拿手榴弹的手与放在后面的脚是同一则，手臂于肩膀上方弯曲，身体后倾，重心在后。接下来，转移重心到前脚，将手榴弹用力往前扔。

5. 幼儿自由练习，教师指导能力较弱的幼儿掌握动作要领。

（三）游戏：炸碉堡，巩固练习单手挥臂投物

1. 教师可以对幼儿说：小士兵们，听！前方的警报拉响了，赶快集合。我们要去完成任务。侦察兵们已经把路线告诉我们了。

2. 带领幼儿熟悉场地，教师适时指导幼儿采用适当的方式越过障碍。

3. 教师介绍游戏规则，幼儿分组协作完成任务。

4. 玩法：绕过树林、跳过水坑、爬过电网、站到警戒线的前方投掷手榴弹炸碉堡，完成任务后从旁边绕回我们的根据地。

规则：投掷时要注意安全，不能把手榴弹投在战友的身上，不然战友会受伤。必须等前面的战友将手榴弹投进篮筐后，后方的战士才能进行投掷。

（四）开展庆功宴，活动结束

1. 教师可以对幼儿说：小士兵们，恭喜你们完成了挑战，打退了敌人。组织为我们准备了庆功宴，我们一起去参加吧！

2. 教师带领幼儿做放松操，同伴间相互按摩。

3. 师幼共同收拾材料，活动结束。

Note

五、活动延伸

1. 家园共育：请幼儿与爸爸妈妈一起参与投掷游戏。

2. 区域活动：将活动材料放在投掷运动区，让幼儿自由选择游戏。

(五)项目化课程

幼儿园项目化课程是一种以幼儿为中心，围绕特定项目主题，让幼儿通过自主探究、合作交流来解决问题、完成项目任务，并获得知识与技能，提高发展能力的课程模式。

> **案 例**
>
> ### "一园青菜的历险"阅读活动
>
> 在实施绘本阅读活动"一园青菜的历险"时，幼儿自己动脑思考、动手探索，解决一个又一个在实际中遇到的问题，如根据绘本内容制作蔬菜头饰、表演绘本故事等，体验动手动脑的乐趣。

当然，每一种类型的幼儿园课程都有自身的优势与不足，课程改革绝不是用一种课程类型简单地取代另一种课程类型。任何单一的课程类型对实现全面和谐发展的育人目标而言，都存在某种结构性的功能缺失，需要用其他课程类型进行弥补。因此，合理的幼儿园课程体系必将是多种课程类型之间的吸收、融合、改造和重组。

四 幼儿园课程的理论基础

幼儿园课程作为学前教育的核心组成部分，对幼儿的发展起着至关重要的作用。其理论基础是幼儿园课程体系的基石，影响着幼儿园课程目标的设定、内容的选择、实施的方式以及评价的标准。一般而言，心理学、哲学和社会学为幼儿园课程提供了重要的理论支撑，它们从不同角度阐释了幼儿的学习与发展规律，以及课程与社会环境的关系，共同塑造了幼儿园课程的面貌。对这些理论基础的深入理解，有助于教育工作者把握课程本质，设计更符合幼儿发展需求的高质量课程。

(一)幼儿园课程的心理学基础

1. 行为主义理论

行为主义强调环境对个体行为的塑造作用，认为学习是刺激与反应之间的联结。其代表人物华生主张通过创造环境条件来塑造儿童的行为。在幼儿园课程中，行为主义的影响体现在一些结构性较强的教学活动中。例如，教师会运用明确的指令和奖励机制来引导幼儿学习基本的生活技能和知识。如在教幼儿正确洗手时，教师会详细地示范每一个步骤（打湿双手，涂抹肥皂，搓手心、手背、手指缝，冲洗，擦干），并在幼儿正确完成后给予贴纸等奖励，通过反复强化，让幼儿形成正确洗手的习惯。斯金纳的操作性条件作用理论进一步提出，行为的后果会影响行为再次出现的概率。基于此，幼儿园课程可以设置各种练习活动，如让幼儿反复练习简单的拼图等，通过及时给予积极反馈（口头表扬、小红花等）来强化幼儿的学习行为。然而，行为主义过于强调外在刺激和强化，忽视了幼儿的主动性和创造性。

2. 认知发展理论

皮亚杰的认知发展理论认为，儿童的认知发展是主动建构的过程，要经历感知运动阶段、前运算阶段、具体运算阶段和形式运算阶段。这一理论为课程内容的选择和组织提供了重要依据。例如，根据幼儿处于前运算阶段的特点，幼儿园在进行课程设计时，会注重提供丰富的材料和操作机会。在科学活动中，教师会让幼儿通过观察、触摸、操作各种自然材料（如石头、树叶、水等）来认识事物的特征和变化规律，激发他们的好奇心和探索欲。维果茨基的文化历史发展理论强调社会文化环境对儿童认知发展的重要影响，提出了"最近发展区"的概念。根据这一理论，教师在幼儿园课程在实施过程中会充分考虑幼儿的最近发展区，通过同伴合作、教师引导等方式，帮助幼儿完成那些他们独自无法完成但在成人或更有能力的同伴帮助下能够完成的任务。如在搭建积木活动中，教师会引导幼儿共同讨论搭建方案，鼓励幼儿互相帮助，在合作中提升解决问题的能力，拓展其认知水平。认知发展理论重视幼儿的主动学习和内在认知结构的构建，使幼儿园课程更具针对性和适宜性，有助于幼儿的认知发展。

3. 精神分析理论

弗洛伊德的精神分析理论关注儿童的潜意识和情感发展，认为童年经历对个体的人格形成有着深远影响。在幼儿园课程中，这一理论提醒教育工作者要关注幼儿的情感需求和心理健康。例如，通过角色扮演游戏，教师可以引导幼儿在安全的环境中表达自己的情感。在"娃娃家"游戏中，让幼儿扮演爸爸、妈妈、宝宝等角色，模仿家庭生活场景，在游戏过程中体验和处理各种情感，如关爱、照顾、冲突等，这有助于他们情感的健康发展。埃里克森的人格发展理论进一步强调了不同阶段的发展任务对幼儿人格形成的重要性。幼儿园课程会根据幼儿所处的阶段，设置相应的活动，来帮助他们解决发展中的冲突，培养幼儿积极的人格品质。如在幼儿自主性发展的关键期，鼓励幼儿自己穿衣、吃饭、整理玩具等，培养他们的自主意识和独立能力，帮助他们建立自信。精神分析理论使幼儿园课程设计更加注重幼儿的情感世界和人格发展，为幼儿的心理健康教育提供了理论指导。

4. 心理学对幼儿园课程的影响

（1）对课程目标的影响。

心理学理论为幼儿园课程目标的确定提供了科学依据。行为主义心理学强调通过训练让幼儿掌握特定的知识和技能，在理论的指导下，课程目标的设定会更加注重对幼儿基本生活技能和基础知识的培养，如语言表达能力、简单的数学运算能力等。认知发展理论则关注幼儿认知能力的发展阶段和特点，基于此，课程目标应侧重于促进幼儿的思维发展、创造力培养以及问题解决能力的提升。例如，根据皮亚杰的理论，幼儿园课程目标会设定为帮助幼儿在操作和探索中形成对事物的概念、理解简单的因果关系等。精神分析理论注重幼儿的情感和人格发展，课程目标中会包含培养幼儿积极的自我意识、良好的情绪管理能力以及健康的人格品质等方面。总之，心理学理论从不同角度为幼儿园课程目标的制定提供了方向，使课程目标更加全面、科学，符合幼儿的身心发展规律。

（2）对课程内容的影响。

在课程内容的选择上，心理学的影响也十分显著。行为主义心理学影响下的课程内容多为经过精心设计的、具有明确行为目标的知识和技能训练项目，如字母、数字的认读与书写训练等。认知发展理论强调课程内容与幼儿认知发展阶段相适应，注重提供丰富多样的、具有启发性的学习材料和活动。例如，在数学领域，课程内容设计会根据幼儿的认知水平，从感知数量、认识形状等简单的内容逐步过渡到简单的运算。精神分析理论促使课程内容关注幼儿的情感体验和心理需求，增加了如角色扮演、故事讲述等能够帮助幼儿表达情感、理解自我和他人的活动内容。此外，心理学研究中的幼儿兴趣和认知特点也成为筛选课程内容的重要依据，确保课程内容能够吸引幼儿的注意力，激发他们的学习兴趣。

（3）对课程实施的影响。

心理学理论为幼儿园课程实施提供了方法和策略。行为主义心理学倡导的强化原理在课程实施中表现为教师通过及时给予奖励或惩罚来引导幼儿的学习行为。如当幼儿遵守课堂纪律时给予表扬，不遵守时进行适当的批评教育。认知发展理论强调幼儿的主动参与，因此在课程实施过程中，教师会创设丰富的情境，鼓励幼儿自主探索、合作学习。例如，教师可以组织小组科学实验活动，让幼儿在共同操作和讨论中发现问题、解决问题。精神分析理论则提醒教师关注幼儿的情绪和情感状态，在课程实施中注重营造温馨、安全的心理环境，尊重幼儿的个性差异，满足他们的情感需求。例如，在幼儿遇到困难或挫折时，教师给予理解和支持，帮助他们克服困难，树立信心。心理学理论为幼儿园课程实施提供了多样化的方法和策略，有助于提高课程实施的效果，促进幼儿的全面发展。

（二）幼儿园课程的哲学基础

1. 经验主义

经验主义哲学强调，知识来源于经验。在幼儿园课程中，经验主义的影响较为明显。例如，杜威的"做中学"思想，认为儿童应该通过实际操作和体验来学习知识。幼儿园的课程设置了大量的实践活动，如手工制作、种植活动、参观访问等。在手工制作活动中，幼儿通过动手裁剪、粘贴、折叠等操作，不仅掌握了一定的手工技能，而且在实践过程中获得了材料特性、空间关系等方面的经验。在种植活动中，幼儿亲自参与播种、浇水、施肥、观察植物生长等过程，直接获得了关于植物生长规律的经验。这种基于经验的学习方式符合幼儿的认知特点，能够让他们更直观、深刻地理解知识。同时，经验主义哲学还强调，课程要贴近幼儿的生活实际，幼儿园课程内容要围绕幼儿的日常生活展开，如认识自己的身体、家庭环境、社区设施等，让幼儿在熟悉的情境中获取经验，增强对生活的认知和理解。

2. 理性主义

理性主义哲学认为，知识源于人的理性思维。在幼儿园课程中，虽然幼儿的思维以直观形象为主，但理性主义哲学也有一定的影响。例如，在数学教育中，教师会引导幼儿通过逻辑推理来理解数学概念。如在认识图形时，教师不仅要让幼儿观察图形的外观，而且要引导他们思考不同图形之间的区别和联系，通过比较、分类等活动，培养幼儿的逻辑思维能力。在科学教育中，教师也要注重培养幼儿的理性思考能力，引导他们对观察到的现象进行分析、假设和验证。例如，在探索物体沉浮现象时，教师会鼓励幼儿先预测哪些物体能浮起来，哪些会沉下去，然后让幼儿通过实验来验证自己的想法，并尝试解释原因。理性主义哲学强调培养幼儿的思维能力和对知识的系统性理解，这有助于提升幼儿的认知水平，为他们今后的学习奠定基础。

3. 实用主义

实用主义哲学强调知识的实用性和工具性，认为教育应该为现实生活服务。幼儿园课程在很大程度上体现了实用主义哲学的观点。课程内容注重培养幼儿的生活自理能力、社会交往能力等实用技能。例如，幼儿园通过开展生活技能训练活动，让幼儿学会自己穿衣、吃饭、整理个人物品等。在社会领域的课程中，角色扮演、小组合作等活动，有助于培养幼儿的合作意识、沟通能力和解决问题的能力，使他们能够更好地适应社会生活。此外，幼儿园还会组织各种社会实践活动，如参观超市、医院、图书馆等，让幼儿了解不同场所的功能和规则，为他们今后参与社会生活做好准备。实用主义哲学影响下的幼儿园课程紧密联系生活实际，注重培养幼儿的实践能力和社会适应能力。

4. 哲学对幼儿园课程的影响

（1）对课程价值取向的影响。

哲学思想深刻影响着幼儿园课程的价值取向。经验主义哲学注重幼儿个体经验的积累和获得，使得幼儿园课程能够以幼儿为中心，关注幼儿的兴趣和需求，追求幼儿在实践活动中的自主发展。课程价值更多地体现在促进幼儿的个体成长和获得丰富的经验上。理性主义哲学则强调知识的逻辑性和系统性，其影响下的幼儿园课程注重培养幼儿的思维能力和理性精神，课程价值侧重于为幼儿未来的学习和认知发展奠定基础。实用主义哲学关注知识的实用性和教育对生活的服务功能，使得教师在设计幼儿园课程时，将培养幼儿的生活技能和社会适应能力作为重要的价值取向，强调课程要与现实生活紧密结合，帮助幼儿更好地适应社会。不同的哲学流派为幼儿园课程提供了多元的价值取向，教育工作者可以根据实际情况和教育目标进行选择和整合。

（2）对课程设计与实施的影响。

在课程设计方面，哲学思想为课程框架的构建提供了指导。经验主义哲学影响下的课程设计会注重活动的安排和体验式学习环境的创设，课程内容围绕幼儿的生活经验和兴趣展开，以主题活动、项目式学习等形式呈现，让幼儿在丰富多样的活动中获取知识和经验。理性主义哲学影响下的课程设计则更注重知识体系的逻辑性和系统性，课程内容按照学科领域进行分类和组织，强调概念的讲解和思维能力的训练。实用主义哲学影响下的课程设计侧重于实用性技能的培养和社会实践活动的安排，课程内容紧密联系生活实际，以解决实际问题为导向。在课程实施过程中，哲学思想也影响着教师的教学方法和策略。在经验主义哲学的指导下，教师会倾向于引导幼儿自主探索和实践，鼓励幼儿通过亲身体验学习知识。在理性主义哲学的影响下，教师会注重讲解和引导幼儿进行逻辑思考。在实用主义哲学的影响下，教师会更多地组织实践活动，让幼儿在实际情境中运用所学知识和技能。

（3）对课程评价的影响。

哲学思想对幼儿园课程评价也有着重要影响。经验主义哲学注重幼儿的个体经验和发展过程，其影响下的课程评价更关注幼儿在学习过程中的表现和体验，强调过程性评价。教师可以通过观察幼儿在活动中的参与度、兴趣、表现等来评价课程效果，评价方式多样，如教师观察记录、幼儿作品展示、成长档案袋等。理性主义哲学强调知识的掌握和思维能力的发展，其影响下的课程评价侧重对幼儿知识掌握程度和思维水平的考查，采用标准化测试、作业评估等方式来衡量课程目标的达成情况。实用主义哲学关注课程对幼儿生活实际能力的提升，课程评价主要侧重幼儿在实际生活中能否运用所学知识和技能解决问题，评价方式包括实际操作考核、生活情境模拟测试等。不同的哲学观念为幼儿园课程评价提供了不同的视角和方法，教师需要综合运用多种评价方式，更全面、准确地评价幼儿园课程的质量。

（三）幼儿园课程的社会学基础

1. 社会政治与幼儿园课程

社会政治制度对幼儿园课程有着重要影响。在不同的政治体制下，幼儿园课程的目标、内容和实施方式有所不同。例如，在社会主义国家，幼儿园注重培养幼儿的集体主义精神、爱国主义情感和社会责任感，课程内容中会包含一些反映社会主义核心价值观的故事、歌曲、游戏等，这些内容有利于引导幼儿树立正确的价值观和道德观。同时，政府会通过制定相关的教育政策和法规来规范幼儿园课程的设置和实施，确保课程符合国家的教育方针和社会发展的需求。在一些强调民主和平等的社会政治环境中，幼儿园课程会更注重培养幼儿的民主意识和参与能力，教师会在课程实施过程中鼓励幼儿表达自己的观点和想法，尊重每个幼儿的个性和权利。社会政治因素还会影响幼儿园课程资源的分配，政府对学前教育的投入力度直接关系到幼儿园的硬件设施、师资配备等方面，进而影响课程的质量和实施效果。

2. 社会经济发展水平与幼儿园课程

社会经济发展水平对幼儿园课程有一定的影响作用。一方面，经济的发展为幼儿园课程的实施提供了物质基础。随着经济不断增长，幼儿园能够拥有更丰富的教学设备、教材教具和优质的师资队伍。例如，在经济发达地区，幼儿园可能配备了先进的多媒体教学设备、丰富的科学实验器材等，这些资源为课程内容的丰富和多样化提供了可能。同时，经济发展也使得家长能够加大对幼儿

Note

教育的投入，他们对幼儿园课程的质量和特色也有了更高的要求，这能够促使幼儿园不断优化课程设置。另一方面，社会经济结构的变化也会影响幼儿园课程的内容。随着科技的进步和产业结构的调整，一些新兴的职业和技能逐渐受到关注，幼儿园课程也会相应地增加一些与现代科技、创新思维等相关的内容，以培养适应未来社会发展的人才。例如，一些幼儿园开始引入编程启蒙、机器人教育等课程，让幼儿从小接触现代科技知识，培养他们的创新意识和科技素养。

3．社会文化与幼儿园课程

社会文化是幼儿园课程的重要源泉和背景。不同的文化背景下，幼儿园课程呈现出不同的特点。文化价值观影响着课程目标的设定，例如，在注重传统文化传承的社会中，幼儿园课程会将培养幼儿对传统文化的认同感和自豪感作为重要目标之一。课程内容会融合大量的传统文化元素，如民间艺术（剪纸、刺绣、戏曲等）、传统节日习俗、经典文学作品等。通过这些内容的学习，幼儿能够了解和传承本民族的优秀文化。文化传统还影响着课程实施的方式，一些文化强调集体主义和合作精神，教师在幼儿园课程中会更多地采用小组合作学习的方式，培养幼儿的合作能力和团队意识。一些文化注重个体的独立性和自主性，其课程实施可能更倾向于鼓励幼儿自主探索和独立思考。此外，社会文化的多样性也要求幼儿园课程具有包容性，尊重不同文化背景下的幼儿的差异，为他们提供学习多元文化的机会，促进幼儿对多元文化的理解和接纳。

4．社会变迁与幼儿园课程

社会变迁对幼儿园课程的影响日益显著。随着社会的快速发展，新的社会现象、问题和需求不断涌现，幼儿园课程需要及时做出调整和变革。例如，随着信息技术飞速发展，社会进入数字化时代，幼儿园课程也开始融入信息技术教育内容，如引导幼儿认识电子设备、学习简单的信息技术操作等，培养幼儿的信息素养。同时，社会对环境保护、可持续发展等问题的关注度不断提高，幼儿园课程也相应地增加了环保教育、生态教育等内容，培养幼儿的环保意识和可持续发展观念。此外，社会变迁带来的家庭结构、生活方式等方面的变化，也会影响幼儿的学习和发展需求，幼儿园课程需要根据这些变化进行优化和创新，以更好地适应社会发展的要求。

5．社会学对幼儿园课程的影响

（1）对课程目标的影响。

社会学理论从社会发展的需求出发，为幼儿园课程目标的制定提供了宏观的指导。社会对人才的期望和要求反映在幼儿园课程目标中。例如，为了培养适应社会发展的，具有创新能力、合作精神和社会责任感的人才，幼儿园课程目标会注重培养幼儿的创新思维、合作能力和良好的道德品质。同时，考虑到社会文化传承和多元文化融合的需求，课程目标中会包含培养幼儿对本民族文化的认同感以及对多元文化的理解和尊重的相关内容。社会学强调个体与社会的相互关系，其影响下的幼儿园课程目标也更关注幼儿社会适应能力的培养，促使幼儿能够顺利融入社会生活。总之，社会学理论使幼儿园课程目标更具时代性和社会性，紧密结合社会发展的需求，为幼儿未来的发展奠定基础。

（2）对课程内容的影响。

社会学为幼儿园课程内容的选择和组织提供了丰富的资源和方向。社会文化、历史、政治、经济等方面的内容都可以成为幼儿园课程的素材。例如，结合当地的历史文化，幼儿园可以开展具有地域特色的课程，如在具有悠久茶文化历史的地区，开设茶文化课程，让幼儿了解茶叶的种植、采摘、制作过程，品尝不同种类的茶，感受茶文化的魅力。结合社会热点问题，幼儿园可以开展相应的主题活动，如在国家倡导垃圾分类的背景下，开展垃圾分类主题课程，让幼儿了解垃圾分类的重要性和方法，培养他们的环保意识。

此外，社会学研究中的社会发展趋势和幼儿的社会需求也为课程内容的更新提供了依据。随着社会对健康生活方式日益重视，幼儿园课程会增加健康饮食、体育锻炼等方面的内容；社会对科技创新的关注，促使幼儿园引入更多的科技教育内容，培养幼儿的科学兴趣和创新能力。

（3）对课程实施与评价的影响。

在课程实施方面，社会学理论强调课程与社会生活的联系，因此，其影响下的幼儿园课程实施会注重创设真实的社会情境，让幼儿在实践中学习。例如，幼儿园可以组织幼儿开展社会实践活动（参观超市、银行、博物馆等），让幼儿在真实的社会场景中了解不同场所的功能和规则，提高他们的社会认知能力和实践能力。同时，社会学理论也关注幼儿在社会互动中的学习，因此教师会鼓励幼儿之间的合作与交流，通过小组讨论、角色扮演等活动，促进幼儿的社会性发展。

在课程评价方面，社会学视角下的幼儿园课程评价不仅关注幼儿的个体发展，而且关注课程对社会发展的贡献。评价内容包括幼儿对社会文化的理解和传承、社会适应能力的提升等方面。评价方式也更加多元化，除了教师评价外，还会引入家长评价、社会评价等，从多个角度全面评价幼儿园课程的质量，例如通过家长反馈了解幼儿在家庭中的社会行为表现，通过社区评价了解幼儿园课程对社区文化建设的影响等。

心理学、哲学和社会学从不同层面为幼儿园课程提供了理论支撑，它们相互交织、相互影响，共同塑造了幼儿园课程的目标、内容、实施和评价体系。心理学关注幼儿的个体发展，为幼儿园课程提供了关于幼儿学习和发展规律的科学依据；哲学为幼儿园课程提供了价值取向和思维方式的指引；社会学则从社会发展的宏观角度，为课程提供了丰富的资源和方向。在幼儿园课程的设计和实施过程中，教育工作者应充分认识和整合这些理论，根据幼儿的特点和社会发展的需求，不断优化课程，为幼儿的健康成长和全面发展打下坚实的基础。

拓展阅读

我国幼儿园课程从分科走向综合的简要历程

一、分科模式下的课程变革（**20 世纪五六十年代**）

中华人民共和国成立以后，幼儿教育与其他教育一样，在教育理念与教育实践方面，全方位地借鉴苏联教育模式与经验，强调全面发展，主张教育对儿童身心发展的决定作用，倡导采用系统的

Note

分科教学模式，课程由政府统一决策规划和编制。

这一时期，幼儿园课程有了统一的教学标准和教学大纲，初步形成了系统的幼儿园教育教学目标与课程内容，确定了分科课程和分科教学的基本模式。幼儿园课程改革强调系统知识的价值，以及对教材、教学、教法的研究。1957年，北京市教育局幼儿教育研究室编写了《北京街道幼儿园教养员学习材料》；1959年，南京师范学院教育系学前教育专业也组织编写了幼儿园教材。这些教材主要涉及幼儿园体育、语言（包括认识环境）、美术、音乐、计算等科目。各科目按照一定的价值标准，根据幼儿的身心发展水平，从不同的知识领域选择素材，同时根据知识的逻辑体系，将所选出的知识进行系统整合，构建了具有完整体系与结构的学科，并以此为基础开展教育教学活动。各学科的计划性比较强，也比较系统，作业尤其是必修作业是教学的主要形式。教师按照计划，通过必修作业循序渐进地向幼儿传授一定的知识和技能，培养其学习能力，促进其个性的发展。

这一阶段的幼儿教育文件中虽然没有明确出现"课程"一词，但是其中关于课程的思考与实践并没有消失，仍然鲜明地体现了人们对幼儿园课程本质的理解。

二、从单一分科走向多元综合（20世纪八九十年代）

随着我国教育事业逐步走向正轨，幼儿园课程也变得更加规范。1981年，教育部颁布《幼儿园教育纲要（试行草案）》（以下简称《纲要》），它继承了20世纪50年代《幼儿园暂行规程（草案）》《幼儿园暂行教学纲要（草案）》的基本思想，整合了国内外关于幼儿生理学、心理学的理论，把幼儿园课程分为生活卫生习惯、体育活动、思想品德等8个学科的课程目标与内容体系，形成了鲜明的小、中、大班学科课程内容。同时，《纲要》将"教学"改成了"教育"，力图改变将教学视为幼儿园课程理论与实践的全部内容的片面观念，将"作业"改为"上课"，使得教师的讲授成为活动的主流模式，幼儿的学习主体地位被严重忽视。

与此同时，教育部组织编写了幼儿园教材，这是中华人民共和国成立以来第一部全国"统编"的幼儿园教材，为《纲要》的实施提供了必要的条件。广大教师和研究者开始不同程度地参与课程的决策和编制，课程问题重新回到人们的视线之中。1982年，南京师范大学的唐淑、赵寄石教授在《挖掘幼儿智力潜力，促进幼儿智力发展——幼儿园课程研究三年小结》一文中，再次使用"课程"这一概念，"幼儿园课程"又成为经常使用的专业术语。

整个20世纪80年代，幼儿园课程改革呈现出了新的气象。课程目标追求幼儿个性的全面发展和自我实现，强调能力的发展，注重培养幼儿的情感性、操作性和创造性能力；课程内容强调幼儿的兴趣、经验；课程实施过程强调教师与幼儿合作以及活动的形式；课程组织结构强调整体性、综合性等。这一时期，有不少幼儿园仍然按照学科的方式来组织课程内容，开发了典型的学科课程，如体育、语言、常识、美术、计算、音乐、游戏等。

这一阶段，虽然人们未能转变对幼儿园课程及科目的片面理解，但幼儿园课程已经开始由单科的教材、教法向学前教育整体发展；由强调单科的教材结构、教学规律向强调学前教育的整体结构转移。不仅如此，人们进一步从"活动"的角度对课程进行了解读，认为广义的幼儿园课程广义是指为实现幼儿园教育目标而组织安排的全部教育活动，或指规定的全部教学科目及其目的、内容、范围和进程的总和。由此，幼儿园课程不再强调单一的学科，而是强调学科间的联系，人们已经开始注意用联系的、整体的观念去考察幼儿园课程。

三、幼儿园综合课程的深入发展（20世纪90年代后期至今）

这一时期，在《幼儿园教育指导纲要（试行）》和《3—6岁儿童学习与发展指南》的实施过程中，幼儿园课程改革实践活动也得到广泛开展。南京市实验幼儿园的综合教育课程、浙江省安吉县的"安吉游戏"课程、深圳市翠园幼儿园的主题探究活动课程的开发与实践等，充分体现了这一时期的幼儿园课程关注幼儿经验、兴趣及需要，尊重幼儿发展主体性，注重不同领域融合的特点，体现了规范引导下的幼儿园课程中国化、科学化、园本化的创新发展。

任务实施

学生以组为单位，到幼儿园开展调查，结合幼儿园一日活动的安排，从幼儿园课程的多个关键方面，如教育理念、课程实施等入手，进行深入分析，并写一份详细的分析报告。

任务评价

评价标准	分值	分数小计	教师评价
提前做好实地调研活动准备	20分		
分工合理、各成员积极参与	20分		
达到调研目的	30分		
分析报告结构合理、内容真实	30分		
总分	100分		

任务二　幼儿园课程发展历程

【任务要求】

了解幼儿园课程发展历程，深入理解国际学前教育中的蒙台梭利教学法、瑞吉欧教育理念、High/Scope课程，以及华德福教育等典型课程模式，掌握我国从清末民初至当代的课程沿革的相关知识。

【知识梳理】

蒙台梭利教学法强调环境准备与自我发展，瑞吉欧教育倡导项目化学习与多元表达，High/Scope课程以"计划—做—回顾"为核心培养幼儿的主动学习能力，华德福教育注重身心灵整体发

Note

展。我国课程沿革融合国际经验，从全盘照搬到本土创新，逐步构建符合儿童发展规律的课程体系，体现教育现代化与文化自信。

一 国际学前教育课程模式

（一）蒙台梭利教学法

19世纪末20世纪初，意大利教育家玛丽亚·蒙台梭利创立了蒙台梭利教学法。该教学法一经问世，便如同一股强劲的旋风，迅速席卷全球，对国际学前教育产生了不可估量的影响。蒙台梭利坚信，儿童具有与生俱来的"吸收性心智"，如同海绵吸水一般，能够主动从周围的环境中获取知识和经验。基于此，蒙台梭利教学法特别强调儿童的自主学习和自我发展。

蒙台梭利在教室里精心规划了多个功能各异的区域。日常生活练习区，是幼儿开启生活探索之旅的第一站。在这里，他们通过参与系鞋带、扣纽扣、倒水、摆放餐具等日常活动，不仅逐渐掌握了生活自理技能，而且培养了责任感、秩序感以及专注力。感官教育区，则宛如一座奇妙的感知殿堂，这里有丰富多样的教具，如触觉板、音筒、色板等，为幼儿提供了通过视觉、听觉、触觉、味觉和嗅觉感知世界的机会。这些教具的设计巧妙，能够帮助幼儿敏锐地辨别物体的形状、大小、颜色、质地等细微特征，极大地丰富了他们的感知经验。数学教育区同样别具匠心，借助金色串珠、数学小棒等教具，将抽象的数学概念具象化，让幼儿在轻松愉快的操作过程中，逐渐理解数与量的关系，掌握基本的数学运算。

案 例

"插座圆柱体"实践活动

在某蒙台梭利幼儿园，教师为幼儿准备了"插座圆柱体"这一经典教具。这组教具由不同高度和直径的圆柱体以及对应的插座组成。3岁的明明初次接触时，面对形态各异的圆柱体和插座，显得有些不知所措，但在教师的鼓励下，他开始尝试将圆柱体插入插座。一开始，明明常常因为难以准确分辨不同圆柱体的细微差别而插入失败。然而，明明并未气馁，经过一次又一次的尝试，他逐渐发现了规律，学会了通过观察和触摸了解圆柱体的特征，来找到与之匹配的插座。最终，明明成功完成了任务，他脸上洋溢着自豪的笑容。这一过程不仅锻炼了明明的手部精细动作，而且显著提升了他的观察力和专注力，让他在自主探索中体验到了成功的喜悦。

想一想

　　蒙台梭利教学法赋予幼儿自主选择工作的权利，这无疑对教师的角色提出了全新的挑战。教师在这种教学模式下，应当扮演怎样的角色？教师运用何种策略进行引导，才能做到既充分保障幼儿的自主性，让他们自由探索，又适时提供必要的学习支持，确保他们在探索过程中有所收获？

（二）瑞吉欧教育理念

　　20世纪60年代，在意大利北部的小镇瑞吉欧·艾米利亚，瑞吉欧教育理念悄然兴起。这一理念以"儿童的一百种语言"为核心教育观，强调每个幼儿都是独一无二的个体，拥有无限的创造力和潜力。瑞吉欧教育理念认为，幼儿可以通过多种方式表达自己对世界的认知和理解，这些方式包括语言、绘画、雕塑、音乐、动作等多种形式。

　　在瑞吉欧教育体系中，项目活动是主要的教学方式。幼儿和教师围绕一个共同感兴趣的主题，如"我们的城市""四季的变化"等，展开深入的探究。在项目实施过程中，教师并非知识的灌输者，而是幼儿学习的观察者、引导者和合作伙伴。教师通过仔细观察幼儿的行为和表现，倾听他们的想法和需求，适时提供支持和指导，推动项目的顺利进行。

　　这种教育理念极为重视环境的创设，将环境视为"教师"。学校的空间设计、材料投放都经过精心的规划和布置。宽敞明亮的教室、丰富多样的材料展示架、充满自然气息的户外场地，都能激发幼儿的好奇心和探索欲，为他们的学习和成长营造良好的氛围。

想一想

　　瑞吉欧教育理念大力倡导项目活动中幼儿的合作学习。然而，在项目实施过程中，由于幼儿的性格、兴趣和想法各不相同，难免会出现意见不一致的情况。在这种情况下，教师应该如何巧妙引导，帮助幼儿学会沟通、协商与合作，共同推动项目发展？

拓展阅读

瑞吉欧的马拉古奇中心

瑞吉欧的马拉古奇中心，犹如一座教育宝库，收藏了大量的儿童作品和教学资料，全方位展

Note

示了瑞吉欧教育的实践成果。在这里，幼儿的作品被视为他们思考和学习的珍贵记录，得到了充分的尊重和展示。这些作品的形式多种多样，有的是充满想象力的绘画，有的是富有创意的手工制作，有的则是记录项目活动过程的照片和文字。教师通过对幼儿作品的深入观察和分析，洞察他们的学习过程和思维方式，从而为进一步的教学提供精准的指导。例如，在一次关于"植物生长"的项目活动中，幼儿用绘画和文字记录了植物从种子到发芽、生长的全过程，以及他们在观察过程中的发现和疑问。教师通过对这些作品的分析，了解到幼儿对植物的生长环境和生长周期有着浓厚的兴趣，于是及时调整教学计划，组织幼儿进行了更多关于植物生长的实验和探究活动。

（三）High/Scope 课程

High/Scope 课程起源于 20 世纪 60 年代的美国，是一种以幼儿为中心，强调主动学习的学前教育课程模式。该课程模式基于皮亚杰的认知发展理论，认为幼儿是通过主动与环境互动来构建认知的。High/Scope 课程的核心在于"计划—做—回顾"这一教学循环。每天，在活动开始前，幼儿会自主制定计划，明确自己想要做什么以及如何去做。在实施计划的过程中，他们积极动手操作，探索各种材料和活动。活动结束后，幼儿会与同伴和教师一起回顾活动过程，分享自己的经验和发现。

High/Scope 课程还精心设置了多个活动区，如积木区、美工区、图书区等，为幼儿提供了丰富的学习资源和多样化的学习机会。同时，教师在教学过程中，通过开放式的提问和引导，鼓励幼儿思考、解决问题，培养他们的批判性思维和解决问题的能力。

（四）华德福教育

华德福教育是由奥地利哲学家鲁道夫·施泰纳于 1919 年创立的教育体系。这一教育体系以人智学为理论基础，强调教育应遵循幼儿的自然发展节奏，注重幼儿的身体、情感、精神等多方面的全面发展。在华德福幼儿园，幼儿的生活充满了节奏感和韵律。每天的活动包括晨圈、故事时间、手工制作、户外活动等。其中，晨圈通过唱歌、舞蹈、游戏等形式，帮助幼儿建立良好的生活节奏感和团队合作意识。故事时间则借助生动有趣的故事，激发幼儿的想象力和创造力，培养他们的道德观念和情感表达能力。

华德福教育非常注重使用天然材料，如羊毛、木材、棉花等，让幼儿通过与自然材料的接触，感受自然的美好，培养对大自然的敬畏之心。此外，华德福教育还强调艺术教育的重要性，通过绘画、音乐、戏剧等艺术形式，滋养幼儿的心灵，提升他们的审美能力。

二　我国幼儿园课程发展沿革

（一）清末民初：学前教育课程的萌芽

1. 清末：借鉴日本模式

我国近代学前教育起步于清末。1903 年，湖北幼稚园的创办，标志着我国第一所公立学前教育机构的诞生。这一时期，由于国内学前教育经验匮乏，学前教育模式主要借鉴日本的经验。课程内容包括游戏、歌谣、手工等。尽管这些课程设置相对简单，但它们为我国学前教育课程的发展播下了第一粒种子，开启了我国学前教育课程的探索之旅。

2. 民国：本土化探索的开端

进入民国时期，以陈鹤琴、陶行知等为代表的一批教育家，积极倡导学前教育的本土化探索。陈鹤琴提出了著名的"活教育"理论，主张以大自然、大社会为活教材，打破书本知识的局限，让幼儿在真实的生活情境中学习。他设计的"五指活动课程"，将健康、社会、科学、艺术、语文五个方面有机融合。陈鹤琴指出，这五个方面犹如人的五指，相互关联、缺一不可。这一课程体系的提出，为我国学前教育课程的发展指明了方向，推动了我国学前教育课程从模仿向自主创新的转变。

陶行知则提出了"生活即教育""社会即学校""教学做合一"等教育理念，强调教育要与生活实际相结合，培养幼儿的生活能力和创造精神。他创办的南京燕子矶幼稚园，开创了我国乡村学前教育的先河，为我国学前教育的普及和发展做出了重要贡献。

（二）中华人民共和国成立后：学前教育课程的发展与变革

1. 学习苏联模式

中华人民共和国成立后，为了建立系统的学前教育体系，我国全面学习并借鉴苏联的学前教育模式。这一时期，学前教育课程强调集体教学和知识技能的传授，课程设置注重学科知识的系统性和逻辑性，多采用讲解、示范等传统教学方式。虽然这种模式在一定程度上规范了我国学前教育课程的设置，提高了教育教学的效率，但也存在忽视幼儿个体差异和兴趣需求的问题。

2. 以幼儿发展为中心的探索

20 世纪 80 年代，随着改革开放的深入推进，我国学前教育领域开始积极引进国外先进的教育理念和方法，倡导以幼儿发展为中心的教育理念。这一理念强调尊重幼儿的兴趣和需要，注重培养幼儿的主动性和创造性。幼儿园开始尝试调整课程设置，增加游戏和户外活动的时间，鼓励幼儿在自主活动中学习和成长。

3. 素质教育理念的推动

20 世纪 90 年代，素质教育理念的提出，为我国学前教育课程的改革注入了新的活力。幼儿园

Note

开始注重课程的综合性和生活化，将教育融入幼儿的一日生活之中，通过开展主题活动、区域活动等多种形式的教学活动，培养幼儿的综合素质，促进他们的全面发展。

4. 规范化与科学化发展

进入 21 世纪，随着《幼儿园教育指导纲要（试行）》和《3—6 岁儿童学习与发展指南》的颁布，我国学前教育课程逐步走向规范化和科学化。《幼儿园教育指导纲要（试行）》明确提出了幼儿园教育的目标、内容和要求，强调以游戏为基本活动，关注幼儿的个体差异，为幼儿园课程的设计和实施提供了重要的指导。《3—6 岁儿童学习与发展指南》则从健康、语言、社会、科学、艺术五个领域，对 3—6 岁幼儿的学习与发展目标进行了详细阐述，为教师和家长了解幼儿的发展水平提供了科学的依据。

通过对国际学前教育课程模式和我国课程发展沿革的系统梳理，我们可以清晰地看到，学前教育课程在不断发展和完善。在未来的教育实践中，我们应继续秉持开放包容的态度，汲取国内外先进的教育理念和经验，结合我国的国情和文化特色，推动学前教育事业迈向新的高度，为幼儿的成长和发展奠定坚实的基础。

任务实施

学生以组为单位，以我国幼儿园课程的历史演变为主题，收集并研究陈鹤琴、张宗麟、陶行知、张雪门等幼教先驱开展幼儿园课程探索的相关史料，体会我国幼教先驱在幼儿园课程科学化、本土化探索中形成的开创精神与探索精神，并形成分析报告。

任务评价

评价维度	评价项目	评价标准	师生评价		
			自我评价	小组评价	教师评价
成果呈现	分析与评价	切合实际，思路清晰，评价客观			
	指导建议	科学可行，有针对性			
成果展示	表达	表述完整，语言流畅			
	合作	分工明确，团结协作			

思考与练习

Note

一、简答题

1. 简述幼儿园课程的内涵。

2．简述幼儿园课程的特点。

3．简述幼儿园课程的类型。

二、实践题

到一所幼儿园开展调查，完成调查报告，介绍该幼儿园的课程存在哪些不同的形态，在实施过程中存在哪些问题，教师又是如何应对这些问题的。

参考答案二维码

项目二　幼儿园课程目标体系

◇**学习目标**

[素质目标]

1. 树立正确的教育价值观：理解课程目标的价值导向，形成关注儿童全面发展、促进社会公平及追求长期教育效益的理念，提高教育伦理意识。

2. 树立科学的幼儿教育观：强化以幼儿为本的教育理念，尊重幼儿兴趣、经验及个性化发展需求，同时重视教育过程中的动态生成与发展。

3. 增强社会责任感：课程目标应兼顾幼儿当前生活需求与未来社会适应能力，同时培养幼儿的社会责任感。

[知识目标]

1. 掌握课程目标的核心取向：理解普遍性目标、行为目标、生成性目标、表现性目标的定义、特征及适用场景，能辨析不同取向的差异与联系。

2. 熟悉课程目标的结构体系：掌握幼儿园课程目标的纵向结构（领域总目标—地方性目标—单元与教育活动目标）与横向结构（内容框架与身心发展框架），明确各层级的制定主体与功能。

3. 了解课程目标的制定依据：系统理解课程目标的三大理论维度，即儿童发展规律、社会需求与学科知识适配性，能结合案例说明其如何转化为具体课程目标。

[能力目标]

1. 设计具体课程目标的能力：能够熟练运用四要素，将抽象的幼儿发展目标转化为具体、可观察且可测量的行为发展目标。

2. 动态分析与调整目标的能力：依据生成性目标理念，细致观察教育情境下幼儿的行为表现，并据此灵活调整目标，以促进幼儿的深度探究能力的发展和个性化成长。

3. 整合多维度目标的实践能力：在制定教育目标时，需综合考虑幼儿所处的发展阶段、学科知识的特性以及社会的实际需求，制定涉及认知、情感、动作技能等多种因素的目标体系，并对其进行科学有效的评估。

Note

◇ **项目导航**

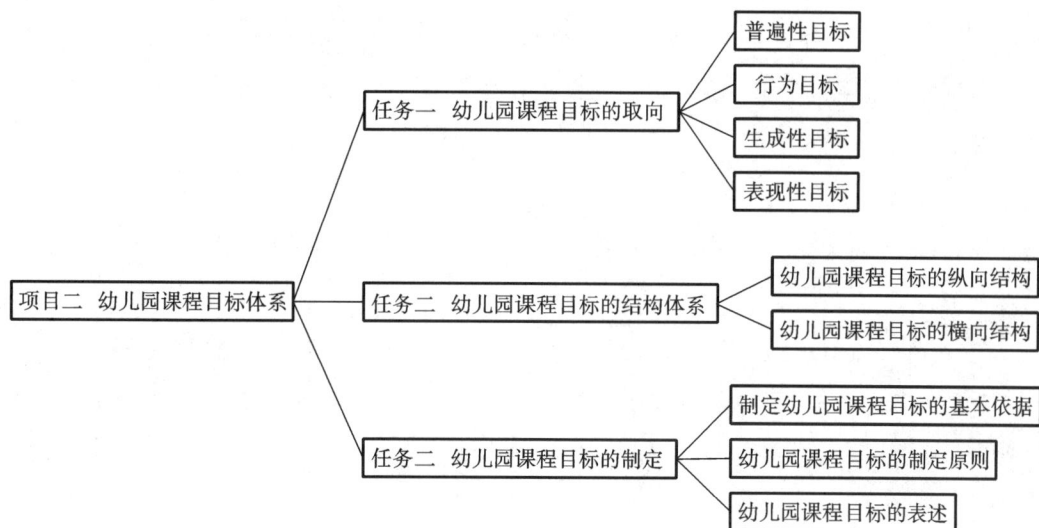

"我和瓶子做朋友"活动目标制定

某幼儿园中班年级组正在开展教研活动，讨论并分析张老师执教的教学活动"我和瓶子做朋友"，分析的焦点集中在这一教学活动的活动目标上。张老师对这一活动的目标定位如下。

首先，引导幼儿在各种形式的活动中获得多方面的知识经验，感受玩瓶子的乐趣。具体活动包含认识不同材质瓶子的物理特性，认识滚动、堆叠等操作中的力学现象，并通过装饰改造活动培养幼儿的审美素养。

其次，培养幼儿运用已有知识经验解决在活动过程中出现的问题的能力。例如，当瓶子滚动轨迹偏离预期时，幼儿能够通过调整摆放角度、添加辅助材料等方式自主探索解决方案。

最后，鼓励幼儿积极参与操作、游戏等活动，引导其大方地与同伴交往。要求幼儿在小组合作中主动表达想法，学会协商分配操作材料，并愿意展示自己的创意作品。

研讨会上，李老师首先指出："这样的目标表述缺乏具体观测指标，'多方面的知识经验'究竟指哪些认知维度？'感受玩瓶子的乐趣'的达成标准又是什么？"王老师补充道："目标表述使用了'引导''培养''鼓励'这样的模糊动词，既无法指导教师设计具体教学环节，也不便于活动后开展效果评估。"

Note

张老师则坚持认为："这是对目标的三维整合，第一条对应情感态度，第二条聚焦问题解决能力，第三条侧重社会性发展。如果拆解成具体行为目标，反而会割裂幼儿的整体学习体验。"青年教师刘老师提出折中意见："是否可以在保持三维框架的前提下，补充具体发展指标？比如明确要认识三种以上瓶子的特性，或者规定小组合作中的基本互动要求。"

思考问题：

1. 上述内容中，幼儿园教师对课程目标的概念认识到位吗？你赞同哪位教师的观点？

2. 如果让你制定幼儿园课程目标，你将考虑如何制定？例如，是否会参考《3—6岁儿童学习与发展指南》中的具体发展指标？如何平衡目标的全面性与可操作性？在目标表述上会采用哪些策略来确保其指导性和评价性？

任务一　幼儿园课程目标的取向

【任务要求】

通过学习幼儿园课程目标取向的相关知识，树立以儿童发展为本的教育价值观，强化社会责任感与教育使命感。系统掌握四大课程目标取向的特点，明确不同目标的适用场景。同时，在实践中能综合不同目标取向，平衡长期价值与短期成效，兼顾规范性与创造性，提升课程设计的系统性与适切性。

【知识梳理】

幼儿园课程目标是对幼儿在一定学习期限内的学习效果的预期，是幼儿园教育目标的具体化表述。课程目标是幼儿园课程运行的"指南针"，贯穿于教育活动的始终。在课程设计中，目标处于核心位置：它既是选择课程内容、确定课程组织方式和教学策略的依据，也是课程评价的标准。科学合理的课程目标体系应当遵循幼儿身心发展规律，同时兼顾社会文化背景与知识结构的时代特征。

对幼儿发展、社会需求和知识性质以及这三者之间关系的不同理解，使课程目标存在不同的价值取向。从价值取向的角度来看，在幼儿园课程中，较为常见的目标有普遍性目标（universal goals）、行为目标（behavior objectives）、生成性目标（evolving purposes）和表现性目标（expressive objectives）等。这四种目标分别对应着不同的哲学基础与教育实践范式，构成了幼儿园课程设计的多元理论框架。

一　普遍性目标

普遍性目标指那些广泛适用、高度抽象且富含价值导向性的目标，其核心特点在于能够为多元主体或复杂系统提供共同的行动指南。普遍性目标不拘泥于特定情境或领域，它是从人类社会的共性需求、伦理价值及长期愿景中提炼出来的，能够跨越时空界限的普遍指导原则。其主要特征包括以下几个方面。

1. 抽象性

普遍性目标大多表述为宏观价值或理念（如"促进社会公平"），而非可量化的具体指标，如联合国教科文组织提出的"终身学习能力培养"，这类目标往往需要通过《教育 2030 行动框架》等纲领性文件转化为具体实践目标。

2. 包容性

普遍性目标对不同文化、制度和发展阶段的幼儿的差异具有很强的包容性，例如我国《3—6 岁儿童学习与发展指南》中"促进幼儿身心全面和谐发展"的总体目标，既适应东部发达地区的学前教育改革，也关照了西部欠发达地区的实际情况。

3. 持续性

普遍性目标关注长期效益而非短期成果，如蒙台梭利教育体系强调的"完善人格塑造"，其成效往往需要十年乃至更长的时间才能充分显现。

4. 系统性

普遍性目标强调目标间的关联性和整体效应，如瑞吉欧方案教学中的整合性目标，将艺术表达、科学探索与社会交往等维度有机统一。

二　行为目标

行为目标则聚焦对幼儿具体的，且可观察的行为的表述，旨在明确课程实施后幼儿行为上的具体变化。行为目标具有客观性和可操作性等特点，其理论基础可追溯至泰勒的课程原理与斯金纳的行为主义理论。这类目标通过精确描述幼儿在特定情境下的可观测反应，为课程实施提供清晰的行动指引。

行为目标的叙述一般包含四个要素：行为主体（audience）、行为动词（behavior）、行为条件（condition）和行为表现程度（degree），简称 ABCD 形式。行为主体即学习者，行为目标描述的应是幼儿的行为，不是教师的行为。有的目标表述，如"教给幼儿……""教师要……"等，都是不妥的。规范的行为目标开头应是"幼儿应该……"，书面上可以省略"幼儿应该"这几个字，但在思想上应牢记，要针对特定的学习者制定合适的目标。行为动词即用以描述预期幼儿形成的可观察、可测量的具体行为的词，如"画出""列出""数出""唱出""区别""辨别""理解"等。行为条件是指幼儿产生预期行为的特定条件或情景，如"在教师的提醒下，能……""在音乐的伴奏下，能……"等。行为表现程度即幼儿达成的目标最低表现水准，用以评价幼儿的学习表现或学习结果所达到的程度，如："75％左右的幼儿能……""能准确地……"等。

因此，制定幼儿行为目标需遵循以下两项基本原则。

第一，目标设定要具体化与可观察。应根据幼儿的年龄特征、认知发展水平，结合教学活动的具体内容和性质，设定具有明确指向性和可操作性的行为目标。理想的行为目标应明确阐述幼儿通过活动应展现出的具体行为成果，且这些目标的实现程度能够直接通过观察来衡量。建议采用具象化行为动词进行目标描述，如"陈述""指认""描述""复述""识别""区分""计数""绘制""书写"等。应避免使用"培养""启发""认识""了解"等抽象化、不可量化的表述方式。

案 例

"土壤"主题课程教学目标制定

某幼儿园教师在课题为"土壤"的教案上写出如下教学目标。

第一，让幼儿通过感官去感受土壤的特性。

第二，让幼儿认识土壤的各种作用。

第三，让幼儿知道土壤的来源。

显然，"感受""认识""知道"都是抽象的词，教师无法确切地了解幼儿"已经感受到""认识了"或"知道了"多少，因此也就无法评估教学的成效。这种表述方式既缺乏可观测的行为指标，也难以界定具体的评价标准。

在教案中只写明概括性的目标是不够的，必须有具体的幼儿行为目标，以明确一节课的教学重点和方向，以及评估教学效果的依据。该教师可以用教学目标做出如下改进。

第一，幼儿通过观看和触摸等方式，能说出土壤的特性，例如土壤是红色/黄色的、固态的、有黏性的、干/湿的等（要说出哪一种特性，依据所安排的教学活动内容而定。下同）。

第二，幼儿能说出土壤可用作栽种、建筑等。

第三，幼儿能指出土壤来自岩石的碎屑等。

Note

第二，目标达成条件需明确，且具有差异。不同年龄阶段幼儿的认知能力差异显著，制定目标时，需精确界定行为达成的具体标准和条件。以水果辨识活动为例，可以要求3岁幼儿从实物中辨认水果；要求 4 岁幼儿闭眼，凭味道区分不同水果；要求 5 岁幼儿依靠文字辨别水果名称。这种递进式目标设置既符合维果茨基的最近发展区理论，又能体现皮亚杰的认知发展阶段论。

想一想

请思考普遍性目标与行为目标的差异。

三　生成性目标

生成性目标是在教育过程中生成的课程目标，其理论渊源可追溯至杜威的"教育即生长"理念与斯滕豪斯的"过程模式"。如果说，行为目标关注的是结果，那么生成性目标关注的则是过程。我们不妨这样理解生成性目标的取向：教育是不断演进的过程，课程目标反映的应是此过程的方向的性质，而不是此过程的某些阶段的或外部东西的性质。生成性目标反映的是幼儿经验生长的内在要求，反映的是问题解决的过程和结果。这种动态目标观打破了泰勒原理中"目标－手段"的线性关系，将教育视为有机体与环境持续交互的生态过程。

生成性目标取向的理论内核在于"实践理性"，其核心价值体现在，它是幼儿、教师与教育情境互动过程中动态生成的课程目标。这种取向深刻契合幼儿学习机制的本质特征：真实教育情境是激活幼儿学习动机的关键所在。内在目标驱动认知活动深入发展，幼儿通过不断探索与发现，逐步完成认知系统的建构。在此过程中，问题解决与兴趣满足将引发新的认知冲突，进而催生更深层次的探究行为。脑科学研究表明，这种自组织学习模式能有效促进前额叶皮层与海马体的协同工作，促进深度学习。值得注意的是，幼儿实质性学习的关键时刻往往与教育引导的最佳时机相吻合。因此，基于生成性目标的课程体系，能够通过教师与幼儿的共同参与和互动，促进幼儿有意义地学习，并有效激发教师的能动性。然而，实施此类课程体系对教师的专业素养要求较高，需要教师具备较强的研究能力，并能在动态的课堂环境中灵活调整教学策略，这对传统师范教育培养模式提出了新的挑战。

在课程架构发生转向的过程中，教育活动的组织发生了变化，它不再拘泥于预设目标，而是以动态生成的教育情境和幼儿行为表现为根本依据。这一转变让教师摆脱既定目标的束缚，成为拥有敏锐观察力、深刻解释力和有效引导力的教育实践者。当幼儿的主体性在教育过程中得以充分实现时，教师的主体性亦同步获得提升空间。这种双向激活机制打破了机械刻板的教育模式，构建了具有高度创造性和想象张力的教育实践场域。

Note

生成性目标的撰写样例

在自然探索课程中，幼儿对雨后出现的蜗牛产生了浓厚的兴趣。教师及时捕捉教育契机，将预设的"昆虫认知"目标调整为"软体动物生存观察"，通过为期两周的跟踪记录，生成"生物与环境关系"的探究主题。

角色扮演区突发"医院停电"情境，教师引导幼儿运用替代材料制作应急灯，原本的"职业体验"目标自然演变为"问题解决能力培养"。

在艺术创作时，幼儿发现不同水彩混合后会产生新的色彩，教师支持其建立"色彩实验室"，使简单的绘画活动升级为科学探究项目。

四　表现性目标

表现性目标，是艾斯纳提出的一种目标取向，这种目标取向的提出，与艾斯纳所从事的艺术教育中得到的启发有关。作为美国著名教育学家和艺术教育先驱，艾斯纳在观察艺术创作过程时发现，传统的行为目标强调可量化、可观测的固定行为范式，这种机械化的标准严重制约了艺术教育中至关重要的创造性与个体表达。正是基于对艺术教育本质的深刻理解，他在 20 世纪 60 年代创造性地提出了表现性目标理论，突破了传统行为目标的机械性，强调教育过程中的创造性表达与个性化发展，为课程目标设计开辟了新维度。

艾斯纳认为，在编制课程时，存在有两种不同的教育目标，它们是教学性目标和表现性目标。教学性目标是课程中预先制定好的，它规定幼儿在完成学习活动后所应该习得的知识、技能等。这种目标适用于阐述文化体系中已有的规范和技能，对于大部分幼儿而言是通用的。与教学性目标不同，表现性目标强调的是个性化，目标指向的是培养儿童的创造性。这种目标适合于表述复杂的智力活动，已有的技能和理解是这种目标得以实现的条件。表现性目标追求的不是幼儿反应的同质性，而是反应的多元性。比如，在音乐课程中，教学性目标可能是"准确演奏 C 大调音阶"，而表现性目标则可能为"通过即兴创作表达特定情感"。

艾斯纳在阐述教学性目标和表现性目标的关系时指出，教学性目标针对的是表现所必需的某种技能的发展，这些技能一旦习得，便可用于表现活动之中。表现性目标则是鼓励幼儿运用已有的技能，拓展并探索自己的观点、意象和情感。由此可见，表现性目标是指每一个幼儿在具体教育情境的各种相互作用中所产生的个性化表现。例如，在绘画活动中，教学性目标可能是"掌握三种水彩混色技巧"，而表现性目标则是"运用所学色彩知识表达对季节变化的感受"。表现性目标多用于艺术领域，它不规定幼儿在完成学习活动后应该获得的行为技能，而是强调个性化，指向每一个幼儿在不同教育情境中所产生的个性化表现及反应的多元性。值得注意的是，这种目标设置同样适用于语言教学，如要求学习者"用新学的词汇创作反映个人经历的微型小说"。

案　例

表现性目标的撰写样例

1. 戏剧工作坊："运用肢体语言展现人物内心的矛盾"。
2. 诗歌写作："通过隐喻手法对比乡村和城市生活体验"。
3. 社会实践："提出具有个人见解的社区改造方案"。
4. 手工制作："用几何原理创作具有美感的立体装置"。

想一想

表现性目标的局限性有哪些？表现性目标在标准化评估体系中如何量化个性表达？

任务实施

学生分组，并选择一个幼儿园教育活动主题（如"自然探索：昆虫世界"），基于以下四个维度设计课程目标。

1. 普遍性目标

提炼该主题的长期价值导向（如"培养生态保护意识"），须体现抽象性、包容性、持续性、系统性。

2. 行为目标

按 ABCD 模式设计 3 条可观测目标（如"幼儿能通过观察图片和实物，指出至少 3 种昆虫的特征"）。

3. 生成性目标

预设可能动态生成的目标方向（如"若幼儿对蚂蚁的分工产生兴趣，则延伸至社会性合作探究"），并设计教师支持策略。

4. 表现性目标

设计 1 个鼓励个性化表达的目标（如"用黏土创作想象中的昆虫家园，并解释设计理念"）。

Note

以小组形式开展模拟教学（20分钟），重点实践行为目标和生成性目标：记录幼儿（由组员扮演）的行为反应，分析预设目标与实际生成目标的差异。捕捉至少1个生成性目标契机，并现场调整教学策略。

任务评价

维度	指标描述	权重
目标设计的科学性	普遍性目标体现价值观引领，具备四大特征（抽象性、包容性、持续性、系统性）；行为目标严格遵循 ABCD 模式；生成性目标预设合理，支持策略具体；表现性目标突出创造性表达	40%
理论应用深度	能准确引用《3—6岁儿童学习与发展指南》，以及杜威"经验生长"、艾斯纳表现性目标等理论分析目标设计逻辑	10%
实践操作能力	能在模拟教学中有效捕捉生成性目标契机，使策略符合维果茨基"最近发展区"理论，记录翔实，将得到的数据进行可视化处理（如生成目标路径图）	30%
反思与创新性	针对表现性目标评估难题，提出创新方案（如"过程性档案＋同伴互评"）；辩证分析四类目标的互补性与冲突点	20%

任务二　幼儿园课程目标的结构体系

【任务要求】

深化对幼儿园课程目标结构体系的系统性认知，强化遵循国家政策、兼顾幼儿身心发展规律与社会需求的全局意识，同时具备尊重幼儿身心发展特点的教育伦理责任感，系统掌握幼儿园课程目标的纵向三级结构和横向双维框架；理解《幼儿园工作规程》和《幼儿园教育指导纲要（试行）》的宏观指导性，能够将抽象的总目标逐级分解为可操作的单元与活动目标，精准描述具体教育情境中的幼儿行为表现；具备整合内容框架与身心发展框架的实践能力，使目标兼顾学科知识适配性与幼儿发展阶段性，能够依据幼儿年龄差异调整目标条件，提升课程设计的科学性与实效性。

【知识梳理】

在建构幼儿园课程体系的过程中，合理的目标体系的建立至关重要，它作为一项技术性强的系统工程，直接关乎教育活动的实施效果及评价标准的合理性。完整的课程目标体系应包含价值取向、发展指标、评价维度三大核心要素，形成"理念—指标—行为"的转化闭环。因此，对于学前教育研究者、园所管理者及一线教师而言，掌握课程目标的建构策略与实施方法，不仅需要理解不同层级目标的对应关系，而且需要具备将抽象目标转化为可观测行为指标的专业能力，这种能力具有不可忽视的专业价值。

一 幼儿园课程目标的纵向结构

当前，我国幼儿园课程设计以目标导向型架构模式为特征，该模式通过对目标的分解，将宏观理念逐步转化为具体的教育实践。这种架构模式强调目标的层级关联性，要求各层次目标形成相互支撑、逻辑自洽的目标网络架构。从课程论视角分析，课程目标的层次性体现为从顶层设计到实践操作的系统转化过程，这种转化通常表现为"理念层—标准层—操作层"三级递进的纵向结构，每个层级又包含若干细分维度，构成纵横交织的目标矩阵。其中，理念层聚焦价值取向与育人方向，标准层侧重发展指标与质量基准，操作层强调实施路径与评价标准，三个层级通过双向反馈机制形成动态调适的生态系统。

(一)幼儿园课程的领域总目标

《幼儿园工作规程》中明确的保教目标，如促进幼儿身体正常发育、发展幼儿智力、培养幼儿初步感受美和表现美的情趣和能力等，构成了国家层面的宏观教育纲领，具有政策导向性与发展终极性。这些目标具有三个显著特征：一是体现全人发展观，涵盖身体、认知、社会性等发展领域；二是注重基础性素养培育，如基本生活能力、学习品质等；三是强调发展适宜性原则，尊重幼儿个体差异。《幼儿园教育指导纲要（实行）》中的领域目标，虽然依据了儿童发展规律和学科逻辑设定，却存在表述过于概念化、发展梯度不清晰等问题，难以直接应用于指导教学实践。这些领域目标主要由国家学前教育行政部门统筹制定，经专家论证后以指导性文件的形式颁布。但文件中的抽象目标难以与具体教学行为有效对接，这要求教师通过参与专业培训提升目标转化能力，运用观察记录、案例研讨等方式建立理念与实践的联结通道。

(二)幼儿园课程的地方性目标

此层级目标作为衔接国家政策与园所实践的中观框架，兼具法规遵循性与实践适切性。其构建通常采用年龄阶段（小班、中班、大班）与学科领域（健康、语言、社会、科学、艺术）双维指标，通过"领域分解—年龄分段—行为描述"的层级分解机制实现课程理念向教学行为的过渡。例如，在社会领域目标中，需将"培养良好社会适应能力"的宏观目标，具体化为"能与同伴轮流使用玩具""能用礼貌用语表达需求"等可操作指标。该目标体系多由省市级教研机构主导编制，通过"专家领衔—教师工作坊—园本化调整"的三级协作模式完成，教师群体在目标细化和验证环节发挥重要作用。特别是在园本化调整阶段，教师需结合所在社区文化资源（如少数民族地区可融入民族文化元素）、园所硬件条件（如户外活动场地配置）、家长教育诉求（如关注小班幼儿的分离焦虑）等因素进行目标适应性改造，形成既符合共性要求又体现个性的目标体系。

采用年龄阶段与学科领域双维指标是幼儿园课程目标落实到幼儿园三个不同的年龄阶段及健康、语言、社会、科学、艺术等五大领域的核心举措，因此，不仅要考虑课程的几个内容维度，而且要考虑幼儿年龄发展的维度，从这两个维度确定本层次阶段目标。具体实施时，需要建立双向细目表，在横向维度呈现各领域关键经验（如健康领域的动作发展、生活习惯），在纵向维度划分年龄发展阶梯（如小班单脚跳 2 米、中班 4 米、大班 6 米），通过交叉分析确定课程的具体目标。这种矩阵式结构既能保证课程的系统性，又能适应幼儿发展的连续性特征。以数学认知领域为例，须在数字概念维度设置"3 岁能点数 5 以内的物品—4 岁能理解数量守恒—5 岁能进行 10 以内加减运算"的递进式目标链，同时在空间认知维度规划"辨识上下—前后—左右—综合运用"的发展路径。

想一想

为什么会出现各地制定的课程目标不尽相同的情况？试从地域文化差异、教育资源分布、幼儿发展评估方式等角度进行归因分析。

拓展阅读

教育部 2012 年发布《3—6 岁儿童学习与发展指南》

2012 年，为深入贯彻教育规划纲要，落实《国务院关于当前发展学前教育的若干意见》，教育部发布了《3—6 岁儿童学习与发展指南》。以下为该文件的节选。

一、健康

健康是指人在身体、心理和社会适应方面的良好状态。幼儿阶段是儿童身体发育和机能发展极为迅速的时期，也是形成安全感和乐观态度的重要阶段。发育良好的身体、愉快的情绪、强健的体质、协调的动作、良好的生活习惯和基本生活能力是幼儿身心健康的重要标志，也是其他领域学习与发展的基础。

为有效促进幼儿身心健康发展，成人应为幼儿提供合理均衡的营养，保证充足的睡眠和适宜的锻炼，满足幼儿生长发育的需要；创设温馨的人际环境，让幼儿充分感受到亲情和关爱，形成积极稳定的情绪情感；帮助幼儿养成良好的生活与卫生习惯，提高自我保护能力，形成使其终身受益的生活能力和文明生活方式。

幼儿身心发育尚未成熟，需要成人的精心呵护和照顾，但不宜过度保护和包办代替，以免剥夺幼儿自主学习的机会，养成过于依赖的不良习惯，影响其主动性、独立性的发展。

（一）身心状况

目标1：具有健康的体态。

年龄	3～4岁	4～5岁	5～6岁
目标	1. 身高和体重适宜。参考标准： 男孩 身高：94.9～111.7厘米 体重：12.7～21.2公斤 女孩 身高：94.1～111.3厘米 体重：12.3～21.5公斤 2. 在提醒下能自然坐直、站直	1. 身高和体重适宜。参考标准： 男孩 身高：100.7～119.2厘米 体重：14.1～24.2公斤 女孩 身高：99.9～118.9厘米 体重：13.7～24.9公斤 2. 在提醒下能保持正确的站、坐和行走姿势	1. 身高和体重适宜。参考标准： 男孩 身高：106.1～125.8厘米 体重：15.9～27.1公斤 女孩 身高：104.9～125.4厘米 体重：15.3～27.8公斤 2. 经常保持正确的站、坐和行走姿势

注：身高和体重数据来源：《2006年世界卫生组织儿童生长标准》4、5、6周岁儿童身高和体重的参考数据。

教育建议：

1. 为幼儿提供营养丰富、健康的饮食。如：

·参照《中国孕期、哺乳期妇女和0～6岁儿童膳食指南》，为幼儿提供谷物、蔬菜、水果、肉、奶、蛋、豆制品等多样化的食物，均衡搭配。

·烹调方式要科学，尽量少煎炸、烧烤、腌制。

2. 保证幼儿每天睡11～12小时，其中午睡一般应达到2小时左右。午睡时间可根据幼儿的年龄、季节的变化和个体差异适当减少。

3. 注意幼儿的体态，帮助他们形成正确的姿势。如：

·提醒幼儿要保持正确的站、坐、走姿势；发现有八字脚、罗圈腿、驼背等骨骼发育异常的情况，应及时就医矫治。

·桌、椅和床要合适。椅子的高度以幼儿写画时双脚能自然着地、大腿基本保持水平状为宜；桌子的高度以写画时身体能坐直，不驼背、不耸肩为宜；床不宜过软。

4. 每年为幼儿进行健康检查。

（三）幼儿园课程的单元与教育活动目标

单元教育活动目标作为课程体系的微观组成部分，其构建需遵循系统性、阶段性和可操作性原则。系统性要求纵向衔接课程总目标与年龄阶段目标，横向协调领域核心经验与幼儿发展指标；阶段性强调根据幼儿神经发育规律和认知特点，按螺旋上升方式分解关键经验（如小班"感知物体软硬属性"—中班"比较材料特性"—大班"探究材料导热性"）；可操作性则体现在目标表述须使用可观测的行为动词（如识别、分类、表达），避免使用"了解""知道"等模糊表述。研究表明，

Note

采用"条件＋行为＋标准"的三要素表述法（如在美工区活动中，幼儿能自主选择 3 种以上工具完成剪纸造型）可使目标有效性显著提升。

在具体实施层面，单元教育活动目标可根据内容模块（如认知发展领域包含数的概念、空间感知，社会情感领域涵盖同伴交往、情绪管理，动作技能领域涉及大肌肉运动、精细动作）或时间周期（学期目标须构建核心素养框架/月目标侧重主题经验积累/周目标聚焦具体技能习得）进行灵活组织，通常以三维度分解策略（知识维度、能力维度、情感维度）体现在主题教学方案或月度/周度教学计划的目标描述中，这种方式既承续了课程总目标的价值导向，又通过经验层级化（如小班"感知形状"—中班"比较特征"—大班"创意组合"）为具体教学活动提供指引框架。以"秋天的秘密"主题单元为例，其目标体系须整合科学探究（观察树叶变色）、艺术表现（拓印叶脉）、语言表达（描述季节特征）等多领域目标，同时设置"收集 10 种树叶""合作完成秋景拼贴"等可量化的过程性指标。

教育活动目标作为目标体系的终端环节，专注于特定教学情境下的预期发展效果，其精确度（如具体行为表述"能用剪刀沿直线剪裁纸张"）和可衡量性（如可观察的达成标准"在 3 次尝试中，能至少成功 2 次"）是实现课程目标最终落地的核心要素。该层级目标完全由教师依据幼儿最近发展区（通过观察记录、作品分析、发展检核表等评估工具确定）自主制定，通过 SMART 原则具体体现为：限定材料类型（如彩泥）、明确量化指标（如搭建 5 块积木）、设置达成时限（如 15 分钟区域活动）进行目标设计，并借助教学实践中的师幼互动（个性化提问引导）、环境创设（投放梯度性操作材料）、游戏指导（搭建鹰架策略）等多元途径直接作用于幼儿的阶段性发展，最终通过课程审议机制、教学反思日志、幼儿成长档案等质量监控工具，形成"课程目标—单元目标—活动目标"三位一体的有机衔接机制（宏观导向—中观分解—微观实施）。追踪研究表明，采用此衔接机制的园所，其教育活动目标达成度比之前采用传统模式显著提高，且幼儿发展评价数据离散系数显著降低。

案 例

大班主题活动"我是中国娃"单元目标

1. 培养民族自豪感与文化认同：通过体验中国传统节日、民俗艺术等活动，提升幼儿对中华优秀传统文化的喜爱，树立传承意识，增强"中国娃"的身份认同。

2. 树立爱国情感与社会责任感：了解国旗、国徽、国歌的象征意义，学习英雄人物的事迹，初步形成爱家乡、爱祖国的情感，愿意为集体贡献力量。

3. 发展多元文化的包容性：感知中国多民族文化的丰富性（如服饰、饮食、语言），尊重不同地域和民族的文化差异。

4. 认知中华文化符号：能说出至少三种中国传统节日（如春节、中秋节、端午节）的名称、习俗及文化内涵；认识汉字、文房四宝、京剧脸谱、青花瓷等代表性文化符号。

5. 了解祖国地理与人文：知道中国首都、国旗、国歌等基本信息，初步了解长江、黄河、长城等地理标志；通过地图拼图活动，辨识中国版图形状及部分省、市、自治区的位置。

6. 学习民间艺术与技艺：了解剪纸、皮影、泥塑等传统艺术的制作方法，感知其美学特征。

7. 发展语言表达与协作能力：能清晰讲述一个中国神话或历史故事（如《大禹治水》《嫦娥奔月》），并与同伴合作完成角色扮演；尝试用方言或普通话朗诵简单的古诗、童谣（如《静夜思》《春节童谣》）。

8. 深化探究与实践能力：通过"小小考古学家"活动，模拟挖掘"文物"（陶片、仿古钱币），记录并分享发现；参与传统美食制作（包饺子、做月饼），掌握基本劳动技能，理解食物与文化的关系。

9. 培养艺术表现与创造力：运用水墨、拓印等技法创作具有中国元素的绘画（如熊猫、荷花、龙）；融合汉服、盘扣、中国结等传统服饰元素，合作设计含有中国元素的时装，并表演"中国风"时装秀。

案 例

中班 10 月教学计划表

时间：××年 10 月 1 日—10 月 31 日

领域	目标	活动内容	家园共育
健康	1. 自主穿脱外套，掌握叠衣服的方法 2. 单脚跳跃 5 米，双手交替拍球 5 次	1. 练习叠外套 2. "小松鼠运松果"跳跃游戏 3. 户外拍球活动	家长指导幼儿练习叠衣服、扣纽扣，拍摄居家练习视频
语言	1. 复述故事《秋天的来信》中的 3 个情节 2. 用短语描述秋季的特征	1. 故事会《秋天的来信》 2. 户外观察后，进行与秋天有关的词语接龙游戏	亲子共读秋季主题绘本，家长拍摄幼儿描述秋日的画面
社会	1. 认识国旗，学唱爱国歌曲 2. 制作重阳贺卡，表达对长辈的祝福	1. 国庆节主题活动"国旗的秘密" 2. 重阳节手工"爱心贺卡"	家长与幼儿共同完成敬老任务（如为爷爷奶奶捶背），拍照分享
科学	1. 观察 5 种落叶并分类 2. 点数 10 以内的水果，理解 5 以内的数物对应	1. 落叶采集与分类活动 2. "丰收的果园"数学游戏	亲子制作"秋日自然收集盒"，带回园内展示

Note

续表

领域	目标	活动内容	家园共育
艺术	1. 创作"秋日树林"集体画 2. 学唱《秋天多么美》，用乐器伴奏	1. 拓印画《秋日树林》 2. 音乐活动"落叶飞舞"	家长与幼儿收集秋日自然材料（松果、树枝），用于艺术创作
综合	1. 结合季节认知与节日文化，培养观察力、合作能力与情感表达能力	1. 主题墙"秋日探秘" 2. 秋日野餐角色游戏	家长与幼儿园共同布置秋日主题墙（如悬挂幼儿作品）

二 幼儿园课程目标的横向结构

课程目标的层次是纵向探讨课程目标体系，课程目标的结构则是从横向视角对课程目标体系进行系统性解构。构建幼儿园课程目标体系常用的两种典型框架结构，分别对应不同的教育哲学理念与实施路径。这两种结构在实际运用中往往呈现出互补特性：内容框架保障知识传授的系统性，发展框架确保教育过程的发展适宜性。

第一种是以内容为框架建构的课程目标体系，其核心特征是按知识领域进行模块化划分。我国幼儿园普遍采用此种结构，《幼儿园教育指导纲要（试行）》即以此为框架，将教育内容系统划分为健康、语言、社会、科学和艺术五大领域，每个领域下设具体行为目标。这种结构的优势在于知识架构清晰，便于教师进行分科教学。例如，在科学领域会细化出"自然现象认知""简单的实验操作"等目标，艺术领域则包含"色彩感知""节奏模仿"等具体指标。但需注意避免过度细分导致目标碎片化，需通过主题教学实现领域间的有机联结。

我国《幼儿园教育指导纲要（试行）》以教育内容为结构框架表述的课程目标如下。

健康目标包括：身体健康，在集体生活中情绪安定、愉快；生活、卫生习惯良好，有基本的生活自理能力；知道必要的安全保健常识，学习保护自己；喜欢参加体育活动，动作协调、灵活。

语言目标包括：乐意与人交谈，讲话礼貌；注意倾听对方讲话，能理解日常用语；能清楚地说出自己想说的事；喜欢听故事、看图书；能听懂和会说普通话。

社会目标包括：能主动地参与各项活动，有自信心；乐意与人交往，学习互助、合作和分享，有同情心；理解并遵守日常生活中基本的社会行为规则；能努力做好力所能及的事，不怕困难，有初步的责任感；爱父母长辈、老师和同伴，爱集体、爱家乡、爱祖国。

科学目标包括：对周围的事物、现象感兴趣，有好奇心和求知欲；能运用各种感官，动手动脑，探究问题；能用适当的方式表达、交流探索的过程和结果；能从生活和游戏中感受事物的数量关系并体验到数学的重要和有趣；爱护动植物，关心周围环境，亲近大自然，珍惜自然资源，有初步的环保意识。

艺术目标包括：能初步感受并喜爱环境、生活和艺术中的美；喜欢参加艺术活动，并能大胆地表现自己的情感和体验；能用自己喜欢的方式进行艺术表现活动。

想一想

　　除传统的五大领域外，是否应考虑纳入数字素养（如平板电脑基础操作）、财商启蒙（如货币认知游戏）等适应时代需求的维度？如何平衡领域划分的稳定性与时代发展的动态性？

第二种是以身心发展为框架的整合式目标体系，布鲁姆教育目标分类学是此类结构的典型代表。该体系主张突破学科界限，聚焦人的发展维度。首先，在认知领域强调从记忆、理解到创造的思维进阶，例如在科学探索中，要求幼儿能识别植物种类（知识），还能解释生长条件（理解），进而设计简易培育方案（应用），最终形成持续观察记录的习惯（分析综合）。其次，在情感领域注重价值观的内化过程，通过合作游戏培养同理心（接受反应），借助社区服务建立社会责任感（价值评价），在节日活动中形成文化认同（价值体系化）。最后，在动作技能领域形成从反射动作到有意沟通的发展序列，包含精细动作（如剪纸沿线）与粗大动作（如单脚跳跃）的协调发展，同时关注感觉统合能力的提升。

《英国基础阶段教育（3～5岁）课程指南》以儿童身心发展为结构框架表述的课程目标如下。

第一，个性、社会性和情感的发展。有极大的兴趣去主动学习；能够自信地尝试新活动、新思想，以及在一个熟悉的小组中发言；学会在适当的时候安静地坐着，并能够集中注意力；面对重大且有意义的经历会表现出一系列的感受；对自己及他人的一些需求、意见和感受形成意识；学会尊重自己及他人的文化和信仰；与成人和同伴建立良好的人际关系；作为一个组织或者团体的一员，学会轮流讨论和公平分享，理解该组织或者团体中每个人的价值观和信仰，并与他们和谐相处；明白对和错，并知道其原因；学会认真考虑自己的言论和行动，并知道其会带来怎样的后果。

第二，交流、语言和读写。学会与他人交流、协商计划、轮流讨论；在游戏或者学习过程中能够随时使用口语和书面语言；学会细心聆听并回应听到的相关评论、问题；学会聆听故事、音乐、儿歌、诗词，并且进行补充；拓展自己的词汇，探索新单词的意义和发音。

第三，数学发展。在熟悉的情况下讨论和使用数字；学会辨认数字1到9；利用某些数学思想和方法去解决问题；学会对10个以内的日常物品进行计数；在日常活动的讨论中，能够使用涉

Note

加、减的词汇；学会使用数学术语；开始学习加法、减法；讨论、认识简单的数学模式。

第四，认识和理解周围的世界。学会调动感官去探索各种对象和材料；理解相似性、差异、模式、变化等概念；学会提问；学会使用各种材料进行建构，懂得选择合适的材料，学会在必要时调整自己的工作；学会选择需要的工具和技术，对材料进行塑造、组装、衔接。

第五，身体发展。能够安全地、有信心地、富有想象力地行动；学会控制和协调自己的行动；学会在平衡和攀爬设备上做出各种动作；意识到保持健康的重要性，知道哪些事情有利于自己的健康；了解自己在运动时身体发生的变化；掌握使用各种设备的技巧和方法；学会安全操作工具并建构可塑性材料。

第六，创造性发展。学会对各种刺激做出反应，如看到的、听到的、闻到的、触摸到的、感觉到的刺激；学会通过各种方式表达和交流自己的观点、看法和情感，这些方式包括使用各种材料和工具去进行设计、制作、角色扮演、运动、唱歌、音乐表演等；学习探索颜色、结构、形状、形式、二维或三维空间；探索声音是如何被改变的，学会唱简单的歌曲；认识反复出现的声音以及声音模式，学会伴随音乐运动；在艺术、设计、音乐、舞蹈、角色扮演、故事活动中，充分发挥想象力。

在以身心发展为框架的整合式目标体系下，对目标的具体层次划分呈现螺旋上升特征。在认知领域，小班侧重实物操作层面的感知（如按颜色进行分类时允许失误）启蒙，中班注重简单推理（预测物体沉浮需辅以验证环节）能力的培养，大班则聚焦跨学科问题解决（设计节水方案需融合测量与表达）能力的提升。在情感领域，通过"情绪气象站"等可视化工具，引导幼儿从被动接受到主动调节情绪（从识别表情贴纸到自主选择冷静角）。在动作技能发展领域，遵循神经生理规律，引导幼儿从 3 岁时的双手协调拍球（每分钟 20～30 次），逐步发展为 5 岁时能完成包含 3 个步骤的韵律操组合（踏步＋转圈＋造型定格）。布鲁姆等人的教育目标分类标准，体现了对儿童的发展价值的重视与关注，其修订版进一步强调了对元认知能力和创造力的培养。

制定幼儿园课程目标时，需兼顾双重维度结构。一方面，要系统考量幼儿园课程的内容结构体系，即围绕《3—6 岁儿童学习与发展指南》划分的健康、语言、社会、科学、艺术五大领域，设置阶梯式发展目标——如健康领域涵盖生活自理（如小班独立穿脱开衫）与安全防护（如大班演练火灾逃生），语言领域聚焦倾听表达（如中班完整转述事件）与早期阅读（如大班创编图画故事）。另一方面，要深度把握幼儿身心发展的三维结构，在认知发展维度注重感知观察（持续 3 分钟的显微镜观察）与思维启蒙（简单类比推理），在情感发展维度强调自我认同（如制作个性成长档案）与社会情感培育（如小组项目分工协作），在动作技能维度侧重精细动作（如正确握剪刀、连续裁剪）与协调能力进阶（如连续跳绳 10 次以上）。课程设计须注重两个维度的互动融合，例如在科学领域活动中既提高物质特性认知（如比较不同材质的防水性），又培养合作探究的情感态度（如轮流担任实验记录员），同步发展手脑并用的操作技能（如使用滴管精确转移液体）。

拓展阅读

幼儿园课程目标的实现

幼儿园课程总目标，对整个幼儿园课程的编制和实施都具有指导意义。在幼儿园课程总目标确定之后，我们面临的任务是如何把它融入实际工作。

学前各个年龄段的幼儿的发展，都有自己的特点，因此，幼儿园课程总目标的贯彻落实，还必须结合学前各年龄段的幼儿的发展特点，把它进一步具体化，形成学前各年龄段的幼儿的课程任务或目标，具体体现为各年龄班的课程目标。

学前各年龄班的课程目标是通过每个学期的课程来完成的。因此，学前各年龄班的课程目标又被具体化为学期目标，体现在各年龄班的学期课程计划中。

学期课程目标和计划又是通过每月、每周、每天的教育工作来实现的，因此，学期课程目标还需进一步分解为每月、每周的课程目标，学期课程计划也需进一步具体化为月课程计划与周课程计划，最后制定每天的课程计划，确定一日生活中各个活动所要达到的课程目标。通过这种把课程目标由抽象到具体、按照幼儿的年龄特点和教育工作开展的时间顺序逐级分解的过程，我们可以把课程目标融入实际工作，使我们每天组织幼儿进行每一个课程活动时，心中都有明确的目标。

任务实施

学生组建学习小组，每组4～6人，讨论幼儿园小班/中班/大班任意学段的课程目标。各组成员需结合《3—6岁儿童学习与发展指南》中健康、语言、社会、科学、艺术五大领域的具体要求，选取对应层级（园级目标/年级组目标/班级学期目标）的典型课程目标案例，从目标表述的适龄性、可操作性、领域整合性三个维度展开分析和讨论。

各组通过思维导图梳理分析要点，准备汇报展示材料，材料需包含目标文本解读、年龄特点对应关系、实施建议等内容。教师提供《XX幼儿园春季课程目标手册》作为分析参考。

任务评价

评分维度	评分指标表述	评分比重
目标解析准确性	能精准引用《3—6岁儿童学习与发展指南》年龄分段指标验证目标适龄性（10%） 对照认知发展理论（如皮亚杰的认知发展阶段论）分析目标合理性（10%） 指出原目标表述中的模糊用词与缺失要素（10%）	30%

Note

续表

评分维度	评分指标表述	评分比重
领域整合合理性	识别案例中的隐性跨领域目标（如科学活动中的语言表达机会）（10％） 提出可行的领域渗透方案（如将数学目标融入艺术活动）（15％）	25％
建议实践价值	改进建议具有可操作（如补充量化标准"至少比较 3 种材料"）（20％） 方案符合幼儿园实际资源条件（如建议使用常见教具）（15％）	35％
团队协作表现	分工明确，全员参与讨论（5％） 汇报逻辑清晰，答辩环节协作应答（5％）	10％

任务三　幼儿园课程目标的制定

【任务要求】

强化以幼儿发展为核心的教育伦理观，树立整合幼儿发展规律、社会需求与学科知识的适配性的全局意识，系统掌握幼儿园课程目标的三大理论依据——幼儿发展规律、社会需求分析和学科知识适配性；理解目标制定的四大原则：整体性、连续性、可行性、时代性；明确目标表述的双维范式及分层表述规范；能够综合三大依据制定科学目标，灵活运用四大原则，将总目标分解为阶段性、可操作的单元目标，精准表述幼儿主体行为；具备根据年龄特征调整表述方式和整合社会需求与学科知识的实践能力。

【知识梳理】

幼儿园课程目标制定需以幼儿发展为核心，整合幼儿发展规律、社会需求与学科知识的适配性。其理论依据涵盖幼儿发展规律、社会需求分析及学科知识适配性三大维度。制定时需遵循整体性、连续性、可行性、时代性四大原则。目标表述采用双维范式，明确幼儿主体行为，并分层规范表述。实践中，应综合三大依据制定科学总目标，再灵活运用四大原则将其分解为阶段性、可操作的单元目标，同时根据幼儿的年龄特征调整表述，有效整合社会需求与学科知识，确保目标的精准性与适应性。

一　制定幼儿园课程目标的基本依据

科学建构幼儿园课程目标体系需综合考量多维理论依据。学界普遍认为，幼儿发展规律、社会需求及学科知识的适配性是课程目标制定的三大核心维度，是课程目标的理论来源。为了科学构建幼儿园课程目标体系，我们急需系统性地推进儿童发展规律研究、社会需求分析以及学科知识的适应性探索。这三个维度相互关联、彼此制约，共同构成学前教育目标体系的立体坐标系，其中幼儿发展规律是基点，社会需求是导向，学科知识是载体。

(一)基于幼儿发展规律的研究

1. 理论基础

幼儿园课程作为专门为幼儿学习与发展设计的专业教育方案，其目标设定必须严格遵循幼儿身心发展的自然规律。皮亚杰认知发展阶段理论揭示的感知运动阶段特征、埃里克森人格发展八阶段理论阐述的主动性与自主性发展需求，为目标制定提供了神经生理学与心理学方面的双重支撑。教育者须深刻理解幼儿期特有的直觉行动思维、具体形象思维特征，以及关键期理论指导下的敏感期发展窗口。

2. 研究维度

基于幼儿发展规律的研究维度包含两个核心层面。一方面，需系统掌握幼儿发展心理学理论揭示的阶段性发展特征，确立理想发展水平的科学标准，包括动作技能、语言表达、社会交往等领域的里程碑式的发展指标。另一方面，应通过实证观察法精准评估教育对象的"现实发展水平"，采用成长档案袋、行为检核表等评估工具建立个性化发展基线。这两者之间的动态差异，正是幼儿发展的实际需求所在。该理论指出，教学干预应精准作用于幼儿现有发展水平与潜在发展水平之间的认知区间，可以通过搭建适宜的教学支架，促使幼儿实现认知能力的跃迁式发展。具体实施时，需构建三维诊断体系：生理成熟度评估、认知准确度测评、社会情感发展观测。

> **想一想**
>
> 如何通过日常的观察记录建立幼儿发展基线？如何设计阶梯式目标序列，从而实现最近发展区的动态拓展？

(二)基于社会需求的分析

1. 现实诉求

幼儿园课程肩负双重使命，既要保障幼儿当下的生命质量，又要为其未来适应社会奠定基础。这就要求我们制定课程目标时，必须系统考察社会对幼儿发展的期望值，包括社会主义核心价值观培育、可持续发展理念渗透、全球胜任力启蒙等时代要求。特别是在数字化转型加速的 21 世纪，需前瞻性地将信息素养、计算思维等新兴能力纳入目标范围。

2. 分析路径

解析社会期望需整合家庭教育诉求、区域经济发展需求和国家教育政策导向等多维数据源，建立包括政策文本分析、家长问卷调查、行业人才需求预测在内的三角验证机制。分析的重点在于建

Note

立社会需求向课程目标转化的科学机制，通过德尔菲专家法进行目标要素筛选，运用层次分析法确定权重分配，最终形成既符合国家人才培养战略，又满足个体社会化发展需要的目标矩阵。例如，《中国教育现代化2035》强调的核心素养，需在实践中转化为可操作的学前阶段发展指标。

案 例

将社会需求转化为幼儿园课程目标

我国文化传统中"仁爱诚信"的伦理要求，需转化为幼儿同伴交往中的分享、互助行为目标；全球化背景下的跨文化理解能力，可具象化为尊重多元文化、使用简单的外语表达问候等具体指标。可确立的目标如下。

1. 激发幼儿爱家乡、爱祖国、爱集体、爱劳动的情感，通过节日活动、社区参访等途径，帮助其建立初级社会归属感。

2. 发展幼儿与他人之间的交往、合作品质，在小组活动中应用轮流、协商、妥协等社交技能。

想一想

如何协调传统文化传承与未来社会需求在目标体系中的权重分配？

（三）基于学科知识的适配性研究

1. 本体价值

知识传递作为课程的基本功能，其价值不仅体现在文化传承层面，而且体现在促进幼儿认知图式的建构上。系统化的学科知识能够为幼儿构建一个关于自然、社会及自我认知的科学框架，如数学领域的模式认知、科学领域的探究方法、艺术领域的审美表达等。但需警惕知识本位的异化倾向，坚持"发展适宜性"原则，将学科知识转化为符合幼儿认知特点的经验单元。

2. 研究重点

基于社会需求的分析维度，着重探究学科知识体系与幼儿认知发展规律的契合度，具体包括：各学科知识结构对幼儿认知发展的促进机制，如空间几何概念对空间智能的启发作用；不同领域知识在幼儿关键能力培养中的独特作用，如绘本阅读对语言、符号理解的双重促进作用；学科知识在学前教育阶段的适切性转化策略，包括游戏化改编、生活化重构、多感官体验等教学方法论创新。

案　例

美术课程的目标制定

美术课程目标的设计需突破单纯的技法训练，强调以下几点。

1. 通过自然观察与名作欣赏，培养形式美的感知敏锐度。

2. 在创作过程中发展视觉空间智能与创造性问题解决能力。

3. 通过材料探索并认知物理属性，如颜料的流动性、彩泥的可塑性。

4. 在作品展示与解读过程中提升符号表征与语言表达能力。

二　幼儿园课程目标的制定原则

幼儿园课程目标制定，需要考虑相关的原则如下。

（一）整体性原则

幼儿园教育以促进幼儿德、智、体、美全面发展为根本任务，旨在促进其身心和谐发展。作为幼儿园教育功能的核心载体，课程体系须具备全方位育人的特质。基于此，课程目标的制定须严格遵循整体性原则：在领域发展维度，目标应涵盖健康、语言、社会、科学、艺术五大领域协调发展的内容，建立领域间的渗透和融合机制，如在运动活动中融入对数量概念的认知；在心理结构维度，课程目标须强调统筹认知能力、情感态度及动作技能等要素的同步提升，避免片面强调知识记忆而忽视学习品质的培养。这种双重维度的整合性设计，可通过主题网络图呈现目标关联，确保课程目标能够为幼儿身心和谐发展形成立体化支撑。

（二）连续性原则

幼儿发展具有渐进性和序列化特征，课程目标的制定须体现纵向衔接的连续性。在具体实施中，应把握两个关键。第一，构建涉及小、中、大班三级目标梯度，符合心理发展序列的阶段性目标，如小班侧重提升自我服务能力，大班强调任务执行能力；第二，建立目标层级的逻辑关联，通过"总目标—阶段目标—单元目标—活动目标"的逐级分解，形成金字塔式目标体系，每个下级目标需标注对应的上级目标编码。该原则要求设计者严格遵循"目标分解不偏离，层级衔接不断层"的技术标准，运用 SMART 原则，确保各层目标的可操作性与可评估性，如将"培养创造力"转化为"能用 3 种不同材料表现同一主题"，最终实现课程总目标的有效达成。

（三）可行性原则

课程目标的制定需建立在科学的儿童发展评估基础上。在宏观层面，应以《3—6 岁儿童学习与发展指南》为基准框架，将 5 大领域的 32 个学习与发展目标转化为园本化实施标准；在中观层面，需结合区域教育发展水平，如城市幼儿园可增设 STEAM 启蒙目标，农村园所可强化自然探究目标；在微观层面，需立足园本实际与班级幼儿的最近发展区，通过前测确定目标起点。该原则强调目标设置的"双维参照"：既保持与上位目标的理论一致性，又体现实践层面的适切性。有效的目标应具备"跳一跳，够得着"的激励属性。维果茨基社会文化理论指导下的支架式设计，能够使目标成为引导发展的动态参照系，而非机械的考核标准。例如，阅读区目标可分层设置为：自主取放图书—连贯讲述画面内容—想象故事后续发展。

（四）时代性原则

教育作为社会子系统，必须适应时代发展对人才素质的结构性要求。课程目标设计须嵌入"未来素养"的培育维度。首先，对接联合国教科文组织提出的"四个学会"能力框架（学会认知、学会做事、学会共处、学会生存），将其转化为幼儿期的初级版本，如"学会共处"可具象为冲突解决四步法。其次，整合我国社会发展对人才素养提出的要求，重点强化创新思维（如头脑风暴活动设计）、责任意识（如"班级小管家"制度）、协作能力（如小组项目完成度）、情绪管理（如"心情气象台"使用）等现代素质。以社会领域目标为例，其表述应凸显主动参与、自信表达、合作解决困难等能力指标，通过具体的行为观测点（如冲突解决策略、团队协作表现等）实现时代性特征的可视化呈现。同时，需关注人工智能时代的人机互动能力培养，如编程思维启蒙可通过排序游戏实现。

三　幼儿园课程目标的表述

（一）表述维度

幼儿园课程目标的表述存在多维视角，当前普遍采用两种主要表述范式。

1. 教师主体表述法

教师主体表述法侧重于教师的教学行为指导，明确了教育者需开展的教学活动及其预期的教育效果。典型表述常包含"鼓励""引导""促进""协助""提升"等动词，例如，通过创设包含三原色的美工区环境，组织色彩混合实验、自然物拓印等活动，引导幼儿观察色彩变化现象，协助其建立色彩混合的初级概念；采用问题链策略（这两种颜色混合会变成什么？怎么让橙色更明亮？），促进幼儿通过"假设—验证"的探究过程，发展科学思维品质；通过户外写生活动，引导幼儿建立色彩与自然物的关联认知，提升审美感知的敏锐度。

2. 幼儿主体表述法

幼儿主体表述法强调学习者的发展本位，明确幼儿通过课程学习应获得的具体发展指标。典型表述多采用"感知""喜爱""理解""掌握""认知""关注"等行为动词，例如，能辨别5种常见几何图形并匹配实物；愿意用图画符号将观察到的内容记录下来；能在集体面前完整讲述家庭故事；养成餐前洗手的生活习惯。这种表述方式更符合儿童视角的教育理念，如"制作天气日记"目标可表述为：持续观察一周天气变化，用符号记录3种以上天气的特征，并向同伴说明记录方法。

学界普遍倡导采用幼儿主体表述法，认为它有利于实现教师关注焦点向学习主体的转移，能有效规避传统教学中过度侧重教师"教"的行为而忽视幼儿"学"的过程及学习成效的弊端。但需注意避免表述空泛化，应结合布鲁姆教育目标分类学理论，从认知（知道颜色的名称）、情感（乐意尝试新画法）、动作技能（正确使用剪刀）三个维度进行具体化表述。

（二）表述时应注意的问题

不同层级的目标应采取差异化的表述方式。总体目标通常无法过于具体化，仅能原则性地明确其覆盖范围和方向，如"促进幼儿社会性发展"。其余层级目标均需对总体目标进行细化分解，目标层次递进时，表述应更具实操性与指导性。例如，总目标"培养探究能力"在单元层面可分解为：提出2个关于植物生长的问题；设计简单的实验并验证猜想。

单元目标的制定需遵循以下准则。第一，表述清晰准确，与上级目标紧密关联且直接对应，如大班"生命教育"单元目标应标注对应的总目标编码。第二，覆盖面需广泛，涵盖知识获取（如认识常见昆虫）、能力培养（如比较生物特征）、操作技能（如使用放大镜观察）及情感态度（如爱护小动物）等多个维度。第三，条目设置应独立完整，各目标间保持逻辑区隔，避免重叠，如分项表述"分类能力"与"计数能力"。

具体教育活动目标的表述需强化实施导向，其基本规范包括以下几点。第一，教学活动目标应具体明确，且核心目标需重点突出，如科学活动侧重观察记录而非艺术表达。第二，须符合幼儿年龄特征，并适配其已有经验基础，如小班折纸活动目标限于掌握对边折、对角折等基本技法。第三，表述视角统一，严格遵循幼儿优先原则，避免出现"教会幼儿……"等教师本位表述，应使用"能够说出……""愿意尝试……"等发展性表述。

任务实施

学生分组，以"我和瓶子做朋友"活动目标为分析对象（见案例导入），结合本项目所学内容，完成以下任务：从普遍性目标、行为目标、生成性目标、表现性目标四个维度，诊断原目标存在的

Note

问题（如表述模糊、缺乏可操作性等）；运用《3—6岁儿童学习与发展指南》，重新设计符合小班/中班幼儿年龄特点的三维整合目标（认知、情感、动作技能），并补充具体行为指标（如"能说出3种瓶子的材质特征"）；结合儿童发展规律、社会需求（如环保意识培养）和学科知识适配性（如物理特性认知），撰写500字左右的目标重构说明。

任务评价

维度	指标描述	权重
目标诊断与重构	准确指出原目标在四大取向中的缺陷（如普遍性目标缺乏系统性），重构目标，使其符合幼儿年龄特点、具体且可测量	50%
体系构建科学性	纵向目标层级清晰（总目标—单元目标—活动目标），体现连续性原则 生成性目标预设合理，支持策略符合维果茨基支架理论	25%
反思深度	能辩证分析目标冲突本质（如标准化与个性化的矛盾） 解决方案体现杜威"经验改造"与艾斯纳表现性目标的融合思路	25%

思考与练习

一、简答题

1. 请简述幼儿园课程目标的四种取向（普遍性目标、行为目标、生成性目标、表现性目标）的核心特点，并各举一例说明。

2. 幼儿园课程目标的制定需基于哪三大理论依据？请结合实例说明其中一种理论是如何指导目标设计的。

3. 在设计幼儿园教育活动目标时，为何强调要从"教师主体表述"转向"幼儿主体表述"？请列举两条具体的表述优化建议。

参考答案二维码

项目三　幼儿园课程内容

幼儿园课程内容是实现幼儿园课程目标的手段。对于教师和幼儿而言，课程内容主要解决的分别是"教什么"和"学什么"的问题。想要解决这一问题，课程编制者、幼儿园管理者和教师就要了解不同价值取向的课程内容，还要关注两个问题：一是选择什么样的内容；二是如何组织这些内容。站在幼儿发展的视角，就要关注幼儿能够学习什么（适宜年龄个体特征的、幼儿感兴趣的内容）；站在社会发展的角度，就要关注幼儿应该学习什么（社会文化要求的、有益于知识技能提升的、有益于能力增强的内容）。

◇ 学习目标

［素质目标］

了解幼儿园课程内容选择背后的价值取向。

［知识目标］

1. 掌握常用的几种课程内容组织形式。

2. 理解幼儿园课程内容选择的范围和类型。

3. 理解幼儿园课程内容选择的原则。

［能力目标］

能结合适宜的课程组织方式对课程内容进行梳理。

◇ 项目导航

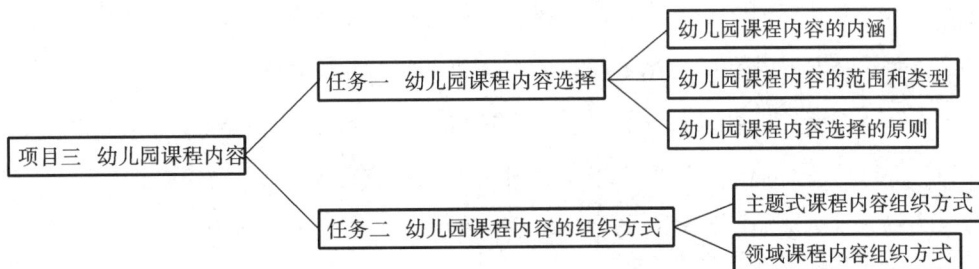

蜗牛的"探索之旅"

在一个雨后初晴的上午，阳光温柔地洒在幼儿园的操场上，空气中弥漫着清新的泥土气息。大一班的小朋友们像往常一样来到户外进行自由活动。

忽然，一声呼喊打破了平静："快来看呀，这里有只小蜗牛！"原来是乐乐在花坛边的一片叶子上发现了一只缓缓爬行的蜗牛。这一发现瞬间吸引了周围小朋友们的注意力，大家纷纷围拢过来，好奇地打量着这个背着"小房子"的小家伙。

"它的壳好特别呀，像个小漩涡"，萌萌睁大眼睛，满脸好奇。"对呀对呀，而且它爬得好慢好慢"，浩浩一边说，一边模仿着蜗牛爬行的动作。"它的触角还会动呢，碰到东西就缩回去了"，悠悠小心翼翼地伸出手指，轻轻地触碰蜗牛的触角，惊喜地说道。

小朋友们你一言我一语，讨论得热火朝天，对这只小蜗牛充满了好奇。此时，王老师走了过来，她看到孩子们对蜗牛如此感兴趣，便决定抓住这个难得的教育契机，引导孩子们探索蜗牛。

回到教室后，王老师组织小朋友们围坐在一起，展开了一场关于蜗牛的讨论。孩子们纷纷分享自己在刚才观察中的发现和疑问。

"老师，蜗牛为什么要背着壳呀？"

"它吃什么呢？"

"它有没有脚呢，怎么走路的呀？"

面对孩子们一连串的问题，王老师微笑着鼓励大家一起寻找答案。她拿出了一些关于蜗牛的科普绘本，和孩子们一起阅读。通过生动有趣的画面和简单易懂的文字，王老师向孩子们介绍了蜗牛的基本特征、生活习性和饮食习惯。孩子们听得津津有味，时不时发出惊叹声，对蜗牛的认识也更加深入了。

为了让孩子们更直观地观察蜗牛，王老师和孩子们一起将这只小蜗牛带回了教室，安置在一个透明的饲养盒里，还为它准备了新鲜的菜叶和湿润的泥土。接下来的日子里，观察蜗牛成了孩子们每天最期待的活动。他们会仔细观察蜗牛的一举一动，用画笔记录下蜗牛的样子，还会尝试给蜗牛喂不同的食物，看看它最喜欢吃什么。

在一次观察中，细心的轩轩发现蜗牛爬过的地方会留下一条亮晶晶的痕迹，他好奇地问："老师，这是什么呀？"王老师趁机引导孩子们思考，鼓励他们自己去寻找答案。孩子们通过查阅资料、小组讨论，终于发现原来这是蜗牛分泌的黏液，它可以帮助蜗牛在爬行时减少摩擦，还能让蜗牛在垂直的表面上稳稳地爬行。

随着对蜗牛的了解不断深入，孩子们的兴趣愈发浓厚。他们不仅在幼儿园里观察蜗牛，回到家后还和爸爸妈妈一起查阅资料，了解了更多关于蜗牛的知识。有的孩子还和家长一起在小区里寻找蜗牛，将自己的发现分享给小伙伴们。

思考问题：

1. 从课程内容选择的角度分析，王老师为什么选择以"蜗牛"为主题进行课程的建设和开发？

2. 王老师是如何对课程进行组织和实施的？

任务一　幼儿园课程内容选择

【任务要求】

了解幼儿园课程内容的内涵；掌握幼儿园课程内容的范围和类型；熟悉幼儿园课程内容选择的原则。

【知识梳理】

如果说课程目标是课程的灵魂，那么，课程内容就是课程的心脏，它是课程生命力的源泉。课程内容的选择与组织是实现课程目标的关键手段，它解决的是为有效实现课程目标，教师应教什么、幼儿应学什么以及教师应如何安排这些内容等问题。课程内容的选择与组织息息相关，如果选择的课程内容本身不合适，就无法达成课程目标；如果选择了合适的内容，但组织得不合适，也无法有效地达成课程目标。因此，课程内容的选择与组织都非常重要。

一　幼儿园课程内容的内涵

幼儿园的课程内容是幼教工作者希望幼儿学习且希望幼儿学会的内容，包括基本知识、基本态度和基本行为方式。

我们认为，幼儿园的课程内容是根据幼儿的课程目标和相应的学习经验选择的，融入幼儿在各种活动中的基本知识、基本态度、基本技能和能力。可以看出，活动是幼儿园课程内容的主要载体，课程内容蕴涵在活动的基本结构——活动对象和活动过程中。幼儿通过参与课程活动接触这些内容，并将其内化，积累学习经验，促进自身的发展。

Note

二 幼儿园课程内容的范围和类型

(一)课程内容的范围

课程内容的范围,指的是幼儿园课程内容的基本要素或基本组成部分。根据课程内容的定义,幼儿园课程内容包括以下三个方面。

1. 生活常识和科学启蒙 (基本知识)

幼儿所获取的知识,既有生活常识,也有科学知识。生活常识与科学知识是人类认知世界的两种重要形式,二者既有联系又有本质区别。在幼儿教育中理解二者的差异,有助于幼教工作者更科学地设计课程内容,促进幼儿认知结构的合理建构。生活常识是由日常生活经验积累并形成的实践性认知,依赖口耳相传或习俗延续,受文化环境和特定场景的制约,它通常是碎片化的,并带有隐喻性。而科学知识是通过系统研究验证的客观规律,揭示了现象背后的本质规律,它基于实验观察与逻辑推导,结构严谨,可以突破时空的限制,具体以不同的学科内容来呈现。因此,幼儿阶段的课程内容以生活常识为主,科学启蒙为辅,这符合幼儿的认知发展特点和规律。

无论是生活常识还是科学知识,都对幼儿的基本情感态度、基本能力和技能的形成具有积极作用,是其发展的前提与基础。教育部颁布实施的《幼儿园教育指导纲要(试行)》中的五大领域的教育内容与要求,淡化了幼儿对知识获取的具体要求,更注重幼儿基本情感态度的形成,这体现了21世纪我国对提升幼儿教育质量的探索与实践,引领了幼儿园教育理念和实践的革新。

但我们不能从一个极端走向另一个极端,不能忽视必要知识的学习,因为如果完全随幼儿的兴趣出发,既不考虑哪些知识是幼儿必须掌握的,也不考虑如何帮助幼儿整理、扩充、提升其零散的生活经验,我们就无法达成教育目标。虽然幼儿园课程不以传授系统知识为目的,不强调系统的知识学习,但一些生活必需的知识还是要掌握的,帮助幼儿使其已有的知识经验系统化也很重要。《3—6岁儿童学习与发展指南》从五大领域的角度分别对幼儿应获取的知识给予了指引。例如,健康领域的学习内容包括幼儿要了解基本的身体保健知识,了解常见的安全标志,记住家庭住址、电话号码等基本信息;语言领域的学习内容包括幼儿要知道文字表示一定的意义,能听懂短小的儿歌或故事。因此,在选择课程内容时,需要选择一些幼儿必须掌握的或具有发展价值的基础知识。

Note

想一想

3—6岁幼儿获得的主要是生活常识,还是科学知识?幼儿能够理解科学知识吗?

2．核心情感和价值观启蒙（基本态度）

情感态度是在活动过程中产生的体验，类似的体验积累得多了，就能形成比较稳定的倾向性。因此，情感态度不是教师"教"出来的，而是幼儿亲身"体验"出来的，如果基本知识属于显性课程内容，那么情感态度就是隐形课程内容。幼儿阶段恰好是情感态度和价值观形成的关键期，课程内容需贴合其认知特点和发展需求，以体验式、游戏化方式为主，注重正向引导和多元感知，明确哪些内容符合引导的方向，哪些内容是感知的对象。

可以说，核心情感的体验对每一个幼儿来说都是至关重要的，比如自信心、自尊心、学习兴趣、好奇心、责任感、归属感等，有的能使幼儿获得认识上的满足感，有的能让幼儿体验到快乐，有的能激发幼儿的探索欲，有的能让幼儿获得自信心。上述情感体验都是积极的，幼儿在生活中也会体验到挫败、羞耻、胆怯、悲伤、无助的情绪和情感。教师需要选择合适的课程内容进行正向引导，帮助幼儿克服这些消极情感。

核心情感多聚焦幼儿自身，而价值观的启蒙则把幼儿和社会更加紧密地联系在一起，例如对待生命的态度（包括对待自身和动植物），与他人相处时的准则（尊重他人、有公平意识、诚实守信），公共意识的形成（乐于助人、环保理念、尊重不同文化），劳动与感恩（做家务、表达感恩）。这些简单直观的日常选择，最终会汇聚成社会的规则意识与温情厚度；这些在幼儿时期埋下的价值观种子，会在未来成长为社会文明的森林。

3．生活技能和问题解决能力（基本技能和能力）

掌握生活技能是每一个幼儿的必修课，技能水平的高低是显性的，幼儿阶段的生活技能的具体表现包括自我照料（饮食、睡眠、卫生）、衣物穿着（穿脱、整理）、物品整理（玩具、学具收纳），它是生活常识的技能化展现，对幼儿的成长至关重要。

美国心理学家霍华德·加德纳认为，智力是在某种社会或文化环境的价值标准下，个体用以解决自己遇到的真正难题或生产及创造出有效产品所需要的能力。可以看出，智力的核心是解决问题的能力，这是个体思维能力的表现。解决问题一般经过几个阶段：发现问题—提出问题—寻找线索—形成假设—验证假设—得出结论（解决了问题）。因此，幼儿园课程应包括那些能够呈现幼儿的问题的内容，让他们的能力在解决问题的过程中得到提高。

（二）课程内容的类型

幼儿园课程内容可以从不同角度、根据不同的标准分类。

1．按学习领域分类

陈鹤琴先生所提出的"五指活动课程"理论，将儿童的实际生活经验与系统的学科知识作为幼儿园课程的核心内容，核心思想是将幼儿园课程内容划分为五个相互关联的领域，并将其比喻为五根手指，这五个领域既独立又协同运作。[①]《幼儿园教育指导纲要（试行）》提出："幼儿园的教育

Note

---

① 陈秀云、陈一飞：《陈鹤琴全集》，江苏凤凰教育出版社，2018 年版。

内容是全面的、启蒙性的，可以相对划分为健康、语言、社会、科学、艺术等五个领域，也可作其他不同的划分。各领域的内容相互渗透，从不同的角度促进幼儿情感、态度、能力、知识、技能等方面的发展。"这与陈鹤琴先生的"五指活动课程"理念是吻合的。

2. 按幼儿心理发展领域分类

从幼儿心理发展领域的角度，可以将幼儿园课程内容分为自我意识、社会能力、文化意识、交际能力、动手与感知能力、分析与解决问题的能力、美感与创造意识七个发展领域。

3. 按幼儿的主要活动形式（围绕关键经验的活动）分类

欧美一些国家的幼儿园根据幼儿的主要活动形式，把课程内容分为游戏、工作、唱歌、律动、感觉训练、故事、实物观察、烹饪等。凯米－德芙里斯课程则按照皮亚杰对经验的分类（物理经验、社会经验、数理逻辑经验），将课程内容视为能为幼儿提供"关键经验"的各种活动，其课程内容由三部分构成，分别是日常生活活动、传统活动和受皮亚杰理论启示的活动。

三 幼儿园课程内容选择的原则

在人工智能时代，幼儿可学的内容远比应该学且能够学的内容要多得多，在时间有限的情况下，什么知识最有价值、什么内容应该进入课程，是课程设计者必需面对的问题。根据《幼儿园教育指导纲要（试行）》和《3—6岁儿童学习与发展指南》的精神，结合幼儿园课程内容选择中存在的问题，我们总结了选择课程内容时应遵循的原则。

（一）目标性原则

幼儿园选择的课程内容需要与课程目标相契合，因为课程内容是实现目标的手段，目标为内容的选择提供了一个基本的框架和标准，贯彻目标性原则要注意以下几个方面。

1. 做到心中有目标

要考虑所选择的内容是为了达成哪一个或哪几个目标，思考内容和目标之间的关联是否紧密且适宜。

2. 内容和目标之间并非一一对应

围绕某一目标选择内容时，需要考虑还有哪些内容可以促进这一目标的实现。例如，"能对事物进行简单的分类"这一目标，需要多种形式的内容来逐步实现，如颜色的分类、动物的分类、几何图形的分类等。反之，一项内容也可以指向多个目标。食肉、食草动物的分类，既能够发展幼儿的分类思维，又可以使他们了解动物的多样性，在分类的过程中，幼儿可以认识某种动物和它所生存的环境的适应关系，激发其对动物的好奇心和探索欲。

3. 引导情感目标的达成

情感目标难以通过某一特定内容来实现，例如，结合"幼儿有自信心"这一目标，我们可以通过控制内容的难易程度，教授学习的方法来帮助幼儿获得成功的体验。

（二）发展适宜性原则

发展适宜性原则指的是课程内容既要符合幼儿已有的发展水平，又能促进其进一步发展，将难度水平置于幼儿的最近发展区之内。《幼儿园教育指导纲要（试行）》第三部分"组织与实施"指出，教育内容的选择应"既适合幼儿的现有水平，又有一定的挑战性"。

同一年龄阶段的幼儿既有共同的最近发展区，也有各自不同的最近发展区。《3—6岁儿童学习与发展指南》罗列了幼儿五大领域三个年龄阶段的发展目标，这为课程内容的选择提供了重要的依据。现实中，幼儿的发展水平虽大体遵循这些规律，但也会表现出个体差异。因此，了解本地、本园、本班幼儿的实际发展水平和需要，是选择适宜的课程内容的前提。

案 例

"安吉游戏"特色课程

浙江安吉实验幼儿园以"安吉游戏"为特色课程。考虑到小班幼儿以直觉行动思维为主，安吉实验幼儿园会选择简单有趣的游戏活动，如让幼儿进行抓握、摇晃、敲击等动作，锻炼幼儿手部的精细动作，同时引导幼儿感受竹子的材质特性。中班幼儿有一定的合作意识和语言表达能力，幼儿园会安排一些需要合作完成的游戏，如用竹梯和木板搭建"小桥"，让幼儿分组合作，共同完成任务，培养幼儿的合作能力和沟通能力。大班幼儿的抽象思维开始萌芽，有较强的探究欲望，课程中会出现一些具有挑战性的活动，如让幼儿用竹子和其他材料制作简单的乐器，探索声音的产生和变化，满足幼儿的探究需求，发展其科学思维能力。"安吉游戏"课程内容的选择一方面考虑了不同年龄段幼儿的身心发展特征，另一方面以竹子作为重要的课程资源，这是结合了当地的特色。安吉素有"中国竹乡"之称，竹子资源丰富，将竹子作为游戏的材料，体现了课程内容充分利用当地自然资源的理念。

想一想

"安吉游戏"课程适合向全国推广吗？对全国的幼儿具有普适性吗？我们应当从中学习哪些有价值的元素？

Note

（三）生活化原则

陶行知先生提出的生活教育理论阐述了这样的观点：教育与生活是同一过程，教育源于生活，生活是教育的中心，教育随生活的变化而变化，过什么样的生活，便受什么样的教育。

对于幼儿来说，除了认识周围世界、启迪其心智的学习内容之外，一些基本的生活和"做人"所需要的态度和能力都是需要学习的，如卫生习惯、生活自理能力、自立意识、与人相处时应有的态度和能力等。而这些学习内容不可能仅靠教师专门设计和组织的教学活动完成，也不可能通过口耳相传的教学方式进行。幼儿只能在生活中学生活、在交往中学交往、在做人中学做人。日本幼教大纲的"幼儿园教育必须重视的基本事项"中的第一条，就是在与幼儿期相适应的、以幼儿的兴趣爱好为基础的、能获得直接体验的生活中展开教育。日本幼教大纲还强调，幼儿的科学教育、语言教育、美感教育等都要在幼儿的生活中进行。可见，生活是幼儿园课程内容的重要来源与实施途径。因此，课程内容要结合幼儿的生活，综合利用各种教育途径，科学、有效地利用一日生活的各个环节进行教育。

教师要选择贴近幼儿生活的、幼儿经常接触的事物或现象作为幼儿园课程内容，如物体的运动、动物、植物、简单的自然现象等，这类内容一方面可以调动幼儿的已有经验，增强其学习过程中的主动性；另一方面，通过探索每天司空见惯的事物或现象中的"问题"及新异性，幼儿能逐渐具备一双善于发现的眼睛，养成发现、思考的习惯，其中的价值是无法估量的。

（四）兴趣性原则

兴趣如同一种内在驱动力，能使人进入情感性唤醒状态，产生吸收信息、扩展自身认知的倾向，为观察、探索、追求和进行创造性努力提供可能性。对幼儿来说，情况也是如此。因此，课程内容的选择必须考虑幼儿的兴趣。

1. 从幼儿感兴趣的事物中选择教育价值丰富的内容

《幼儿园教育指导纲要（试行）》明确提出，"既贴近幼儿的生活来选择幼儿感兴趣的事物和问题，又有助于拓展幼儿的经验和视野。"因此，教师应注重观察幼儿，捕捉幼儿感兴趣的内容，结合幼儿对某种事物或现象的疑惑与兴趣，激发幼儿的求知欲，引导幼儿主动探索，促进幼儿的有效学习。

案 例

> 吹泡泡作为每个年龄段幼儿都喜欢的游戏活动，能够唤醒幼儿积极的情绪状态，因此教师可以将探究泡泡作为课程的内容，引导幼儿运用多种材料制作不同形状的吹泡泡工具，幼儿在吹泡泡的过程中会发现，不同形状的工具吹出的泡泡都是圆形的，这一探究结果是在一种快乐的氛围中得出的，可以实现寓教于乐。

2. 将必要的课程内容"转化"为幼儿的兴趣

有些课程内容从促进幼儿长远发展的角度来看是必要的，但不见得当时幼儿会感兴趣，因此教师要尽量把它们转化为幼儿感兴趣的内容。

案　例

　　浮力是幼儿未来需要学习的课程内容，幼儿园大班教师可以组织幼儿开展浮力的探究实验，引导其了解哪些物体会沉下去，哪些物体会浮在水面上，感知浮力的存在。教师还可以进一步引导幼儿尝试让浮起来的物体沉下去、让沉下去的物体浮起来，通过逐步向前推进的方式，激发幼儿对浮力的探索兴趣。

任务实施

组织学生分别到当地的公办幼儿园和民办幼儿园进行课程内容设置的实地调研，比较二者的异同，并做出一份调研报告。

任务评价

评价标准	分值	分数小计	教师评价
提前做好实地调研活动准备	20 分		
分工合理、各成员积极参与	20 分		
达到调研目的	30 分		
报告结构合理、内容真实	30 分		
总分	100 分		

任务二　幼儿园课程内容的组织方式

【任务要求】

了解主题式课程内容组织方式及其特点；了解领域课程内容组织方式及其优缺点。

【知识梳理】

幼儿园课程的目标是帮助幼儿获得有益的学习经验，促进其身心各方面的发展。但幼儿的发展不是一蹴而就的，不是凭单个活动或多个零散的活动就能产生深远的影响。幼儿无论是在认知、情

Note

感态度方面，还是在动作技能方面，发展都是极其缓慢的。为了通过课程使幼儿获得的学习经验产生累积效应，教师必须精心组织课程内容。具体来说，幼儿园课程内容的组织是指合理安排课程内容的顺序和关系，使其有序化、结构化。下面我们着重探讨以下两种课程内容的组织形式。

一 主题式课程内容组织方式

主题式课程内容组织方式，是指从幼儿的生活经验出发，围绕特定主题整合多领域内容，核心特点是综合性、生活性、趣味性和生成性。这种方式打破了学科界限，将五大领域有机融合在主题之中，围绕主题构建学习网络，以下是常见的几种组织方式。

（一）项目式组织方式

项目式组织方式是围绕一个具体的项目展开的，幼儿在教师的引导下通过一系列探究活动来完成项目。例如，在"幼儿园的花园改造"主题活动中，幼儿与教师一起讨论花园的设计方案，参与种植花草、制作标识等活动，在实践中学习规划、合作及解决问题。

拓展阅读

大班主题活动"有趣的桥梁"简介

项目主题：了解不同类型的桥梁，探索桥梁的结构和功能，并尝试设计和搭建桥梁。

项目启动：教师通过播放各种桥梁的视频和图片，激发幼儿的兴趣，并提出问题，引导幼儿思考问题，如"这些桥梁的材质有什么不同""它们都是用什么建造的"。

探索与发现：幼儿和教师一起收集各种桥梁的资料，包括图书、图片和模型等；幼儿实地参观本地的桥梁，观察外观、结构和周边环境；回到幼儿园后，幼儿分组讨论自己观察到的桥梁特点，并记录下来。

设计与实践：幼儿根据自己的兴趣和观察，利用园内的积木、木板等材料，自主尝试搭建桥梁，在搭建的过程中讨论怎样做才能使桥梁更加结实。

展示与分享：幼儿将自己小组搭建的桥梁模型拍照记录下来，向其他幼儿和教师介绍自己的作品，大家一起欣赏并评价。

Note

想一想

课程内容以项目式组织有哪些优缺点？

（二）小组合作式组织方式

小组合作式组织方式是将幼儿分成小组，小组成员共同完成与主题相关的任务。如在"我喜欢的节日"主题活动中，小组成员分别负责收集不同节日的资料，共同制作节日海报，向其他小组介绍不同节日的习俗，提升团队协作能力和沟通能力。

（三）问题驱动式组织方式

问题驱动式组织方式是通过设置一系列问题引导幼儿思考和探索主题内容。例如，在"水的秘密"主题活动中，教师提出"水为什么会流动""水可以变成什么"等问题，激发幼儿通过实验、观察等方式寻找答案，主动获取知识。

（四）体验式组织方式

体验式组织方式是让幼儿通过亲身参与和体验来学习主题内容。比如，在"丰收的季节"主题活动中，带幼儿到农田里收割庄稼，让他们亲身感受丰收的喜悦，了解农作物的生长过程，体会辛勤劳动的收获。

二　领域课程内容组织方式

（一）学科知识逻辑组织方式

学科知识逻辑组织方式是按照各领域学科知识的内在逻辑顺序来组织课程内容。例如，在科学领域，先让幼儿认识简单的物体和现象，如颜色、形状，再了解动植物的生长过程、自然现象的成因等更复杂的知识；语言领域的学习顺序则是从基本的词汇、语句学习，到故事讲述、儿歌朗诵等，遵循语言学习的规律。

想一想

　　根据《3—6岁儿童学习与发展指南》中的科学领域目标，分析科学领域所涉及的学科内在逻辑。

Note

（二）目标导向组织方式

目标导向组织方式即根据各领域的教育目标来选择和组织课程内容。以健康领域为例，如果其课程目标是培养幼儿良好的生活习惯，那么课程内容就应围绕饮食、睡眠、个人卫生等方面展开，设计如"我会自己吃饭""早睡早起身体好"等活动。艺术领域若以培养幼儿的审美能力为目标，就应选择欣赏优秀艺术作品、进行美术创作等作为课程内容。

（三）依据年龄阶段特点的组织方式

依据年龄阶段特点的组织方式即依据不同年龄阶段幼儿的身心发展特点来组织课程内容。小班幼儿的注意力维持时间较短，认知能力有限，健康领域的课程可侧重于简单的生活自理技能培养，如穿脱衣服、洗手等；大班幼儿的思维能力有所发展，在科学领域，可以安排一些探索性更强的实验活动，如"有趣的沉浮"，让幼儿通过自主操作和观察，发现物体沉浮的规律。

（四）按照活动类型的组织方式

按照活动类型的组织方式即按照不同的活动类型来组织各领域课程内容。比如，语言领域可以分为听说活动、阅读活动、讲述活动、文学作品学习活动等，通过听说活动锻炼幼儿的倾听和表达能力，通过阅读活动培养幼儿的阅读兴趣和初步的阅读能力，通过讲述活动提高幼儿的语言组织和表达能力，通过文学作品学习活动让幼儿感受文学作品的魅力，丰富其情感体验和语言积累。

（五）依据经验关联的组织方式

依据经验关联的组织方式即将课程内容与幼儿已有的生活经验联系起来。例如，在社会领域，为了让幼儿了解职业，教师可以从幼儿熟悉的身边的职业入手，如爸爸和妈妈的职业，然后再扩展到其他常见职业，组织"我知道的职业"活动，让幼儿通过交流、参观等方式，丰富对不同职业的认识，使新的学习内容与幼儿的生活经验相互作用，促进其认知能力和社会性的发展。

任务实施

组织学生以小组为单位，查阅相关的资料，设计一节主题课程。

任务评价

评价标准	分值	分数小计	教师评价
设计成果	20分		

Note

续表

评价标准	分值	分数小计	教师评价
分工合理、各成员积极参与	20分		
完成预先设计的任务	30分		
课程结构合理、内容真实	30分		
总分	100分		

思考与练习

一、选择题

1. 在幼儿园课程内容的组织方式中，以"四季变化"为主题整合多领域知识，属于（　　）

A. 领域课程　　　　　　　　　　B. 主题课程

C. 生成课程　　　　　　　　　　D. 预设课程

2. 根据《3—6岁儿童学习与发展指南》，幼儿园课程内容应注重培养幼儿的（　　）

A. 识字量　　　　　　　　　　　B. 考试能力

C. 学习品质与核心素养　　　　　D. 生活卫生习惯

3. 关于幼儿园课程内容的说法，正确的是（　　）

A. 越复杂的知识越能锻炼幼儿　　B. 应贴近幼儿的生活经验

C. 必须严格按照教材执行　　　　D. 依据小学课程标准来选择

4. 选择幼儿园课程内容时，要充分考虑幼儿的年龄特点、学习能力和发展水平，这遵循的是（　　）原则。

A. 时代性　　　　　　　　　　　B. 整合性

C. 发展适宜性　　　　　　　　　D. 兴趣性

二、简答题

1. 简述幼儿园课程内容选择的原则。

2. 简述幼儿园课程内容的范围。

三、实践题

调查区域内的两所幼儿园，完成调查报告，介绍这两所幼儿园课程内容选择的依据，比较两所幼儿园课程内容的异同，并记录幼儿园组织课程的方式有哪些。

参考答案二维码

项目四　幼儿园课程实施

幼儿园课程实施是将课程设计转化为教育实践、实现幼儿全面发展目标的核心环节，直接影响着幼儿的学习体验与发展，其研究聚焦于"如何让课程理念落地生根"，核心任务是通过科学的途径与方法、适切的环境创设，将静态的课程方案转化为动态的教育过程。本项目围绕课程实施的两大关键维度——幼儿园课程实施的途径与方法、幼儿园课程实施的环境创设展开系统论述，构建理论与实践相融合的操作框架。

◇学习目标

[素质目标]

1. 具备对幼儿园课程实施的兴趣与责任感，提升在课程实施过程中主动观察的积极性。

2. 树立"环境即课程、生活即教育"的理念，践行以幼儿发展为本的教育观。

3. 强化家园协同育人理念，促使家庭与幼儿园形成教育合力。

[知识目标]

1. 掌握幼儿园课程实施的三大核心途径的理论基础。

2. 理解国内外相关理论在环境创设中的应用，明确环境创设三大原则。

3. 熟悉室内环境创设、室外活动场地规划，及家园合作构建环境的核心内容与方法。

[能力目标]

1. 能够依据课程目标和幼儿发展特点，设计并实施课程活动，融合教育性与趣味性。

2. 具备独立规划和创设室内外环境的能力，能根据课程主题和幼儿学习需求科学布局，以发挥环境对课程的支持作用。

3. 能够分析课程实施及环境创设过程中出现的实际问题，并提出具有针对性和可操作性的优化建议，提升课程实施质量与环境创设水平。

◇ **项目导航**

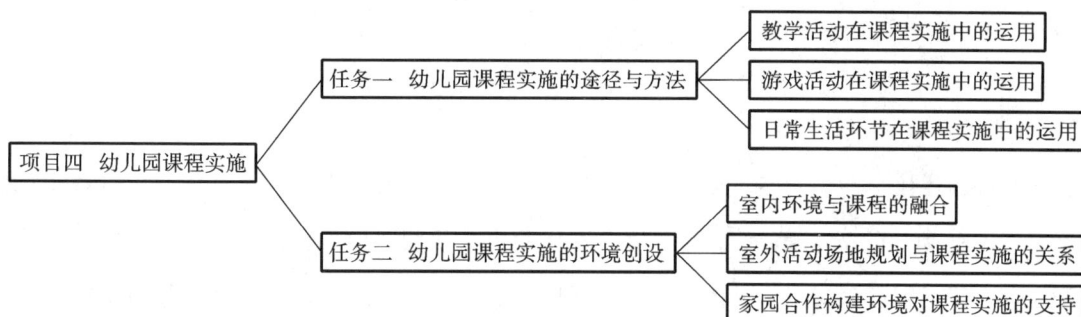

案例导入

"四季的变化"主题课程

某幼儿园教师结合季节特点设计了"四季的变化"主题课程的系列活动：在春季单元中，带领幼儿种植花草，观察植物生长过程；在夏季单元中，组织幼儿进行户外戏水活动并讨论防暑知识；在秋季单元中，引导幼儿收集落叶制作手工艺术品；在冬季单元中，开展"冬天的温暖"主题活动，让幼儿了解冬季保暖方法并制作围巾送给家人。通过这一系列主题活动，幼儿不仅加深了对四季变化的理解，还实现了动手实践、团队合作和情感表达等方面的全面发展。

思考问题：

1. 从幼儿园课程实施的角度分析，"四季的变化"主题课程的开展体现了哪些实施原则？

2. 该主题课程的活动运用了哪些教学组织形式？这些形式对幼儿的学习和发展有何积极影响？

3. 在实施过程中，教师应如何根据幼儿的兴趣和需求调整活动内容？这体现了怎样的教育理念？

4. 如何评价该主题课程的实施效果？可以从哪些方面进行改进？

Note

任务一　幼儿园课程实施的途径与方法

【任务要求】

能够系统阐述教学活动、游戏活动、日常生活环节在课程实施中的运用，精准解析各途径的特点与核心作用；深入研究各途径的方法策略，对比分析其理论基础与实践应用，总结幼儿园课程实施的要点；熟练运用所学知识对具体案例展开深度剖析，从途径选择、方法运用等角度精准诊断问题，并提出科学合理的优化建议，切实提升课程实施的有效性与针对性。

【知识梳理】

幼儿园课程实施的三大核心途径紧密关联、协同互补。教学活动作为显性载体可以提供系统经验建构的框架，游戏活动可以通过隐性渗透激发幼儿的自主学习潜能，日常生活环节则能通过浸润式教育实现素养迁移，三者共同构成完整的课程实施体系。

一　教学活动在课程实施中的运用

教学活动是教师依据课程目标开展的系统性教育行为，包含集体教学与小组教学两种基本形式，其实施需兼顾目标导向与幼儿个体差异，在预设与生成之间寻求平衡。

（一）集体教学

集体教学以传递核心经验、培养关键技能为目标，适用于语言理解、数学的概念建构等奠基性学习内容。依据朱家雄"不同结构化程度教育活动"理论，集体教学实施遵循"问题链引导—操作体验—归纳提升"三段式结构。

朱家雄提出的"不同结构化程度教育活动"理论指出，集体教学需把握教育活动的预设性与生成性张力。高结构化活动（如核心概念教学）需通过系统性引导帮助幼儿建立认知框架，而低结构化环节（如自由探索）则为经验内化提供空间，两者结合共同形成"教与学共振带"，既能保障知识传递的准确性，又能激发幼儿的主动性。[①]

1. 问题链设计的原则

根据布鲁姆认知目标分类法，问题链需涵盖"记忆—理解—应用—分析—评价—创造"六个层

---

① 朱家雄：《幼儿园课程》，华东师范大学出版社，2022 年版。

级。例如在语言活动中可以这样设置问题，基础层：复述故事角色（记忆），谈一谈对故事的理解（理解）；进阶层：说一说生活中有没有发生类似的事情（应用），分析角色行为动机（分析）；高阶层：评价故事情节（评价），创编故事结局（创造）。

2. 操作体验的具身性支持原则

教师可以提供多模态教具（实物、图像、动态演示），促使幼儿运用视、触、动觉协同参与活动。例如，数学活动中，教师可以用彩色串珠具象化展示"数的组成"，同时辅以数字卡片等符号表征，以促进幼儿的具象经验向抽象思维过渡。

3. 归纳提升的迁移原则

将抽象概念与幼儿的日常经验联结，能够帮助他们更好地对知识进行归纳总结。例如，在"分类"活动结束后，可将这一经验延伸至整理书包（按书本大小分层）、收纳玩具（按材质分区），实现课堂经验向生活能力的转化。

案例

科学活动"沉与浮"

一、问题引导：激活认知冲突

教师向幼儿展示石子、木块等材料，并提出"哪些会沉到水底？哪些会浮起来？"等开放性问题，激发幼儿多元假设。此环节呼应了维果茨基"最近发展区"理论，利用认知冲突推动思维进阶。

二、操作体验：分层探究循环

在操作体验环节，教师可以提供实验记录表、分类托盘等工具，引导幼儿进行猜想、验证、记录等探究活动。小班幼儿可只观察单一材料沉浮现象，聚焦现象感知，教师只提供单一材料（木块、石子）进行沉浮观察，用表情贴纸（笑脸/哭脸）记录结果；中班可引入变量对比实验（同体积不同材质、同材质不同形状），通过小组协作完成《沉浮猜想验证表》；大班可引导幼儿分析"重量与体积"对沉浮的影响，探究复合因素（如"如何让橡皮泥浮起来"），引导幼儿分析"重量与体积的平衡关系"，使其初步了解密度概念，以此实现分层探究与思维进阶。

三、归纳提升：概念的生活化迁移

最后通过生活实例延伸教学，如让幼儿分别找出"厨房中的沉与浮物品"，促进其将科学概念转化为生活能力。在此过程中，维果茨基"最近发展区"理论体现在任务难度的梯度设计中，旨在助力幼儿实现从具体经验到抽象思维的跨越。

Note

（二）小组教学

小组教学侧重幼儿的个性化学习需求，依据幼儿能力差异设置层次性任务。冯晓霞在研究"最近发展区"理论时指出，教师可将同一主题分解为基础任务（以适应低水平幼儿）与拓展任务（以满足高水平幼儿）。小组活动需注重同伴互动的促进作用，通过结对学习与轮流指导（教师循环观察各组进展并提供即时反馈）等措施，构建支持性学习共同体。

1. 分层任务设计

冯晓霞强调，任务设计需精准锚定幼儿的"现有水平"与"潜在发展水平"，通过差异化支持帮助幼儿跨越认知鸿沟。维果茨基的"社会文化理论"指出，同伴协作能创造"认知冲突—协商—重构"的学习机会，促进幼儿的高阶思维发展。

（1）分层任务的实施原则。

三级任务系统包括了基础层：匹配当前能力（如小班幼儿完成 3 以内实物点数）；发展层：提出适度挑战（如中班幼儿用不同形状积木组合成数字 5 的形状）；拓展层：解决开放问题（如大班幼儿设计"数字迷宫"游戏规则）。

（2）动态分组机制。

教师可以根据本班的《幼儿能力发展档案》中的阶段性数据（如观察记录、作品分析），采用"同质分组"与"异质分组"交替模式实施课程内容。同质分组侧重于满足能力相近幼儿的共性需求，如在语言活动中，将词汇量积累较少的幼儿集中起来，进行"图片联想扩句"专项训练；异质分组旨在促进幼儿能力互补，如在科学实验中，让观察记录能力强的幼儿与动手操作能力强的幼儿结对，合作完成"植物生长日记"。

教师还应注重运用教具和学具，如采用可视化任务卡，用图形符号标注任务难度或绘制任务进度追踪墙，例如：设置"任务进度树"，幼儿每完成一个任务即可粘贴一个果实贴纸到"任务进度树"上，教师通过果实分布密度与颜色（红果＝基础任务，黄果＝挑战任务）直观评估个体与小组的成绩。

2. 同伴协作的原则

在幼儿与同伴的协作的过程中，教师可引导幼儿用语言描述自己的思维过程（我是这样想的……），促进其反思性学习。当然也可让能力较强的幼儿通过示范、提问的方式为同伴提供"认知脚手架"，如用"先对齐边缘再拼接"的口头指导帮助同伴完成拼图。

3. 教师支持性原则

教师支持的核心在于"看见儿童，支持成长"，通过科学的观察方法和灵活的资源调整，更好地理解幼儿需求，为其提供个性化指导。

（1）观察与反馈。

教师需像"搭梯子"一样，给孩子恰到好处的支持。正向鼓励能让孩子更愿意尝试。例如，

Note

教师发现幼儿桐桐用贝壳代替圆形积木搭房子，但不会固定，于是递给她双面胶："试试用这个把贝壳粘牢"。

（2）材料准备。

为幼儿提供材料就像是给孩子不同大小的勺子，能力弱的用"小勺"（基础材料），能力强的用"大勺"（挑战材料）。让幼儿通过摆弄材料获得认知，材料要好玩、易操作、能引发思考。

案 例

科学探究"影子剧场"

一、分层任务实施

基础组：用手电筒照射固定物体（杯子、玩偶），观察影子形态的变化。

发展组：合作调整光源距离与角度，用粉笔记录影子长短变化的规律。

挑战组：创编关于影子的故事（如"长颈鹿的影子怎么变成长鼻子？"），用透明彩膜改变影子颜色。

二、同伴协作亮点

阳阳（擅长实验记录）和乐乐（擅长肢体表达）合作时，阳阳负责绘制"影子变化图谱"，乐乐用身体摆出对应造型。当乐乐无法保持姿势稳定时，阳阳提议："我们用人偶代替你做模特好吗？"最终，两人用绳子固定人偶四肢，既解决了操作难题，又深化了对"光源—物体—影子"关系的理解。

想一想

教师在小组教学中，既要依据幼儿能力差异设置层次性任务以满足幼儿的个性化需求，又要促进同伴互动，从而构建学习共同体，若发现基础任务组幼儿因任务难度较低而互动积极，而发展任务组幼儿因任务挑战性大而无暇互动，该如何平衡任务难度与同伴互动之间的关系，从而实现个性化学习与协作学习的双赢？

（三）区域活动

区域活动以环境驱动、兴趣导向为核心，通过开放性材料与隐性支架支持幼儿在自主探索中实现经验的连续性生长。依据马拉古奇"儿童的一百种语言"理论与 High/Scope 课程"计划—做—回顾"模式，区域活动的实施可遵循"环境触发—深度探究—多元表达"的三阶路径，强调幼儿的主动学习性与经验的个性化生成。

Note

1. 区域活动的理论

（1）环境驱动学习。

蒙台梭利教育理念中的"有准备的环境"，是依据材料特性（如科学区的光影实验箱）自然引发幼儿的探究行为，例如，幼儿在摆弄手电筒与镜面组合时，能够自主发现反射规律。

根据维果茨基的"社会文化理论"，合作性区域是幼儿经验传递的重要场所。比如，在建构区，能力较强的幼儿会主动示范围合技巧，帮助其他幼儿掌握这项新技能，这种同伴间的经验分享与互动，促进了知识在幼儿群体中的传递，也培养了他们的合作能力。

（2）经验生长的三个阶段。

第一阶段，经验触发。幼儿在接触到有挑战性的材料组合时（如发现磁铁无法吸引铜片），就有可能产生认知冲突。这种冲突会激发幼儿的好奇心，促使他们想要一探究竟，从而开启经验建构的第一步。

第二阶段，经验重组。面对疑惑，幼儿会通过不断试误、观察记录来调整认知。比如在磁铁实验中，引导幼儿尝试用磁铁吸引铝片、铁片，并记录不同结果。在这个过程中，幼儿能够逐步理解磁铁的特性，实现对磁性概念的重新认知。

第三阶段，经验外化。幼儿会用多种方式表达自己的发现，如画出实验过程、角色扮演"磁铁博士"等。这些多元表达形式，既是对学习成果的巩固，也锻炼了幼儿的语言、艺术等多方面能力，实现经验从内在认知到外在表现的转化。

（3）教师的隐形支持。

第一，环境预设。教师可以在区域环境中设置"问题口袋"，如科学区的"你能让影子跳舞吗？"这类问题，能激发幼儿的探索欲望，为他们的活动提供方向引导，同时又不限制幼儿的自主思考。

第二，材料暗示。教师可以在建构区投放斜面与小球，暗示幼儿可以探究重力与物体运动的关系。通过这种巧妙的材料投放，让幼儿在自主操作中发现问题、解决问题，充分发挥幼儿的主动性。

第三，恰当介入。当幼儿在活动中遇到问题时，教师可采用平行介入的方式，如在旁边用积木搭建对称结构，引发幼儿模仿学习。这种介入方式既不打断幼儿的自主探索，又能在关键时候给予帮助。

2. 实施策略

（1）区域联动。

幼儿园不同区域之间可以相互配合。科学区的关于棱镜分解太阳光的实践知识可以运用在艺术区，支持幼儿创作彩虹主题水彩画；自然角的树叶标本也可以运用在建构区，启发幼儿设计"透光树叶屋顶"。这种跨区配合打破了区域界限，丰富了活动内容。此外，某个区域的受欢迎活动，还能扩展为全园性项目，如将光影探究活动延伸为"光的奥秘"主题周，开展多领域的相关活动，深化幼儿对主题的理解。

（2）定制探索帮手。

在区域活动里，老师可以准备"探究工具箱"，收集各种各样的小工具，帮助孩子们更好地探索。比如"问题银行"和"发现密码本"。

问题银行：准备一个装满奇妙问题的百宝箱，每一张任务卡都写着有趣的小任务，比如"如何让影子消失？"幼儿可以自己抽取任务卡，带着问题去探索，就像小小探险家寻找宝藏一样。

发现密码本：打造幼儿专属的记录小本子，用简单的图形符号记录实验结果。比如●代表成功了，○代表还没弄明白。这样，幼儿能更清楚地记录实验过程，锻炼自己的观察和记录能力。

（3）制定能力台阶。

为了让不同能力的幼儿都能在区域活动中有所收获，老师可以准备不同难度的探索台阶。例如：

新手小玩家：对于刚开始玩区域活动的幼儿，老师可以在教学白板上循环播放光影实验的示范视频。幼儿可跟着视频里的内容，学习基础操作；

探索小能手：教师可以让能力强一些的幼儿使用光影博士工作站里的放大镜、测距仪等专业工具，深入探索光影的奥秘；

挑战小达人：针对能力较强的幼儿，教师可以开放实验室，让幼儿在全黑的环境下，尝试探究高难度的荧光现象实验。

案 例

科学区"光影探秘"——区域活动中的深度学习支持

一、阶段一：环境触发

教师精心准备了不同层次的材料。基础材料有手电筒、彩色透光片，适合幼儿进行初步探索，感受光影的基础变化；进阶材料包含镂空图案模板、镜子组合，能引导幼儿深入探究光影的组合与变化；挑战材料则有光影记录仪和问题卡，光影记录仪可量化影子长度，问题卡上的"能让影子变成小兔子吗？"等有趣问题，能激发幼儿的创意。

同时，墙面布置的"光影变化时间轴"，展示了晨间、正午、傍晚的影子对比图。这一环境支架为幼儿提供了直观的视觉参考，帮助他们理解光影变化与时间的联系，启发幼儿思考光影变化的规律，为后续探究活动奠定基础。

二、阶段二：深度探究

幼儿先自主制定计划，比如，大班幼儿小哲就绘制了"光影探索地图"，明确要"用镜子反射彩虹光斑"，并列出了所需材料和操作步骤。在探索过程中，小哲遇到光斑形状与镂空模板不匹配的问题，他没有放弃，而是不断更换不同颜色的透光片、调整镜子角度，还使用光影记录仪测量影子长度变化，最后绘制《光斑变化图谱》。

在这个过程中，幼儿学会了发现问题—调整变量—借助工具解决问题。每一次尝试和调整，都是对原有认知的挑战与更新，他们在不断试错中修正对光影的认识，逐步掌握光影变化的规律，实现了知识的自主建构。

Note

三、阶段三：多元表达

幼儿们通过多种方式展示自己的成果。在物理表达方面，幼儿们合作搭建了"光影隧道"，将所学的镜面反射原理运用到实际搭建中；在符号表达方面，幼儿们合作制作《光影日记》，用照片和符号标注光线路径；在戏剧表达方面，幼儿们则创编了皮影戏《太阳与月亮的对话》，把光影变化融入故事演绎。

在区域活动的实践过程中，多种学前教育理论都能得到充分体现。幼儿通过调试镜子角度修正对光路认知的过程，体现了皮亚杰的同化和顺应理论；幼儿自主选择的探究主题得以落实，体现了埃里克森自我发展理论；幼儿的"光斑追踪"活动发展为全班的"光与色彩"探究课程，体现了瑞吉欧项目生成论，展现了课程的动态生成过程。接下来我们详细介绍课程的动态生成。

（四）课程的动态生成

课程实施倡导开放性理念，主张教学跳出预设教案框架，密切关注幼儿在活动中的即时反馈，及时捕捉生活中的偶发事件（如兴趣突发、问题生成），将其转化为富有价值的教育契机，使学习在动态生成的过程中自然发生，让幼儿通过真实体验与主动探究获得发展。

1. 生成性课程的契机

动态生成课程的理论渊源是杜威的经验学习理论，该理论强调教育应从儿童的真实生活问题出发，而非教师单方面的预设。

当幼儿在健康活动"安全过马路"中提出"红绿灯坏了怎么办？"这一问题时，本质上是对既定规则（依赖信号灯通行）与现实情境（设备故障）矛盾的觉察，教师需敏锐识别此类认知冲突信号（这正是皮亚杰认知发展理论中"平衡—失衡—再平衡"学习机制的关键触发点）。此时，教师的专业能力体现在快速判断问题的教育价值：该提问不仅涉及对交通规则的机械记忆，更隐含"规则弹性化理解""替代性方案设计"等深层学习可能。

2. 生成性课程的转化

生成性课程的转化遵循复杂的适应系统理论的基本规律。教学系统内的幼儿、教师、环境要素形成自组织网络，当幼儿质疑时，系统会通过非线性互动产生新的有序结构。

例如，从"红绿灯故障"这一初始问题出发，课程可能会自然分化为三个探究方向：替代性交通指挥方式（如交警手势、行人自主协商）、特殊情境应对策略（如雨天能见度低时的通行方案）、道路安全设计的底层逻辑（如斑马线设置原理）。这种自然分化要求教师突破线性教学思维，按照"问题链—活动簇"的网状结构设计课程，如同园丁在种植时要引导藤蔓自然攀缘，而非机械地修剪枝条。

3. 生成性课程的教学支持策略

在支持策略层面，维果茨基的最近发展区理论为教师提供了脚手架搭建的科学依据。教师需要根据幼儿在生成活动中表现出的"潜在发展水平"设计三级支持梯度：在具象层面，通过交警指挥图卡、情景模拟游戏帮助幼儿建立行为与符号的对应关系；在迁移层面，创设"暴雨天无信号灯"等复杂情境，促进幼儿对规则的条件化应用；在抽象层面，引导幼儿合作设计校园交通安全方案，实现经验向实践的转化。这种分层支持既避免了过度干预，也确保幼儿在挑战区能够获得有效指导。

　　教师在引导幼儿掌握动态生成能力时，需帮助其建立"观察—判断—响应"的闭环思维。首先，通过持续性的轶事记录与影像分析，帮助幼儿获得从对话、操作行为中捕捉三类生成信号的能力——矛盾型、好奇型、创造型。其次，运用双线备课工具，在预设教案中预留生成可能性模块，例如在交通安全教育课程中预设"设备故障应对包"模块（含交警手势图、反光背心等）。最后，通过反思，分析自身在课程转化中的决策逻辑，例如，平衡预设目标与生成内容的关系，选择适合的支持策略。

案　例

健康活动"安全过马路"

在活动的过程中，幼儿提出"红绿灯坏了怎么办？"的问题，教师应如何处理呢？

一、生成契机识别：教师敏感性回应

教师要即时响应，肯定问题价值并聚焦核心矛盾："平常我们过马路，要先看红绿灯，如果它坏了，这个办法还管用吗？"（触发规则反思）。

教师将幼儿的提问界定为矛盾型生成信号，利用认知冲突，打破"规则绝对化"的思维定式。

二、课程转化机制：经验联结与系统演化

教师可以通过以下方式完成课程转化。一是提供交警手势图、反光背心，让幼儿模仿"停止""通行"动作，理解符号与行为的对应关系（具象经验锚定）。二是创设情景模拟游戏："十字路口红绿灯突发故障"，让幼儿分组扮演行人、司机、交警，协商通行方案（如交警指挥优先、行人举手示意），教师观察并记录幼儿自发的规则创新。三是生成"极端情境挑战"：如果同时出现救护车和上学的小朋友，谁该优先通行？请设计新的交通规则！帮助幼儿在复杂问题中整合经验（如救护车救人优先，行人靠右避让）。

课程将单一问题（红绿灯故障）分化为三级探究活动，呈现"问题链—活动簇"的非线性结构，体现系统自组织特性。

三、教学支持策略：经验重构与迁移

教师可以根据上述活动生成交通安全小卫士角色游戏，实现预设目标与生成内容的有机融合，使教学更贴合幼儿兴趣与需求。活动后同时发放家庭任务卡——观察家附近交通隐患，与父母讨论解决方案，将课堂生成的规则弹性化思维迁移至真实生活。

Note

在完成角色游戏与家庭任务的过程中，教师可以逐步撤除脚手架（从具象支持到让幼儿自主探索），实现"替代规则认知—复杂问题解决—社会实践参与"的经验升级。

生成课程："小方块儿的春天"——黄瓜种植

武汉市直属机关育才幼儿园　罗琦

一、主题起源

前一段时间，总有小朋友拿着水果籽兴奋地冲到我面前给我看（见图4-1），说这是种子，想要将它种下。

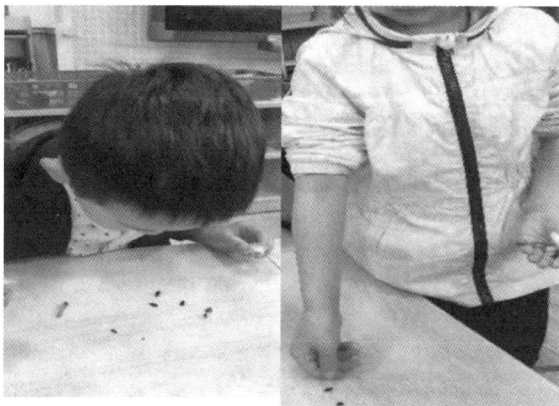

图 4-1　小朋友们收集的种子

甚至有小朋友想将种子偷偷放到荷包里带回家，被别的小朋友"举报揭发"了。

教师："你们为什么想种子？"

源源说："因为我不想去超市买，我想自己种在院子里，等它长大结果了直接摘了吃！"

妹妹说："我阿姨总是说自己种的，吃得放心！"

琦琦说："我想看看它是怎么长大的。"

我顺势问道："那如果给你们一块地，你们想种什么呢？"

"西瓜、梨子、胡萝卜、白菜、黄瓜……"小朋友们的想法丰富多样。

陈鹤琴先生在《活教育》中提出，"大自然、大社会都是活教材"，《3—6岁儿童学习与发展指南》中也提出了"亲近自然，喜欢探究"这一教育目标。既然小朋友们对种植的兴趣如此浓厚，何乐而不为？赶紧行动起来！

每个小朋友都有自己想种的种子，了解了种子的生长需要合适的条件后，我们设计了调查表（见图4-2），号召爸爸妈妈和我们一同去寻找最适合的种子。

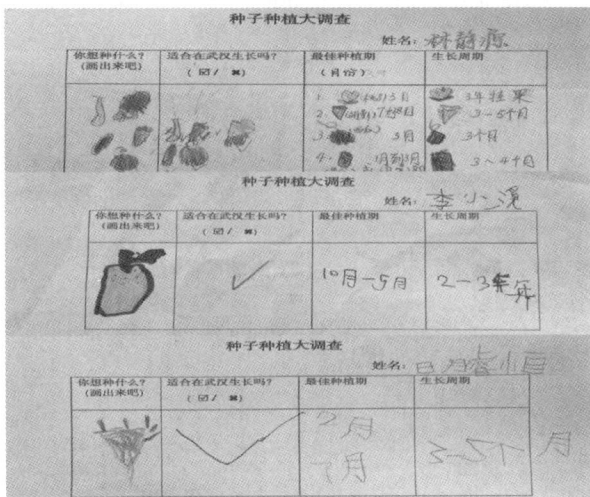

图 4-2 小朋友们完成的调查表

经过了解、分析、筛选，我们发现黄瓜、胡萝卜、西瓜更适合在幼儿园种植。我们决定让全班幼儿投票决定（见图 4-3），最后黄瓜险胜！

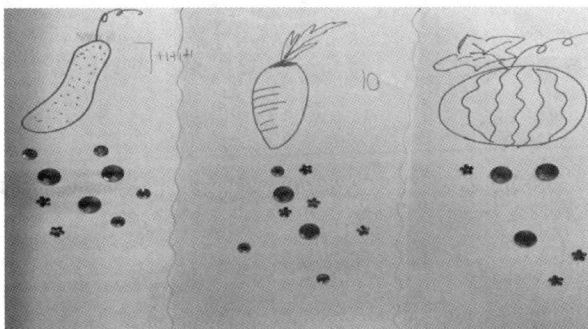

图 4-3 小朋友们用贴纸投票

二、主题脉络

关于黄瓜种植，小朋友们的新奇想法层出不穷。根据孩子们的发言，我总结梳理出了以黄瓜种植为主题的活动的大致方向（见图 4-4、图 4-5）。

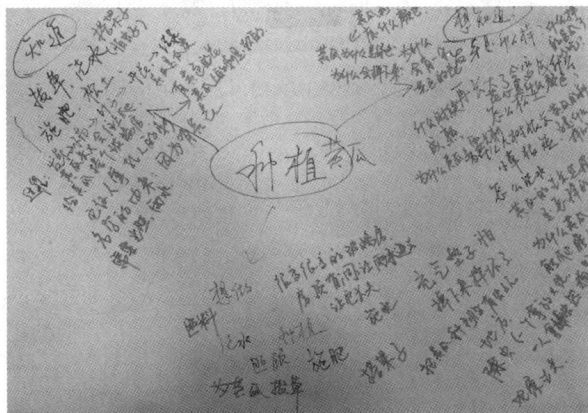

图 4-4 活动思路的整理

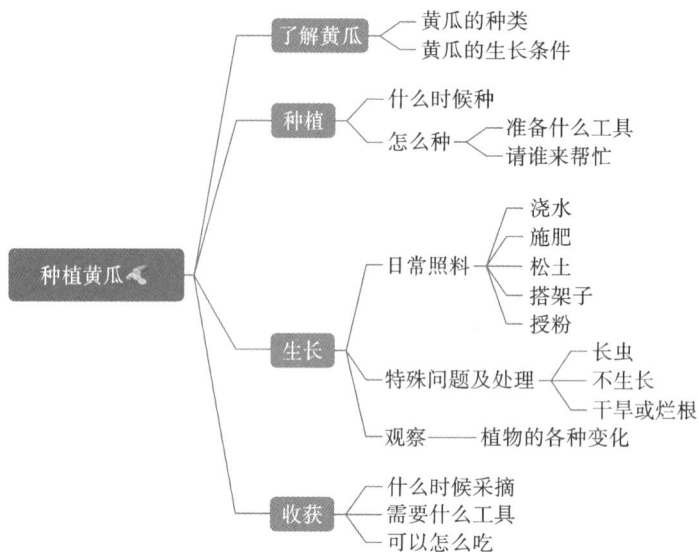

图 4-5　活动的大致方向

三、课程实施

1. "连根拔起"

我们开辟的种植地在两栋教学楼之间，那里的杂草茂盛，因此，在种植之前我们有个艰巨的任务——拔草！（见图 4-6）

图 4-6　小朋友们争先恐后地拔草

就在大家争先恐后地给我看他们的拔草劳动成果时，琦琦说："不行不行！有一个成语叫'连根拔起'！他们要把根拔起来才行！"

妹妹说："对！如果根又长起来，会把小种子的营养吸掉！"

在拔草活动中，小朋友们通过动手操作学到了"连根拔起"这一知识点。经过发现—对比—总结—验证的探究过程，小朋友们知道了根的抓地性能与根系的大小有关，了解了根的吸水和吸收营养的作用，也体验到了劳动的快乐与辛苦。

2. "小方块儿的春天"

"清明时节雨纷纷"，在阴雨绵绵的时节，我们选择一个天气好的日子，带着工具把黄瓜苗种下了（见图4-7）。

图4-7 小朋友们把黄瓜苗种下

回教室的路上，小朋友们开始给种植地起名字，源源说："就叫它'中九班菜地'！"奕瑾说："那我就叫它'小黄瓜'！"卢雅熙说："我想叫它卢雅熙。"源源大声回绝："这是大家的菜地！不能叫卢雅熙！"……

一番激烈的讨论后，我们开启了菜地名字征集活动（见图4-8），还邀请爸爸妈妈们一起参与。种植地的候选名字由原来的"小黄瓜""小菜地"等丰富到"我的未来菜地""希望瓜园"……

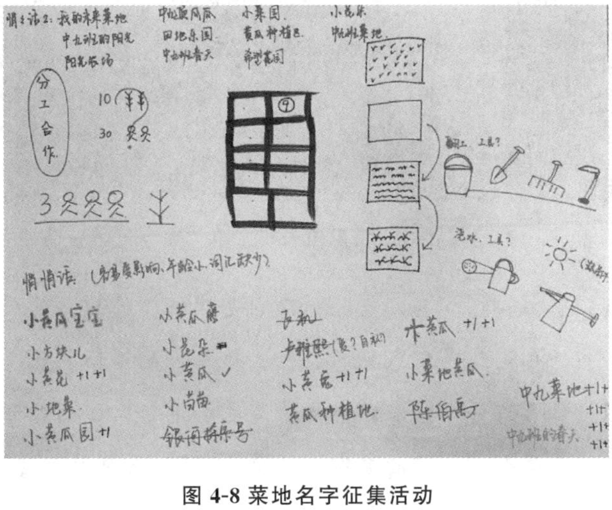

图4-8 菜地名字征集活动

最后我们从"榜单前十"的名字中投票决出本班种植地的名字（见图4-9），最后"小方块儿的春天"应运而生！

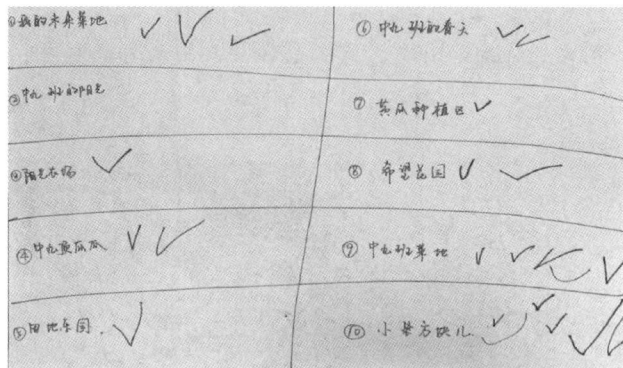

图 4-9　小朋友投票决出本班种植地的名字

命名活动是孩子们的自发行为，说明他们从种下黄瓜苗开始就有了一定的责任意识，在投票时，静源小朋友的拉票行为说明她的社会交往能力很强，能够通过各种"话术"来吸引同伴。虽然最后并没有成功，但她能够欣然接受，这种乐观的态度、敢于直面失败的精神，值得大家学习！

3. 攀缘茎的奥秘

1）初遇攀缘茎

黄瓜苗在孩子们的精心呵护下一天天长大。这天，可可突然跑我面前拉着我说："老师，我的苗上长了一个小卷卷，快来看！"恒恒也惊呼："我的苗长胡须了！"大家都不约而同地跑过来，"叽叽喳喳"地议论着（见图 4-10）。

图 4-10　黄瓜苗长出了小"须"

有的说它是触角、胡须、藤、根、茎，有的觉得它是用来爬藤的、吸水的（见图 4-11）。

孩子们的猜想天马行空，但是又有理有据的，他们通过仔细观察、认真思考，对已有知识进行迁移和联想，根据自己对植物各部分的认识，对这个新生物进行大胆的猜想。我们将这个疑问带回教室，通过查找资料，知道了这个"须"的名字叫"攀缘茎"，它是用来爬藤的。

2）给攀缘茎牵线

一天，一早赶去浇水的启林愁眉苦脸地说："罗老师，这些苗怎么都在睡觉呀？"原来，是苗长长了，攀缘茎也没有爬藤，都"躺"在地上。我说："对呀！汪伯伯帮我们把架子搭了，为什么它

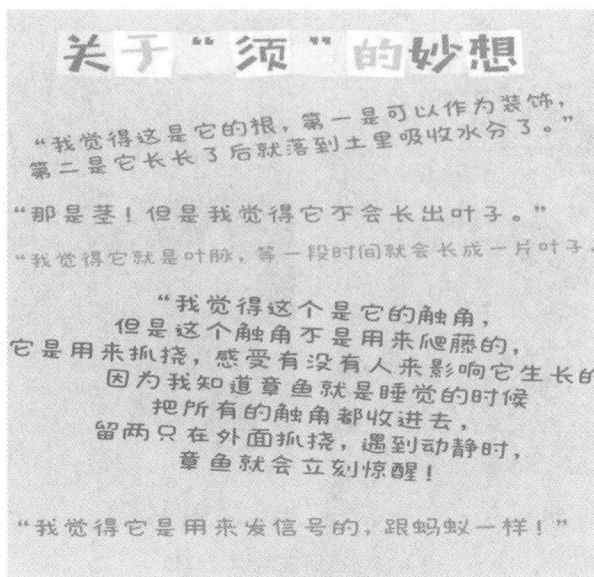

图 4-11 小朋友们关于"须"的妙想

们不爬藤呢?""科学脑"琦琦说:"我知道了,这些苗离架子太远了,够不着!""那我们该怎么办呢?"我提示他们去问汪伯伯,汪伯伯热心地告诉小朋友们可以用绳子作牵引。

(1) 第一次尝试牵引。

孩子们拿了绳子返回菜地,开始尝试牵引。过了一会儿,依依兴奋地叫道:"老师,我成功了!"原来她是用绳子将藤和架子圈起来了,并打了个结。其他小朋友纷纷效仿依依的办法,但因不会打结,以失败告终。(见图 4-12)

图 4-12 依依成功把藤和架子圈起来了,但其他小朋友失败了

(2) 学习打结。

小朋友们总结经验,发现必须先学会打结,他们推举依依来当小老师,教授打结方法。小朋友子们认真观察依依的示范,经过多番尝试和互相帮助,大部分小朋友掌握了打结方法,而且越来越熟练。(见图 4-13)

Note

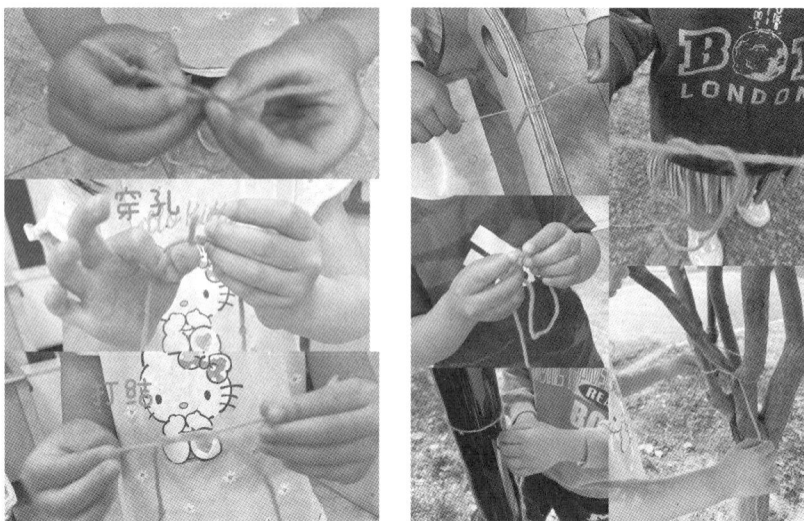

图 4-13　小朋友们学习打结

（3）第二次尝试牵引。

这一次，小朋友们信心满满地来到菜地，准备"大干"一场。然而，问题又出现了。胡耀武小朋友费了九牛二虎之力将绳子系在了攀缘茎上，发现绳子并不够长，无法系在架子上。其他的小朋友也出现这个问题，怎么办呢？

陈伯宇说："那就把绳子接长。"

何彦瑾说："你应该把一边留多点！"说完就在种植地当起了小老师。（见图 4-14）

图 4-14　小朋友们相互帮助

整个牵引活动过程中，我没有过多的指导和干预，而是给予小朋友们充分的交流、探索的空间，让他们在互帮互助中建立更深的友谊，培养合作意识，从而以教师的"退"促进小朋友的"进"，做小朋友们探索的支持者，让小朋友们通过不断试错找到答案，获得成就感。

3）探秘攀缘茎

过了几天，细心的小朋友们发现攀缘茎长成了螺旋状。我摘了几个不影响爬藤的攀缘茎，贴在白纸上，供孩子们观察。我问："你们看看它们有什么特点？"大家异口同声地说："按从短到长的顺序排的！"原来，我碰巧是按从短到长的顺序摆放攀缘茎的，于是灵机一动，将3号攀缘茎往下拉，大家看到3号变得比4号还要长（见图4-15），都惊呼好神奇，且跃跃欲试。"哇！一拉就变长！""是啊！我一放手就收回去了！""跟弹簧一样"……大家对这个发现很是兴奋，"我的玩具电话线就是这个样子的！""我看蹦床上有弹簧！"有小朋友提议："我们也做一个弹簧吧！"我回答："好主意！"

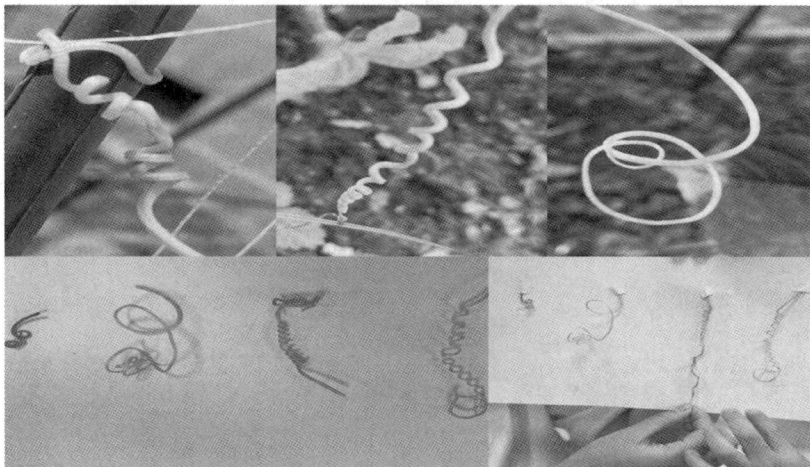

图4-15　引导小朋友们观察攀缘茎

4. 发现梳理

1）弹簧的特性

孩子们一起讨论，总结出弹簧具有伸缩性的特点。（见图4-16）

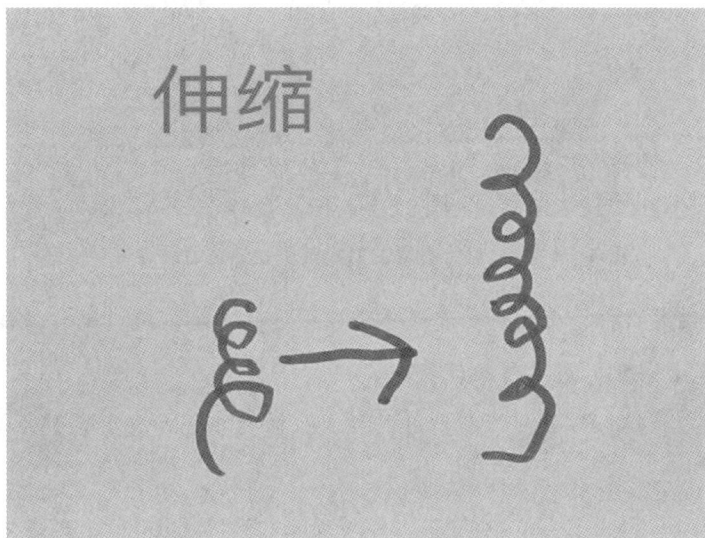

图4-16　弹簧具有伸缩性

2）生活中的弹簧

孩子们找出了日常生活中的弹簧装置，比如圆珠笔、床垫等。（见图4-17）

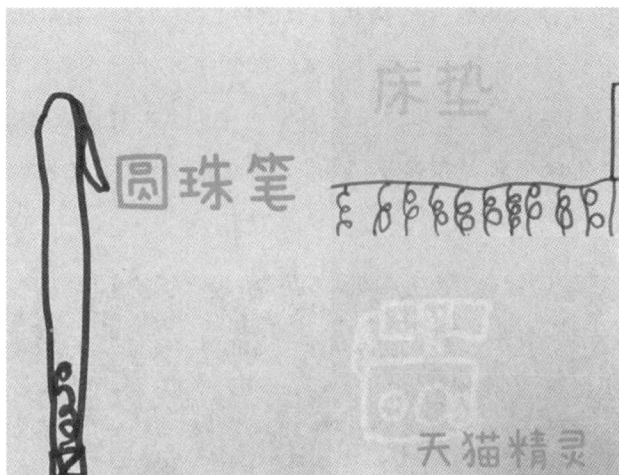

图 4-17 日常生活中的弹簧

3）哪些材料可以做弹簧

经过一番寻找、试验，大家发现毛根能够塑型且随意改变，是最佳材料。（见图 4-18）

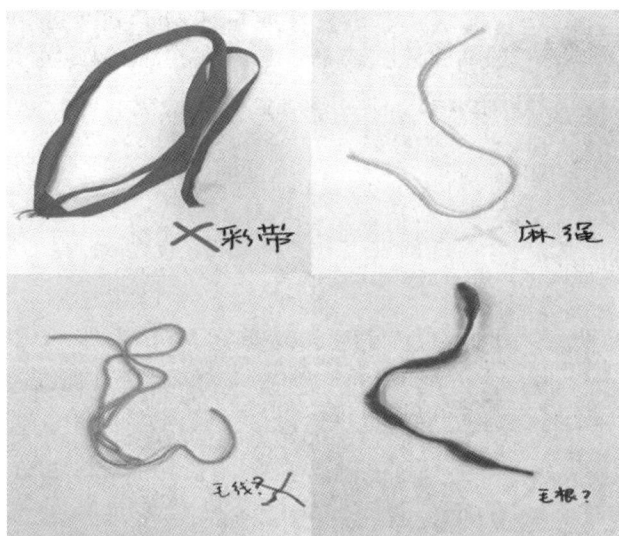

图 4-18 通过对比小朋友们找到了做弹簧的最佳材料

在用毛根做弹簧的过程中，小朋友们发现每个人缠绕的工具不同，制作的弹簧粗细长短也会不一（见图 4-19）。因此，我们开展了新的探秘。

小朋友们找来了各种粗细不一的物品，用同样长度的毛根制作弹簧，然后数一数弹簧的圈数。（见图 4-20）

经过比对，小朋友们总结出：工具越粗，弹簧越短，圈数越少；工具越细，弹簧越长，圈数越多。

在实践中学习是孩子们最自然的学习方式。教师应抓住孩子的兴趣，让他们大胆尝试，让他们在观察、操作中，发现物体之间的关系。儿童知识体系的建构就是在不断地探索、思考过程中逐渐形成、积累的，我们的攀缘茎探秘活动也仍在继续。

图 4-19　小朋友们找来不同的工具做弹簧

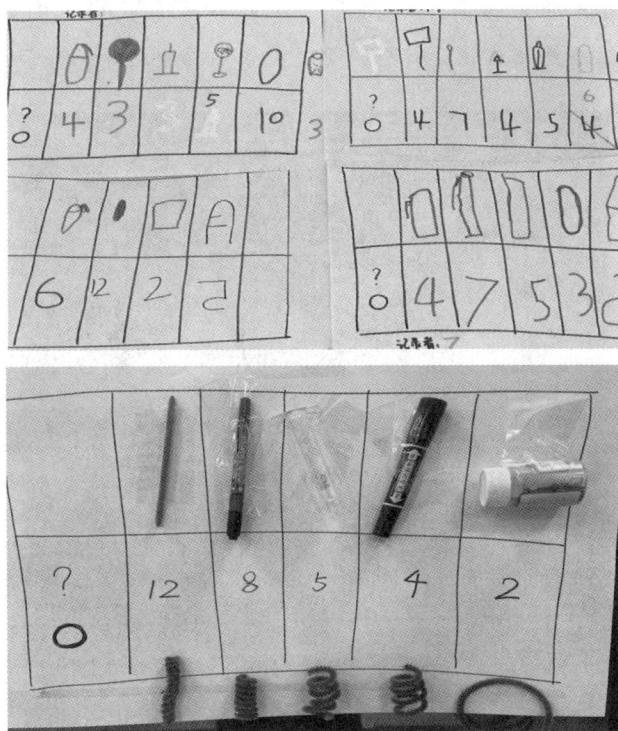

图 4-20　小朋友们用同样长度的毛根缠绕不同的物品

5. 是花还是果？

"你们看，我们的苗长黄瓜了！"小溪兴奋地喊着，大家都凑过去看，随后一起欢呼："长黄瓜了！长黄瓜了！"我凑过头去看，黄瓜藤上确实有一个小小新生物，细长、毛茸茸，长得很像小黄瓜（见图 4-21）。

图 4-21　黄瓜藤上长出来的小"黄瓜"

琦琦说："原来黄瓜是先结果再开花的啊！难怪每个黄瓜上面都有朵黄花！"孙元彬说："我觉得它不是黄瓜，是花，你看这上面还有绿色的花。"我没有直接给出答案，说："那就再等等吧，等它长大点再看看它是花还是果。"

孩子们的兴趣点随着黄瓜苗的成长而不断萌发，活动追随着孩子们的脚步不断推进（见图 4-22），相信未来我们收获的不仅仅是黄瓜，更是孩子们善于思考、乐于探索的良好品质！

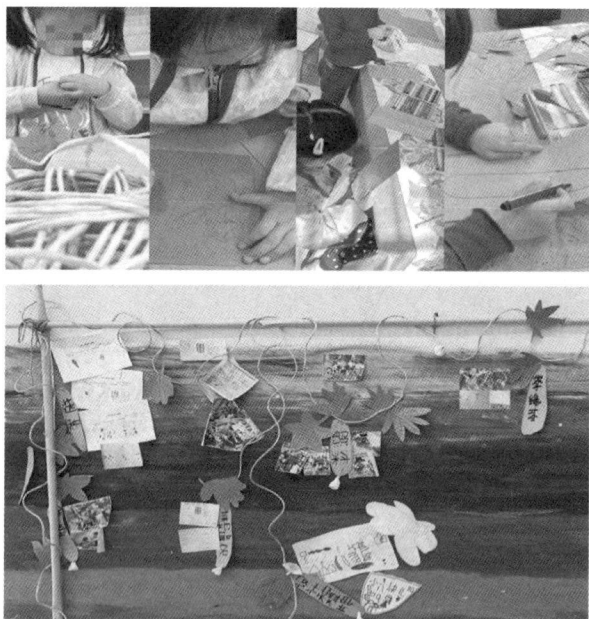

图 4-22　小朋友们动手制作黄瓜的种植"日记"

四、总结与反思

《幼儿园教育指导纲要（试行）》明确指出："善于发现幼儿感兴趣的事物、游戏和偶发事件中所隐含的教育价值，把握时机，积极引导。"黄瓜种植活动从小朋友们对一粒种子的喜欢开始，以种植活动为依托，将自然和教育紧密联系，以幼儿为本建构课程，调动家长资源，不断推进并丰富主题活动。

陶行知先生说："花草是活书，树木是活书。飞禽走兽、小虫微生物都是活书。"在照料黄瓜的

Note

活动中，小朋友们有很多新的发现，比如在菜地里发现各种昆虫，我们可以以此为契机，和小朋友们一起探索昆虫的趣味世界；比如总有小朋友对菜地里的花花草草感兴趣，那我们就花点时间一起感受鲜花的美妙。黄瓜苗一天天长大，它又会给我们带来什么新的惊喜呢？小方块儿又会迎来怎样的夏天、秋天和冬天呢？我们一起期待……

二　游戏活动在课程实施中的运用

游戏作为幼儿的基本学习方式，是课程目标实现的隐性载体，其价值体现在自主游戏的经验建构过程中，以及与教学游戏目标的融合进程中。在自主游戏中，幼儿通过与环境、材料的深度互动实现经验的内化与重构。教学游戏的价值则体现在目标导向与隐性课程的有机结合上。教师可以捕捉幼儿在自主游戏中表现出的兴趣点，并将其转化为结构化教学资源，既保留游戏的自发特质，又结合了社会交往、逻辑思维等发展目标。两者的协同效应体现在：自主游戏为教学提供生长点（如幼儿在角色扮演过程中想到的"高楼"主题），而教学游戏又有利于拓展自主游戏的深度（如主题课程扩展后的建构材料创新）。

（一）自主游戏

自主游戏（如角色游戏、建构游戏、户外游戏）在幼儿教育领域中，呈现出"无目的性"与"目标渗透"的辩证统一。自主游戏通过角色扮演、建构探索、户外冒险等多元形态，搭建起幼儿主动认知世界的脚手架，协助幼儿在认知、社会、情绪等多领域实现全面发展。

1. 角色游戏

在自由选择角色、自发制定规则的过程中，幼儿通过符号表征系统重构获得经验。以"餐厅服务员与顾客"角色扮演为例，看似简单的游戏蕴含着丰富的发展价值。

（1）认知升级。

教师可以引导幼儿在模拟点餐、上菜、结账的过程中，理解商品交易的基本流程，掌握货币的使用规则和数学运算逻辑。例如，顾客问："我有 10 元钱，想点 1 份 6 元的蛋糕和 1 杯 3 元的果汁，还剩多少钱？"扮演服务员的幼儿需要通过计算来解决顾客的问题，从而在实践中提升数学思维能力。

（2）情绪代偿。

幼儿在扮演服务员时，需要主动与顾客交流，询问需求、推荐菜品，这种角色扮演为性格内向的幼儿提供了克服社交恐惧的机会。在与同伴的互动的过程中，幼儿会变得更加自信和开朗，他们将在游戏中获得的积极情绪体验迁移到现实生活中。

（3）社会预演。

在餐厅游戏场景中，幼儿会自发分工协作，有人负责烹饪，有人负责收银，有人负责清洁。通

Note

过模拟真实的社会职业角色，幼儿们能够理解不同职业的责任与价值，还能处理"顾客投诉""菜品短缺"等突发情况，提高问题解决能力和沟通协调能力。

教师介入时需把握三次转化：将幼儿的偶发兴趣转化为持续性探究主题（如从餐厅游戏中衍生饮食文化课程），将具象行为转化为抽象思维（引导幼儿思考食物从农田到餐桌的过程），将个体经验转化为群体共识（组织游戏后讨论会，分享服务他人的感受）。在转化过程中，教师可采用开放式提问，如"如果顾客觉得饭菜不好吃怎么办？""怎样让餐厅生意更好？"引导幼儿深入思考，推动游戏向更高层次发展。

2. 建构游戏

建构游戏以积木、纸盒等材料为载体，是幼儿探索空间关系、发展逻辑思维与创造力的重要途径。幼儿在搭建过程中，需要不断尝试不同的组合方式，解决结构稳定性等问题，这有助于培养其问题解决能力与空间认知能力。例如，幼儿在搭建"城堡"时，需要考虑如何让塔楼稳固不倒，如何合理分配空间布局，从而对几何形状、重心等概念有直观的认识。

同时，建构游戏也是幼儿合作与交流的良好平台。当幼儿合作搭建大型作品时，他们需要协商分工，表达自己的想法，倾听他人的意见。这不仅能促进幼儿语言表达与沟通能力的发展，还培养了其团队合作精神。例如，在搭建"城市交通"场景时，有的幼儿负责搭建高楼大厦，有的幼儿负责铺设道路，还有的幼儿负责设计交通信号灯，大家各司其职，共同完成作品。

此外，建构游戏还能反映幼儿的内心世界与生活经验。教师通过观察幼儿的建构作品，可以了解他们的兴趣爱好、关注点以及对周围世界的认知。

教师在介入幼儿的建构游戏时，应为其提供丰富多样的建构材料，鼓励其大胆创新。同时，适时给予启发与指导，如在幼儿遇到搭建困难时，引导他们观察周围环境，寻找解决问题的灵感；在幼儿完成作品后，组织分享与讨论，帮助他们总结经验，提升建构水平。

3. 户外游戏

户外自主游戏突破了室内空间限制，有助于幼儿在动态环境中实现具身认知的深度发展。广阔的户外空间为幼儿提供了奔跑、跳跃、攀爬等锻炼大肌肉的机会，有助于增强体质，提高动作协调性与灵活性。例如，幼儿在攀爬架上攀爬时，需要调动全身肌肉，保持身体平衡，这对其身体素质的发展具有重要意义。

户外游戏还能让幼儿接触到丰富的自然元素，如阳光、空气、花草树木等，这有益于激发他们对大自然的好奇心与探索欲望。幼儿在观察蚂蚁搬家、收集树叶、玩水玩沙等活动中，能够直观地感受自然现象，积累科学经验。同时，这种与自然的亲密接触，有助于培养幼儿的环保意识与生态观念。

此外，户外游戏的开放性与不确定性，为幼儿提供了更多挑战自我、锻炼应变能力的机会。在游戏中，幼儿可能会遇到各种突发情况，如游戏规则的调整、同伴间的冲突等，他们需要学会灵活应对、解决问题。这种在真实情境中的实践与锻炼，能够有效提升幼儿的社会适应能力。

教师在户外游戏中应充分保障幼儿的安全，同时为他们提供充足的自由探索空间。教师可以根据幼儿的兴趣与发展需求，设计多样化的户外游戏活动，如寻宝游戏、自然角种植等。同时，教师还要及时关注幼儿在游戏中的表现，给予必要的支持与引导，促进幼儿在户外游戏中获得全面发展。

4．教师的双重身份实践

在自主游戏中，教师扮演着观察者与引导者的双重角色。

作为观察者，教师需要敏锐捕捉幼儿的游戏行为、兴趣点与发展需求。通过长期的观察记录，分析幼儿在游戏中的语言、动作、表情等细节，了解他们的认知水平、社交能力与情感状态。例如，教师通过观察发现幼儿对搭建桥梁感兴趣，就可以据此判断幼儿在结构搭建方面的发展水平，以及他们可能存在的困惑与挑战。

作为引导者，教师要在尊重幼儿游戏自主性的前提下，适时介入游戏。介入的时机与方式至关重要，过早或过度的介入可能会干扰幼儿的游戏进程，而介入不及时则可能错过教育的最佳时机。教师可以采用平行介入、交叉介入等方式，以游戏参与者的身份自然融入游戏，引导幼儿拓展游戏内容，提升游戏水平。例如，在角色游戏中，教师可以扮演"顾客"，向幼儿提出一些问题或需求，激发他们的思考与创新；在建构游戏中，教师可以与幼儿一起探讨搭建方案，引导他们尝试新的建构技巧。

同时，教师还要做好游戏后的总结工作。组织幼儿进行游戏经验分享，鼓励他们表达自己在游戏中的感受、收获与发现，促进经验的交流与共享。教师自身也需要对游戏过程进行反思，总结经验教训，为后续的游戏指导与课程设计提供参考。通过不断调整与优化教育策略，教师能够更好地发挥自主游戏的教育价值，促进幼儿的全面发展。

5．矛盾与平衡点

课程实施需构建游戏与教学的互补机制。明确自主游戏的"自由探索"与教学游戏的"目标导向"之间的区别，避免将游戏异化为教学任务的附庸。课程实施中，教师要警惕过度干预的风险。部分教师因担心游戏"失控"而预设过多规则，或频繁打断幼儿游戏进程，对其进行指导，这将严重削弱游戏的自主性价值。教师要遵循"儿童在前，教师在后"的原则，在保障安全的前提下，允许幼儿通过试错积累经验，通过"脚手架式"的隐性引导，实现教育目标与游戏趣味的有机统一。

想一想

在自主游戏中，教师应如何巧妙引导幼儿的自由选择与自发探索，以更好地实现其认知、社会、情绪等多领域发展？请结合角色扮演游戏、建构游戏或户外游戏中的任一实例详细阐述。

自主游戏是幼儿实现多领域发展的重要载体，教师可以通过创设环境、提供材料、适度参与提问等引导策略，助力幼儿在自由选择与自发探索中实现认知、社会、情绪等全方位成长，彰显自主游戏与教师智慧引导融合的教育价值，为幼儿的主动发展奠定坚实基础。

Note

（二）教学游戏

教学游戏化是指将活动内容转化为游戏任务，使幼儿在活动过程中感受游戏的趣味性与挑战性，从而实现教育性与趣味性的统一。

1. 教学游戏的核心和设计原则

教学游戏化的核心在于以幼儿为主体，教师通过精巧的游戏任务设计，将教学目标巧妙融入充满趣味的活动之中。依据建构主义学习理论，幼儿在角色扮演、情境模拟等游戏形式中，能够主动探索、建构知识体系。例如，在"小小考古学家"游戏中，幼儿通过挖掘"文物"记录特征，在探索与发现的乐趣中提高观察力、培养科学探究精神。同时，多样化的游戏内容需覆盖语言、科学、艺术等多个领域，能够满足幼儿不同的兴趣与能力发展需求，让每个幼儿都能在游戏中找到适合自己的学习方式。

游戏不仅是教学的手段，更是课程不可或缺的重要组成部分，二者呈现动态共生的关系。教学应为游戏提供知识引导与目标方向，游戏则能够为教学增添生动性。如幼儿在搭建积木的过程中，可以通过对形状、数量、空间关系的感知，自主地学习数学概念；在超市购物角色扮演中，幼儿会运用加减法计算商品价格，实现知识的内化与运用。"安吉游戏"模式所倡导的"观察游戏、服务游戏"课程理念，正是游戏与教学深度融合的典范，充分体现了二者相互依存、相互促进的关系。

2. 教学游戏的实施策略和方法

（1）多感官联动与情境创设。

利用视觉、听觉、触觉等多感官刺激设计游戏任务，能够极大地增强幼儿的沉浸式学习体验。在歌唱教学中，教师可将歌曲与动作、道具相结合，让幼儿在演唱的同时，通过肢体动作感受节奏，通过触摸不同材质的道具体会音乐的变化。同时，教师可以创设丰富的假想情境，如"动物家庭"角色扮演，将活动环节串联起来，使幼儿在情境中自然地参与学习，充分调动他们的积极性和主动性。

（2）挑战机制与即时反馈。

教师要合理设置阶梯式任务的难度和奖励机制，如积分、徽章等，这种机制既能保持游戏的挑战性，又能通过即时反馈增强幼儿的成就感。在计算类游戏中，教师可以设计"限时购物"任务，幼儿需要在规定时间内完成商品价格计算与购买，这种竞争机制能有效激发幼儿的学习动力。此外，教师还可以根据维果茨基的"最近发展区"理论，动态调整游戏难度，确保游戏内容既具有一定挑战性，又不会让幼儿因难度过高而产生挫败感。

（3）环境与材料的支持。

创设宽松适宜的物理环境和人文环境是教学游戏化落地的重要保障。在物理环境方面，教师应合理规划区域活动角，如建构区、角色扮演区、科学探索区等，为幼儿提供多样化的游戏空间；在人文环境方面，尊重幼儿的游戏自主权，鼓励他们自由表达想法、自主选择游戏内容。同时，提供适龄的教具，如数字卡片、科学实验材料、艺术创作工具等，满足不同游戏活动的需求。在进行数

字教育游戏时，需严格遵循安全性原则，界面设计要符合儿童的认知特点，确保幼儿在安全、有趣的环境中学习。

3. 现存的问题与优化方向

在教学游戏化的实践过程中，部分幼儿园存在游戏与教学分离、活动形式化等问题。一些歌唱教学仅简单地添加游戏环节，未能实现多感官的有效联动，导致游戏与教学内容脱节；还有的教师过度控制游戏进程，限制了幼儿的自主性和创造性，使游戏失去了应有的教育价值。

教师在教学游戏化中需实现从知识传授者到游戏支持者的角色转变。游戏支持者的角色又可以分为三种，一是观察者：密切关注幼儿在游戏中的表现，敏锐捕捉他们的兴趣点和发展需求，为动态生成教学内容提供依据。二是引导者：通过开放式提问、提供线索等方式启发幼儿思考，如在建构游戏的过程中提问："怎么搭积木更稳固？"引导幼儿探索解决问题的方法。三是反思者：建立多元化的评价体系，不仅关注幼儿的学习结果，还要注重幼儿在学习过程中的表现和进步。

案例导入

"词语接龙"游戏

在规则性游戏中，语言领域的"词语接龙"游戏有利于增加幼儿的词汇储备量，数学活动"数字寻宝"能帮助幼儿掌握数物对应；象征性游戏中的"超市购物"能够帮助幼儿练习加减法，培养幼儿等价交换意识，"障碍赛跑"游戏有利于锻炼幼儿的平衡能力，培养其任务意识；运动游戏通过设计"难度递增关卡"，逐步提升挑战难度，增强幼儿自我效能感，使幼儿在游戏过程中自然达成活动目标。

想一想

在教学游戏化过程中，如何巧妙地将活动内容转化为兼具趣味性与挑战性的游戏任务，以实现教育性与趣味性的统一？请结合某一具体活动内容说明。

(三)游戏观察与指导

教师可以运用提升游戏质量的循环机制，即"观察—记录分析—介入"机制，充分发挥游戏教育价值。将记录的幼儿行为表现、材料创新、情感体验的内容，编成《游戏行为观察表》；当角色游戏出现材料冲突等问题时，优先采用平行游戏示范或材料暗示等间接方式介入，避免过度干预破坏幼儿的

Note

自主性。游戏结束后，教师可以组织分享活动，鼓励幼儿分享问题解决过程，通过集体反思将个体经验转化为共同认知。

1. 观察机制

在观察机制方面，科学化记录与多维度分析是关键。观察工具需精细化设计，根据游戏类型差异设计《游戏行为观察表》，从社会性发展、认知表现、情感体验等方面构建分层观察指标体系，并采用文字描述、视频片段、照片记录与符号标记相结合的多元化记录方式，形成可视化观察档案，提升记录效率与分析精准度。分析框架的层次化建构则包括：个体发展追踪，即通过纵向对比识别幼儿的发展瓶颈；群体特征提炼，即把握班级幼儿的发展共性；教育目标达成评估，即对照课程目标检验游戏对知识内化和能力发展的促进效果，为课程调整提供实证数据。

2. 介入策略

介入策略强调隐性引导与动态调适。精准把控介入时机，遵循"三不介入"原则，在幼儿自主探索顺利时不介入、游戏正向发展时不介入、无安全风险时不介入，同时密切关注游戏停滞、幼儿出现攻击性行为等介入信号。在分层递进式介入方法中，间接介入是优先策略，包括平行游戏示范、材料投放暗示和问题启发引导；直接介入则须审慎使用，要引导幼儿通过角色身份代入和规则协商重构，解决游戏中的实际问题。教师在介入后还需建立短期与长期双重反馈机制，追踪幼儿行为变化和策略内化情况，持续优化介入策略。

3. 分享反思

分享反思是经验转化与深度学习的重要途径。游戏后的分享活动要采用结构化设计，在表达阶段鼓励幼儿自由表达并进行焦点讨论，在反思阶段协助幼儿提炼经验、迁移认知。反思阶段的进阶策略包括对比研讨、符号化记录和家园协同，通过展示不同幼儿的解决方案、绘制游戏经验图谱以及向家长分享游戏成果等方式，拓宽幼儿思维视野，强化幼儿的记忆理解，形成家园教育合力。

4. 实践挑战与优化策略

实践过程也存在着观察偏差、介入失当、反思浅表等挑战。对此，教师可以实时调整、优化策略，包括采用三角验证法整合多方观察数据，减少主观偏差；制定可视化介入决策流程图规范指导流程；开发"反思提问工具箱"引导幼儿深入反思等。

案 例

中班游戏——积木城堡的"倒塌危机"

一、游戏场景

幼儿在建构区自由搭建积木。

二、观察记录

明明和乐乐合作搭建一座"城堡"，两人因材料分配发生争执：乐乐想用长条积木搭建城墙，明明想用圆柱体积木当支柱。两人争抢材料时，乐乐大喊"你这样搭会倒的！"

明明尝试将圆柱体积木横向叠加（非常规用法），导致结构不稳，积木多次倒塌；乐乐则尝试用三角形积木加固底部。明明多次失败后皱眉叹气，乐乐叉腰表现出不耐烦。

三、教师介入

观察与判断：教师发现争执持续 2 分钟未解决，且明明情绪低落，于是决定介入。

平行游戏示范：教师在旁边用相同材料搭建，故意将圆柱体竖着放，作为支柱，并自言自语："竖着放好像更稳呢！三角形积木可以当屋顶哦！"

材料暗示：悄悄递给他们一块硬纸板："这块'魔法地板'能让城堡站得更稳吗？"

四、介入效果

明明模仿教师将圆柱体改为竖放，乐乐用纸板垫底，两人开始分工（明明搭支柱，乐乐铺地板）。5 分钟后，明明和乐乐都成功搭建了稳固的城堡，明明兴奋地喊：我们成功了！纸板真的有用！

五、案例价值

案例中，教师通过观察捕捉到幼儿的认知冲突（常规与非常规搭建方法），采用的隐性介入既保护了幼儿的探索欲望，又引导其发现科学原理（重心与稳定性），之后的分享环节中，教师将个体经验（纸板加固）转化为集体认知，激发幼儿的后续探究兴趣。

想一想

教师运用"观察—记录分析—介入"机制提升游戏质量时，如何把握间接介入的时机与程度，才能在解决游戏中的问题的同时，不影响幼儿自主性？请结合角色游戏或其他游戏实例阐述。

游戏观察与指导的本质是"看见儿童、支持成长"。教师需在尊重幼儿游戏主体性的基础上，运用科学方法，观察捕捉教育契机，通过隐性介入推动经验建构，实现"游戏即学习"的理想教育状态。教师在游戏中精准观察、适时间接介入、引导分享反思，既能化解问题又呵护了幼儿游戏的自主性，将个体经验升华为共同认知，充分实现游戏的教育价值，让幼儿在自主探索中收获成长，使游戏真正成为幼儿发展的助力。

Note

拓展阅读

小班游戏案例"趣味停车场"

——建构区中的学习品质培养

武汉市直属机关育才幼儿园 何晓月

一、活动背景

游戏在幼儿成长的过程中扮演着重要角色，是满足孩子们兴趣与好奇心的重要手段，也是其认知发展和智力成长的核心载体。《3—6岁儿童学习与发展指南》明确指出，幼儿的学习应通过直接感知、实际操作和亲身体验来实现。本游戏教学案例源于小二班的孩子们对日常事物的观察和好奇心理。围绕如何搭建停车场、汽车如何停放等话题展开讨论。教师以"停车场"为主题，设计本次游戏化活动，旨在通过引导幼儿进行自主探索与问题解决，培养幼儿的坚持性、创造力及合作意识，同时深化课程与生活的联结。

课程设计的核心理念如下。

1. 游戏精神渗透

通过低结构材料、开放性问题、同伴合作，让幼儿在游戏中体验自由探索的乐趣与成就感。

2. 生活经验迁移

以幼儿熟悉的停车场为场景，引导其将观察到的知识转化为建构行为，理解空间布局与材料功能。

3. 教师支架支持

通过动态观察、分层提问和适时示范，帮助幼儿突破游戏瓶颈，实现学习品质的阶梯式发展。

二、过程实录

（一）场景一：初建停车场——兴趣的萌芽与模仿学习

1. 幼儿行为

木木从材料区选取方形积木，将其平铺在地垫上，形成一条直线，随后用围合的方式搭建停车场的入口隔离带。在这一过程中，他多次抬头观察墙面张贴的停车场实景图，模仿停车位的排列方式，最终围合成一个长方形区域。完成时，他兴奋地喊道："这是我的停车场！可以停很多小车！"

2. 同伴互动

小米粒指着木木的建构成果质疑："下雨的话，车会被淋湿！"木木愣了一下，随即回应："对哦！我要给停车场加个屋顶！"

3. 教师介入

开放式提问："你的停车场能停几辆车？司机从哪里进去？"

隐性引导：指一指墙面示意图中的停车位分布图，鼓励幼儿观察细节。

4. 教师的思考

(1) 模仿与创新。

木木通过观察实景图模仿停车场的布局进行搭建，遵循了"观察—模仿—创造"的学习路径。

(2) 问题驱动。

小米粒的质疑推动游戏从简单建构转向功能完善，展现同伴互动的教育价值。

(二) 场景二：加固停车场——试错过程中的科学探究

1. 幼儿行为

木木在材料区找到硬纸板，尝试将其覆盖在停车场上方作为屋顶。然而，硬纸板边缘翘起，导致屋顶倾斜。小米粒摇头："这个屋顶歪歪的，不好看！"两人改用不同形状的积木搭建屋顶，但因结构不稳多次倒塌。木木皱眉叹气："太难了！总是倒！"

2. 教师介入

教师可以先进行共情式提问："工程师们遇到困难了，我们一起看看问题出在哪里好吗？"

然后再对幼儿进行科学引导。

(1) 提问启发："为什么用长方形积木搭屋顶会倒？哪种形状更牢固？"

(2) 示范策略：用等长积木拼接三角形，并用水平仪演示"平衡原理"。

(3) 材料支持：提供标注长度的积木，降低操作难度。

3. 幼儿调整

木木和小米粒选择等长积木搭建三角形屋顶，并在底部增加"桥墩"作支撑。最终，屋顶稳稳立住。木木自豪地说："三角形的屋顶最牢固！像金字塔一样！"

4. 教师的思考

(1) 在试错过程中学习：幼儿在多次失败后，学会总结经验，逐步理解材料特性与结构关系，锻炼了科学思维。

(2) 阶梯式支持：教师的"提问—示范—实践"策略有效促进了幼儿的深度学习。

(三) 场景三：扩建停车场——合作共享与社会性升华

1. 幼儿行为

木木的成果吸引了果果、糖糖的加入，团队分工明确，木木担任"总工程师"，指导三角形屋顶的搭建；果果用鞋盒制作"双层停车位"，并贴上数字标签："这是 VIP 车位，要给消防车用！"；糖糖裁剪塑料布覆盖在屋顶上，并用胶带固定："这样就不怕下雨啦！"

教师提问："除了停车场，我们还能建造什么？"

果果："我想搭一个加油站，汽车需要加油！"

糖糖："还要有洗车房，车子脏了可以洗干净！"

2. 教师的思考

(1) 社会性发展：角色分工（如"工程师""设计师"）能够增强幼儿的责任意识与团队归属感。

（2）经验迁移：幼儿将对生活场景的认知（如商场停车场）与科学知识（防水材料）融入游戏，展现创造力。

三、教师的反思

教师在幼儿尝试搭建屋顶时，通过提问和示范提供"支架式"支持，帮助幼儿突破能力瓶颈。例如，当木木因屋顶倒塌感到挫败时，教师并未直接给出答案，而是引导其观察三角形结构的稳定性，使其在挑战中实现认知提升。

幼儿通过对各种材料进行直接操作（如拼接积木、裁剪塑料布），实现知识体系的自主构建。例如，糖糖在搭建屋顶时发现胶带可以固定材料，这一经验帮助她理解"黏合"的作用。

同伴互动（如小米粒的建议）和角色扮演（如"工程师"）促进了幼儿语言能力的发展。木木在指导同伴时，其语言表达从简单指令（"这样放"）逐步发展为解释性语言（"三角形要对齐才能平衡"）。

四、活动特点及价值

（一）活动亮点

1. 游戏精神贯穿始终

自主性：幼儿自由选择材料与建构方式，不受成人预设限制。

愉悦感：木木在成功搭建屋顶后扬起笑脸，充满成就感。

2. 生活与科学深度融合

幼儿在游戏中理解到了一些科学原理，如"防水屋顶""三角形稳定性"。

家园合作中，家长反馈："孩子回家后反复用积木搭三角形，说这是最牢固的！"

（二）活动价值

1. 学习品质的发展

坚持性：木木面对屋顶倒塌的困难不放弃，尝试了5种不同材料。

创造力：果果设计"双层停车位"，结合数字标签实现功能分区。

合作意识：团队分工明确，木木主动教授同伴搭建技巧。

2. 经验的双向积累

幼儿通过操作感知材料特性（如硬纸板的柔韧性、积木的稳定性）；教师通过观察记录优化支持策略，如动态补充胶带、卷尺等工具。

3. 社会性成长

在游戏过程中，同伴间的建议（如"加围栏更安全"）推动了游戏向深度发展；角色扮演过程中，幼儿学会了倾听、协商与妥协。

五、教师小结

（一）以兴趣为起点，生成课程内容

从幼儿自发的"停车场"讨论活动切入，捕捉教育契机，生成有价值的课程主题。结合家长提供的"家庭停车场"照片，丰富游戏素材。

（二）分层支持策略

1. 材料分层

基础层：积木、纸板满足初步探索。

进阶层：胶带、塑料布支持功能升级。

挑战层：卷尺、水平仪支持科学测量。

2. 介入阶梯化

教师要遵循观察等待—提问启发—示范支持的过程，避免过度干预。

（三）家园共育延伸

发起"亲子停车场 DIY"活动，鼓励用废旧材料（如纸箱、瓶盖）创作，并在班级中展览分享。家长参与"停车场科学小课堂"，讲解建筑中包含的几何原理。

六、我的思考

1. 生活经验是游戏的源泉

幼儿将日常观察的知识（如商场的立体车库）转化为游戏行为，印证了"生活即课程"的理念。未来可组织"社区建筑考察"活动，邀请建筑师家长参与，深化职业认知。

2. 教师的角色转变

教师要从"主导者"变为"观察者"与"支持者"，通过隐性引导（如环境布置）促进幼儿自主探索。教师还要进一步改善观察工具，使其更具专业性，如设计"学习品质发展量表"，量化评估幼儿表现。

七、结语

本次活动是幼儿园课程游戏化的一次生动实践。以幼儿兴趣为原点，以游戏为载体，以教师支持为桥梁，活动不仅让幼儿掌握了建构技能，更在合作、试错、反思的过程中培养了幼儿的关键学习品质。未来，我们将继续挖掘游戏与生活的联系，让幼儿在"真游戏"中实现"真体验""真成长"，为其终身学习奠定坚实基础。

三 日常生活环节在课程实施中的运用

日常生活环节是课程实施的自然延伸和"隐性载体"，其教育价值在于通过常态化场景实现习惯养成、经验整合与社会适应能力的渐进式发展。

（一）日常生活常规

教师应积极推动习惯养成与社会适应的协同发展，将洗手、用餐、午睡等环节转化为课程内容。通过实施生活常规，建立"目标—内容—评价"的闭环体系。

Note

1. 目标分层与内容设计

小班：以生活自理为核心，目标包括独立穿脱衣物、用勺进餐、按步骤洗手。

中班：目标强调规则内化，如用餐时使用公筷、午睡前整理个人物品。

大班：目标注重责任意识，如担任值日生检查班级卫生、制定午睡安静公约。

2. 游戏化策略

可以采用任务闯关和情境模拟的模式将知识融入日常生活。

任务闯关：设计"午睡能量收集卡"，每完成一项自理任务（叠被子、摆拖鞋）获得一枚贴纸，集满兑换"睡眠小达人"勋章。

情境模拟：在角色区开设"自助餐厅"，幼儿扮演顾客与服务生，练习餐具摆放与礼貌用语。

3. 动态评价的机制

动态化评价的机制包括以下两点：其一，可视化记录，如在墙面设置"成长阶梯图"，用照片展示幼儿从"教师协助穿衣"到"独立系扣子"的进步过程；其二，幼儿自评，如可通过"笑脸、哭脸"磁贴自主评价当日午餐表现（如今天我吃光了青菜）。

案 例

幼儿园日常生活的规则巧设

在社会领域，入园时的"心情签到"活动（幼儿选择表情卡片并简单表述选择的原因），既能培养幼儿的情绪识别能力，还能教师提供了个性化互动的依据；在午睡整理环节，教师可引导幼儿通过"衣物折叠步骤图"与同伴互助；排队时，教师可组织开展数字火车游戏，将规则教育游戏化；推行值日生制度，让幼儿分发餐具，在真实任务中培养秩序感与责任意识，实现《3—6岁儿童学习与发展指南》中"生活自理""社会适应"双重目标。教师可运用"环境提示法"（如用地面箭头指示排队方向、用图标标识物品收纳位置）减少指令干预，通过榜样示范或正向强化，将外在规则内化为幼儿的自觉行为。

（二）日常随机育人

日常生活中的偶发事件（如天气变化、设施故障、同伴冲突）均蕴含丰富的教育价值，教师需具备"教育敏感性"，将其转化为学习契机。

1. 偶发事件的教育转化

偶发事件的教育转化可分为对自然现象类、突发事件类和社会性事件类事件的转化。

自然现象类：突降大雨时，引导幼儿观察雨滴形态、讨论"雨水能喝吗"、创建科学活动"水的净化实验"。

突发事件类：教室突然停电，组织幼儿闭眼聆听环境声音（空调停转、脚步声），开展"感官体验"谈话活动。

社会性事件类：两名幼儿争抢绘本，教师拍摄冲突片段回放，引导幼儿集体讨论如何公平分享。

2. 问题化引导法

描述现象：如，你看到发生了什么？（客观陈述）

分析原因：如，为什么小明的积木塔会倒？（逻辑推理）

解决方案：如，我们可以用什么方法固定？（创造性思维）

行动验证：如，试试你的办法，看看能坚持多久？（实践反思）

3. 教师的支持策略

教师可准备即时记录工具，如随身携带便签本速记事件关键词，在课后将其整理成《随机教育案例集》；还可预留弹性时间，如在每日作息表中设置 15 分钟"灵活时段"，用于深度延伸突发兴趣点。

想一想

　　教师应如何敏锐识别日常生活中的偶发事件（如天气变化、设施故障、同伴冲突）的教育价值，并及时将其转化为学习契机？请结合具体实例阐述。

随机教育的关键在于问题化引导，教师不直接给出答案，而是通过"你发现了什么？你觉得可以怎么做？"等开放式提问引导幼儿思考和表达，实现从事件处理到经验建构的转化，真正做到生活即教材。

（三）日常环境育人

日常环境育人的相关隐性课程的开发要遵循《幼儿园教育指导纲要（试行）》中"充分利用自然环境和社区的教育资源"的原则，将幼儿园走廊、饮水区、楼梯等空间转化为学习场域。

1. 功能性空间设计

功能性空间设计包括以下几个部分。第一，走廊。设置"四季光影墙"，让幼儿通过镂空模板（树叶、雪花）观察阳光投影变化，从而提高科学探究与艺术表达能力。第二，饮水区。在饮水区张贴"喝水记录树"，幼儿每喝一杯水，就可以在树上贴一片叶子，树干高度对应班级总喝水量（数学统计）。第三，楼梯。在台阶侧面标注数字与点数，幼儿在上下楼时能自然进行数物匹配练习。

2. 互动环境创设

教师可以在可利用的区域设计问题墙，例如在厕所区悬挂"为什么小便池会有水流声？"提问板，鼓励幼儿将猜想画出来，教师周末揭晓答案（管道原理图解）；教师还可以将生活规则可视化，例如用照片＋简笔画展示排队动线（如饮水机前贴小脚印标识），减少对语言指令的依赖。

Note

3．环境动态调整机制

采用全体幼儿参与的机制，每月召开环境小议会，投票决定更换哪些区角材料（如9月撤下凉席换上坐垫）；还可在不同时段开展季节性装饰活动，如进入了秋季在午睡室悬挂棉布云朵灯营造温暖氛围，夏季改用蓝色纱幔模拟清凉水域。

案　例

环境创设

教师可以在走廊设置"饮水记录墙"，让幼儿在记录饮水量过程中感知数学概念；在午睡室创设"睡前故事角"，培养幼儿的语言理解与专注力；在楼梯台阶粘贴数字、拼音或安全标志，使幼儿上下楼时能复习认知；在等候区设置"问题转盘"，让幼儿能随机讨论生活问题，提升应急反应与表达能力；在阳台创设"班级小农场"，引导幼儿参与种植活动，观察植物生长周期，树立科学精神与责任意识，让环境成为无声却有力的教育者。

（四）家园协同生活化教育

日常生活环节的教育效果取决于家园教育的一致性与连贯性。幼儿园可通过制定"生活教育指南"向家长明确各年龄段幼儿的习惯培养目标，提供具体方法；定期举办"生活技能开放日"，邀请家长参与幼儿的进餐、午睡环节，观察教师的指导策略并学习互动技巧；利用家园联系册记录幼儿在园与在家的生活表现，形成双向反馈机制。

1．家园共育

（1）认知统一。

制定《＊＊幼儿园家庭生活教育指南》，明确各年龄段幼儿的能力标准（如小班用勺、大班用筷）。

（2）行为示范。

举办"生活技能开放日"，邀请家长观摩教师如何用"手偶对话"引导挑食幼儿进食。

（3）习惯延续。

设计家庭任务链，如"21天收纳挑战"，今日整理书包、明日分类袜子、周末规划衣柜等。

2．重视双向反馈

（1）电子家园册。

使用小程序同步记录幼儿在园"自主盛饭"视频与在家"帮厨"照片，生成对比成图。

（2）问题解决卡。

针对共性难题（如拖延），家园共填解决方案卡（如针对刷牙问题教师建议用"沙漏计时"方法，家长补充播放"奥特曼刷牙歌"）。

此外，可开发家庭生活课程资源包，包含亲子任务卡（如"周末一起制作早餐""记录一周天气变化"）、生活经验绘本推荐清单等，促进生活教育从园所到家庭的自然延伸。

幼儿园课程实施的教学活动、游戏活动与日常生活环节相互依存、相互促进，共同构成有机整体。教学活动奠定核心经验基础，游戏活动促进经验的趣味化建构，日常生活环节实现经验的生活化迁移。教师需以专业理论为指引，以幼儿发展为核心，在动态实施过程中灵活把握各途径的特点与联系，让课程实施科学严谨，且贴近幼儿生活，最终实现课程目标，促进幼儿发展，为幼儿成长奠定坚实的基础。

拓展阅读

如何在幼儿园课程中落实个性化教育？

1. 全面了解幼儿个体差异：通过日常观察、与家长深度沟通、运用专业评估工具（如发展评估量表），精准掌握幼儿兴趣、学习风格、情感需求与发展水平，为个性化教育奠定基础。

2. 定制个性化学习目标：依据幼儿特点设定清晰、可测的目标，如针对语言能力较弱的幼儿设定词汇量提升目标，并根据幼儿的学习进展动态调整，确保目标兼具适宜性与挑战性。

3. 设计多元教学活动：融合多感官体验（绘画、音乐、游戏）、项目式学习（小组主题探究），提供分级阅读、数学游戏等个性化教学活动，满足幼儿不同的学习风格与水平需求。

4. 灵活运用教学方法：运用分层教学（按幼儿能力设置不同难度任务）、小组合作（让幼儿优势互补，促进互动）、自定进度（尊重幼儿的学习节奏差异）等教学方法，让每个幼儿都能有效参与。

5. 建立持续评估反馈机制：定期观察记录，运用测评工具评估幼儿的学习进展，及时调整教学内容与方法，并通过家长会、反馈册等与家长密切沟通，形成教育合力。

6. 强化家校协同共育：邀请家长参与教学策略讨论（如"教育策略工作坊"），鼓励家长在家庭中延续幼儿园的个性化教育思路（如用游戏化方式引导幼儿进餐），打破园所教育的时空限制。

教师要关注幼儿独特性，让课程真正贴合每个幼儿的学习需求与发展节奏，实现从"群体教育"到"个体关怀"的转变，助力幼儿全面而有个性地成长。

任务实施

学生以组为单位，以"秋天的果实"为主题，分别设计一个20分钟的教学活动、一个30分钟的游戏活动、一个基于日常生活环节的教育活动。要求明确活动目标、运用相应的方法策略，并说明活动与主题的结合点，以及如何体现各途径的特点。

Note

任务评价

评价维度	评价标准	分值	教师评分
目标设定	目标明确、具体,符合幼儿年龄特点与发展水平,涵盖认知、情感、技能等多领域	15分	
教学活动设计	活动流程清晰,环节衔接自然;教学方法多样且运用合理,能体现幼儿主体性;教学内容与主题紧密结合,具有系统性和逻辑性	25分	
游戏活动设计	游戏类型选择恰当,规则明确;能激发幼儿兴趣,体现自主性和创造性;与主题紧密关联,促进幼儿多方面发展	25分	
日常生活环节设计	能结合日常生活场景,抓住教育契机;活动设计自然、贴近生活,突出习惯培养和情感引导;与主题巧妙融合,体现生活教育理念	20分	
综合创新	活动设计有新意,能创造性地运用方法策略;各环节之间相互渗透、有机融合	15分	
总分		100分	

任务二　幼儿园课程实施的环境创设

【任务要求】

能够全面阐述室内环境创设、室外活动场地规划、家园合作构建环境的要点;深入研究各环境要素与课程实施的内在联系,对比分析其理论基础与实践应用,总结适宜幼儿园课程实施的环境创设关键要点;运用所学知识对具体的环境创设案例进行分析,提出科学合理的优化建议,以提升环境对课程实施的支持作用。

【知识梳理】

幼儿园课程实施的环境创设是将课程目标、课程内容转化为幼儿可感知、可操作、可互动的物质与心理空间的过程。环境作为幼儿园的"隐性教师",是幼儿主动学习的重要载体。本任务将从室内、室外、家园合作三个维度,深入解析环境创设与课程实施的深度融合策略,助力教师深刻理解"环境即课程"的先进教育理念,有效提升课程实施质量。

一　室内环境创设与课程的融合

(一)理论基础

室内环境创设是幼儿园课程实施的重要载体，需以儿童发展理论为基础，构建兼具功能性、互动性与生成性的支持性学习空间。

1. 蒙台梭利的"有准备的环境"

蒙台梭利倡导的"有准备的环境"，强调环境应具备秩序性、自主性，且与教育目标高度一致，他认为，环境是"儿童成长的营养基"。理想的室内环境应具备秩序性（物品分类摆放在固定位置）、自主性（材料易于取用且符合儿童身体尺度）和目标性（与教育目标高度契合），使幼儿在有序、自由的环境中实现自我发展。例如，中班"植物照料区"中，花盆、喷壶、记录本应按使用流程从左至右摆放（秩序性），幼儿可自主取用工具浇水并填写观察表（自主性），最终达成"生命科学探究"的课程目标（目标性）。

2. 瑞吉欧"环境生成课程"理念

瑞吉欧教育视环境为"第三位教师"，主张环境应具备开放性（材料可组合）、探究性（引发问题）与互动性（促进合作），通过环境激发幼儿的主动探索欲望，进而生成课程主题。例如，教师在进行墙面互动设计时可设置"问题口袋墙"，引导幼儿将观察到的现象（如"为什么叶子黄了？"）投入口袋，并据此生成科学探究课程；大班幼儿在建构区用纸箱搭建"太空站"时，教师可以为其补充星球模型、航天绘本和测量尺等材料，将活动延伸至"宇宙与重力"主题课程。

3. 加德纳的多元智能理论

加德纳的多元智能理论强调，环境应为不同智能类型的幼儿提供多样化的探索机会。教室空间需划分为明确的功能区（如语言区、逻辑区、运动区），并投放适配材料以满足个体差异。教师可以在语言智能区设置"故事盒子"（随机抽取人物、地点卡片并据此编故事）、电子录音设备（录制并回听自己的讲述）；在自然观察智能区提供显微镜、标本盒与"自然笔记本"，支持幼儿记录植物生长；在身体动觉智能区利用走廊空间设置"障碍挑战赛道"（钻爬、平衡、投掷），融入健康课程目标。

> **案　例**
>
> #### "昆虫探秘"主题活动的环境创设
>
> 某幼儿园教师围绕"昆虫探秘"主题，在科学区投放昆虫模型和观察工具（提升自然观察能力），在美工区放置黏土来制作虫卵（提升空间协调能力），在角色区组织幼儿扮演"昆虫学家访谈"（提升人际交往能力），实现多领域能力的协同发展。

Note

想一想

　　若要为中班幼儿创设以"我爱大自然"为主题的科学区，该如何有机融合蒙台梭利"有准备的环境"、瑞吉欧"环境生成课程"理念及加德纳的多元智能理论，同时切实贯彻目标导向性、儿童参与性和动态生成性原则？请举例阐述你的设计思路。

拓展阅读

瑞吉欧环境生成课程理念：让环境成为教育的活教材

　　在幼儿教育领域，瑞吉欧教育体系的"环境生成课程"理念极具影响力，它将环境视为"第三位教师"，强调环境是课程生成与发展的重要源泉，为幼儿园教育实践开辟了新的思路。

　　一、核心理念

　　该理念打破传统课程预设局限，认为环境蕴含教育价值，能激发幼儿的学习兴趣。环境并非静态的背景，而是动态的资源，与幼儿、教师、家长一样是教育生态系统的一部分。教师通过观察幼儿与环境的互动，捕捉教育契机，将环境元素转化为课程内容。

　　二、实践应用

　　1. 室内：课程孵化地

　　教师可在教室科学区投放透光、反光材料，幼儿会被光影吸引，前来摆弄、探索。在教师引导下，课程内容从观察光影现象，延伸到影子绘画、光影手偶剧等艺术创作，教室墙面也成为成果展示空间。

　　2. 室外：课程实践场

　　幼儿园自然区的蚂蚁吸引幼儿关注，教师于是与幼儿一起制定观察计划，并为其提供工具。随着课程内容不断丰富，幼儿不仅了解了蚂蚁习性，还通过绘画、搭建再现蚂蚁世界，开展保护蚂蚁主题活动。

　　3. 家园：课程延伸共同体

　　家长与幼儿一起收集废旧物品用于开展幼儿园课程，如"创意搭建"课程。家庭也是课程延伸的空间，如幼儿园开展"植物生长"课程后，家长与幼儿一起在家种植植物，幼儿可在课堂上分享种植经验，教师据此丰富课程内容。

　　三、关键要素

　　教师：需细致观察幼儿与环境的互动过程，及时引导，尊重幼儿的创意，让幼儿主导课程。

　　环境：应根据幼儿的兴趣和课程发展的动态灵活调整，更新材料、布置展示空间。

幼儿：主动参与是核心，环境创设需贴合幼儿特点，激发其主动探索的欲望，促进其多方面发展。

瑞吉欧"环境生成课程"理念，通过构建室内外与家园协同的教育生态，发挥教师与幼儿互动的作用，让环境驱动课程，为幼儿提供优质的学习体验。

（二）环境创设的三大实施原则

1. 目标导向性原则

目标导向性原则强调，环境创设必须依据课程主题、幼儿学习需求、课程目标，使空间布局、材料投放与教育意图形成"无声的对话"。教师需将抽象的课程目标转化为具象的环境元素，例如，针对小班的"生活自理"目标，在盥洗室墙面张贴"七步洗手流程图"，并利用箭头符号阐明步骤顺序；在衣帽区设置"穿衣挑战角"，为幼儿提供不同折叠难度的衣物（带魔术贴的外套—系纽扣的马甲—拉链连体服），形成阶梯式练习体系。针对大班"科学探究"目标，在科学区设置"问题启发墙"——悬挂装有磁铁、放大镜等工具的透明袋，并在袋子上贴开放式问题卡（你能从这些材料里发现什么秘密?），引导幼儿自主选择工具展开探索。

这一原则要求教师摒弃"为美而美"的装饰思维，始终以"环境能否支持当前学习目标"为检验标准，如语言区的绘本是否按主题分类（情绪类、科普类）以便幼儿关联课程内容，数学区的串珠材料是否与数学运算教学目标匹配等。

> **想一想**
>
> 在大班"宇宙探秘"主题课程中，如何围绕课程主题科学规划区域环境？请结合核心探索区、活动延伸区和生活体验区的功能，分别举例说明材料投放与活动设计如何体现层次性，如何达成教育目标？

2. 儿童参与性原则

儿童参与性原则的重点在于突破传统环境中"教师设计、幼儿使用"的单向模式，将幼儿视为环境的共同建构者，实践中，教师可通过以下三点实现幼儿的深度参与。

（1）物质共创。

鼓励幼儿收集自然材料（松果、落叶）装饰季节墙，或利用废旧物品（纸盒、瓶盖）制作区角标识。例如，中班幼儿可以用黏土捏制"班级规则小人"，将"轻声说话"规则具象为手指贴嘴唇的黏土小人形象，放在阅读区入口。

（2）规则共商。

集体讨论并制定环境使用公约。如建构区常发生材料争抢，教师可以组织幼儿绘制"问题树"，

Note

在树的枝叶上标注"总有人抢积木""收玩具时乱扔"等现象，然后引导幼儿对现象进行分析，并讨论出解决方案（如每人先选5块基础积木、收玩具时按形状分类），最终形成图文版"我们的建构区约定"。

（3）投票共决。

赋予幼儿环境调整的投票权，每月开展"区域改造大会"，用实物照片或材料样本让幼儿投票决定新增或替换哪些设置（如78%的幼儿选择用贝壳替换彩色石子作为感官区的材料）。这种参与不仅增强了幼儿的归属感，还能促进其批判性思维与责任意识的发展。

3. 动态生成性原则

动态生成性原则主张幼儿园环境应随课程的推进与儿童兴趣，进行"呼吸式"的灵活演变，打破"一学期一面墙"的固化模式。

（1）课程线索可视化。

利用墙面动态呈现幼儿的学习轨迹。例如在"昆虫日记"项目中，教师可以在教室的左侧墙面用照片展示幼儿初次发现的"蚂蚁工坊"，在教室中间的墙面呈现实验过程（如用糖水和盐水分组测试蚂蚁的活动路径），在教室的右侧墙面陈列幼儿自制的《昆虫生存指南》小书，形成"问题—探索—成果"的完整叙事链。

（2）材料迭代阶梯化。

依据幼儿能力的变化调整材料复杂度。例如小班科学区，初期可以投放一些单一属性的物品（不同颜色的海洋球），中期增加大小、纹理不同的材料（光滑鹅卵石与粗糙树皮），末期可引入工具组合（如用镊子夹取小球对其进行分类）。大班建构区的物品则可以从基础积木逐步升级到齿轮、滑轮等机械元件，促进幼儿工程思维进阶。

（3）空间功能弹性化。

在创设教室环境时，教师可预留一个可重组的区域，以适应生成性课程。例如将走廊一角设为"临时研究所"，当幼儿突然对"影子变化"产生兴趣时，教师可迅速布置黑色卡纸、手电筒与测量尺；待项目结束后，该空间又可转换为"天气观测站"。教师需建立"环境更新日志"，记录每次调整的依据（如幼儿连续三天聚焦恐龙化石话题），确保动态变化有据可循。

三大原则并非孤立存在，而是相互渗透的有机整体。目标导向性为环境创设指明方向，儿童参与性赋予环境活力，动态生成性则确保环境持续传递教育能量。三大原则协同，才能让环境真正成为"会呼吸的课程"。

想一想

若开展"奇妙的海洋"主题课程，如何运用主题墙的三阶段设计法进行墙面环境创设？依据材料投放的开放性、目标对应性原则，须准备哪些材料？又该如何根据幼儿的兴趣及课程目标进行动态调整？请举例说明。

（三）实践误区与应对

1. 常见误区

（1）环境固化。

主题墙一学期不变，材料更新滞后于课程进度，如主题墙的内容与课程进度脱节、区域材料与学习目标无关。

（2）形式主义。

包括环境创设以"成人视角"为主，过度追求美观而忽视幼儿实际使用需求，如用高柜装饰画遮挡材料，幼儿无法触及，不便自主取放。

2. 优化策略

第一，可制定"环境—课程"周计划表，每次课程活动后同步更新对应区域材料与墙面内容，每月从"安全性、参与度、目标契合度"三个维度评估环境有效性。

第二，遵循"幼儿视线高度原则"，墙面核心内容位于1.2米以下，材料柜上要分层贴幼儿照片标签。

第三，建立师幼共评机制，开展"我最喜欢的角落"投票活动，淘汰使用率低的区角，设立全园共享材料库，其他班级也可借阅活动主题相关资源（如放大镜、民族服饰）。

室内环境创设与课程的深度融合，需以理论为锚点、以儿童为中心、以动态生成为路径。通过有准备的环境支持自主学习，借助开放性材料催生课程灵感，最终让每一面墙、每一个角落都成为"会说话"的课程载体，发挥环境育人的隐性力量。

拓展阅读

"童趣启航·十域探秘"成长工坊

——中班区域环境创设方案

武汉市直属机关育才幼儿园　叶丽

一、设计意图

本方案基于《3—6岁儿童学习与发展指南》，以幼儿兴趣为导向，通过科学规划室内外空间资源，创设兼具功能性、趣味性和教育性的区域环境。旨在促进幼儿认知探索、艺术表达、社会交往、生活技能及体能等方面的全面发展，同时培养其自主性、创造力和合作能力。通过动态化、层次化的材料投放与活动设计，满足幼儿个性化的学习需求，实现经验的螺旋式增长。

二、区域设计总体情况

本班的区域设计充分利用室内外空间，共规划了十个功能区域，包括室内的益智区、表演区、美工区、发现区、生活区、角色区，以及室外的语言区、植物角、建构区、体能区。各区域遵循开放性、参与性、动态化原则，材料投放分层分类，活动设计贴合幼儿生活经验，形成"玩中学、学中乐"的教育生态。

三、区域创设指导思想

（一）以幼儿兴趣为导向

1. 满足幼儿的个性化需求

充分尊重幼儿的兴趣爱好和个体差异，依据幼儿的兴趣点来规划和设置各个功能区域，如益智区、表演区、美工区等，让幼儿能够在自己感兴趣的活动中主动参与、积极探索，从而获得愉悦的情感体验和个性化的成长。

2. 激发幼儿的自主性与主动性

教师可以通过创设丰富多样的区域环境，引导幼儿自主选择活动区域和活动材料，自主分配角色、与同伴合作完成任务等，如教师可以在表演区组织幼儿表演皮影戏《三打白骨精》，并让幼儿自主分配角色，培养幼儿的自主性、独立性和主动性，使其成为学习和游戏的主人。

（二）促进幼儿的全面发展

1. 多领域能力培养

区域活动涵盖了幼儿发展的多个领域，益智区的活动注重培养幼儿的逻辑思维、观察力和动手操作能力；表演区的活动旨在提升幼儿的语言表达、社交合作和艺术表现能力；美工区的活动侧重于激发幼儿的创造力、想象力和审美能力；生活区则着重提高幼儿的生活自理能力和实践操作技能等。各个区域相互配合，从而实现幼儿认知、情感、社会性、艺术和生活技能等方面的全面协调发展。

2. 经验的螺旋式增长

在区域活动中，教师要注重为幼儿提供丰富且具有层次性的材料和操作流程，如美工区的材料及流程图要每周更新，发现区可以开展系列探索性游戏"造纸"：在第一次造纸活动结束后，有的孩子们想造出较为平整的纸、有的孩子想要造薄一点的纸、有的孩子想要造出漂亮的纸，孩子们的想法不断变化，老师则需为其提供相应的材料，使幼儿在不断地实践操作和探索过程中，积累经验、提升能力，并在此基础上不断挑战更高难度的任务，实现经验的螺旋式上升和能力的持续发展。

（三）家园合作共育

1. 邀请家长参与

积极与家长沟通合作，邀请家长参与区域创设和活动，如创设发现区时，与家长携手搜集多种纸张和造纸工具等，邀请家长为幼儿们讲述《纸奶奶过生日》的绘本故事，同时组织家长和孩子们一起用各类纸张装饰蛋糕送给"纸奶奶"（见图4-23）。让家长了解幼儿在园的学习和游戏情况，同时借助家长的资源和力量，丰富区域活动的内容和形式，形成家园教育合力，共同促进幼儿的成长和发展。

2. 延伸教育空间

通过家园合作，将幼儿园的区域活动延伸到家庭中，让幼儿在家庭生活中也能继续进行相关的探索和学习，如家长可以引导幼儿在家中进行简单的美工创作、生活自理练习等，在"纸趣横生"

图 4-23　家长和孩子们一起用各类纸张装饰蛋糕

主题活动开展过程中，和孩子们一起完成"纸张大调查"活动，并带着孩子们一起收集生活中常见的纸张。在纸张缺失的时候，教师还可以带着孩子们一起去超市购买，使幼儿的学习和成长不局限于幼儿园，实现教育的连贯性和一致性。

四、各区域介绍

（一）益智区

1. 设计

配备适宜的活动材料，在托盘上陈列，每件材料都要明确标识（见图 4-24）。

图 4-24　活动材料用托盘陈列并明确标识

Note

2. 目标

培养幼儿有序收纳的习惯，锻炼其观察力、思维能力和动手操作能力，满足幼儿探索与认知的需求。

（二）表演区

1. 设计

根据幼儿需求更新服装、乐器、头饰及图谱等材料（见图4-25）。

图4-25　根据幼儿需求更新的材料

2. 目标

鼓励幼儿自主分配角色，合作表演，提升自我表达能力和社交能力，培养幼儿的想象力与创造力。

（三）美工区

1. 设计

每周更新材料及操作流程图（见图4-26）。

图4-26　每周更新的材料和操作流程图

2. 目标

为幼儿提供自由发挥艺术想象的空间，让幼儿感知美、表达美、创造美，培养其艺术素养和动手能力的发展。

（四）发现区

1. 设计

发现区域作为班级主题课程的衍生区，其设置是随课程变化而变化的。此次"纸趣横生"课程，我们与家长携手合作，遵循开放性和参与性原则，开展以"纸"为主题的探索游戏，搜集多种纸张和造纸工具（见图4-27）。

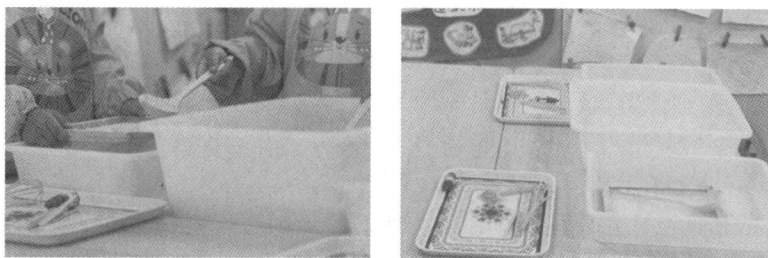

图 4-27　各种造纸工具

2．目标

满足幼儿好奇心与兴趣，培养幼儿的探究精神和科学思维，增进其对周围事物的认知。

（五）生活区

1．设计

创设真实、温馨家庭式环境，提供生活真实材料。

2．目标

让幼儿在有趣情境中学习生活技能，提高生活自理能力，养成良好的生活习惯，如提供教幼儿刷牙、叠衣服的材料和操作流程图（见图4-28）。

图 4-28　幼儿刷牙、叠衣服的材料和操作流程图

（六）角色区

1．设计

模拟小餐厅后厨，按洗、切、煮流程摆放各种材料，提供不同层次"食材"（见图4-29）。

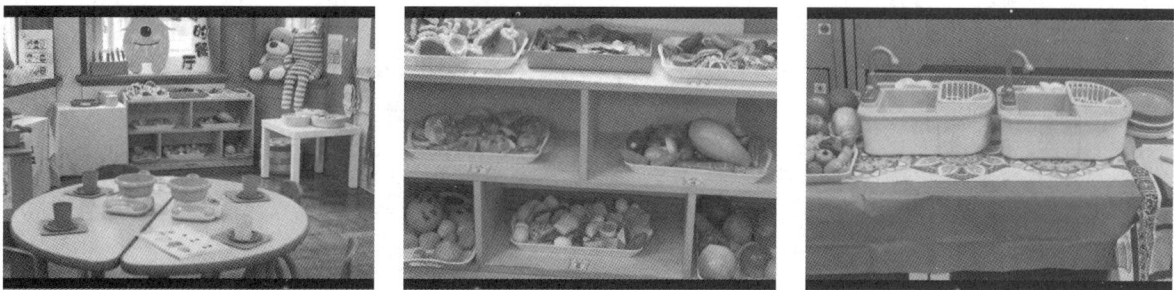

图 4-29　模拟小餐厅的各种道具

2. 目标

帮助幼儿迁移生活经验，满足其"以物代物"发展需求，提高幼儿学习的主动性和服务他人的意识。

（七）语言区

1. 设计

将走廊划分为阅读区、听赏区、操作区，提供图书、Ipad等有声材料、故事盒子（见图4-30）。

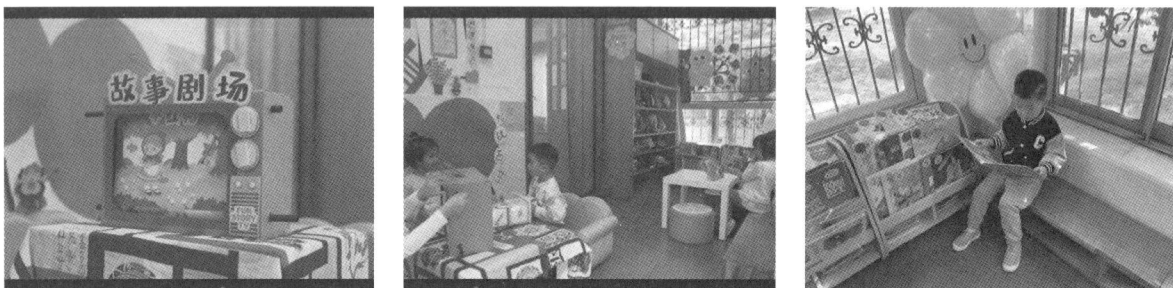

图4-30 语言区的环境设置

2. 目标

营造轻松安静的阅读环境，培养幼儿的阅读兴趣和倾听能力，增强其语言表达与互动能力。

（八）植物角

1. 设计

遵循动态化原则，开展"绿豆变变变"探索活动，设置公共种植区域（见图4-31）。

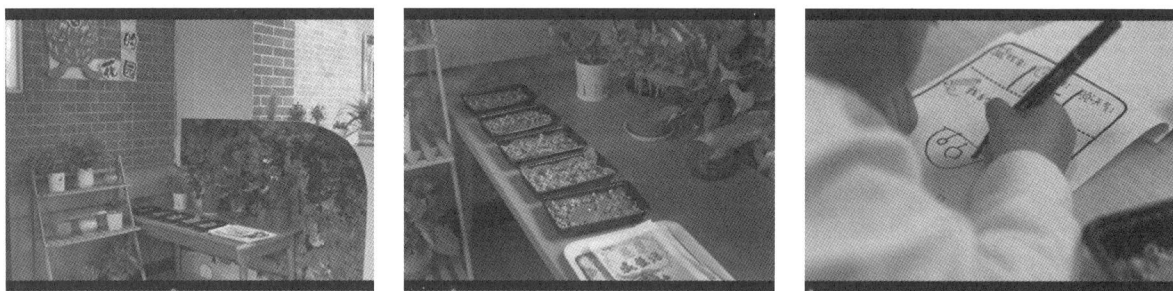

图4-31 公共种植区域的设置

2. 目标

满足幼儿接触新事物、探索大自然的需求，培养幼儿的观察力和记录能力，激发其对自然科学的兴趣。

（九）建构区

1. 设计

在靠墙的位置设置固定角落，提供可移动积木拖车和著名建筑的欣赏图片（见图4-32）。

图 4-32 建筑区的设置

2. 目标

为幼儿提供充足的建构空间，培养空间想象力、建构技能和创造力。

（十）体能区

1. 设计

体能区可以分为固定器械区、可移动器械区、自然材料区，还可以将沙池作为自然材料探索区（见图 4-33）。

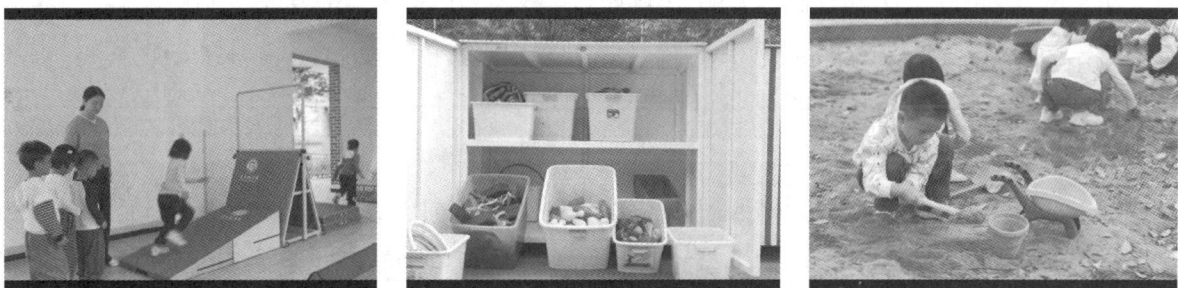

图 4-33 体能区的设置

2. 目标

教师可以组织跑酷运动或让幼儿自主选择体育用品，锻炼幼儿大肌肉运动能力，促进身体协调性和灵活性，激发幼儿探索自然的兴趣。

本方案通过多元区域创设，构建支持幼儿自主探索与成长的教育环境，助力其在游戏中学习、在互动中发展，最终实现全面而富有个性的成长。

二　室外活动场地规划与课程实施的关系

室外活动场地作为幼儿园课程的动态延伸，凭借其开放性、自然性与挑战性，为幼儿构建起真实的问题解决场景，深度影响了课程实施的各个环节。

Note

（一）室外环境的课程价值

1. 多领域课程目标的具象化

基于多元智能理论，室外活动场地为健康、科学、社会、艺术等领域的课程目标提供了具象化的载体。在健康领域，教师可以利用攀爬架、平衡木等设施让幼儿做悬垂、跳跃等动作，刺激前庭觉发育，助力幼儿提升身体协调性与平衡能力。例如，中班幼儿在"丛林探险"课程中穿越轮胎障碍、翻越绳网墙，不仅强化了四肢力量，而且在克服高度恐惧的过程中培养了勇敢的品质。科学领域中，种植园的"种子日记"观察活动让幼儿直观感知生命的规律，沙水区的引水实验则有助于其理解重力与流体力学原理。美国学者大卫·埃尔金德的"游戏认知论"在此得到印证：幼儿在自然角追踪蚂蚁搬家的轨迹时，通过持续记录与推理，其实证意识与科学探究能力得到显著提升。

2. 学习方式的改变

室外场地的开放性与不确定性，推动了课程从教师主导的讲授模式转向幼儿主导的体验式学习模式。在建构区，幼儿用树枝、石块搭建"防洪堤坝"，通过反复试错理解了结构稳定性；在艺术区，幼儿在落叶拼贴画创作过程中，自主探索色彩搭配与构图平衡。这种基于真实问题的学习方式，契合建构主义理论，使幼儿在动手操作、协作反思中实现知识的建构。有研究表明，户外探究活动中，幼儿的深度学习发生率（如提出假设、多方案验证）较室内活动高。

3. 社会情感的培育

动态户外场景为幼儿社会性发展提供天然实训场。在"夺旗大战"团队游戏中，幼儿需协商分工、制定攻防策略，学会妥协与共情；骑行区的"交通岗"角色扮演游戏则强化了幼儿的规则意识与责任担当意识。面对复杂地形或突发天气，幼儿可以在教师引导下评估风险、调整策略，其抗挫折能力与问题解决能力能够得到锻炼。

> **想一想**
>
> 在春季开展"奇妙的自然探索"主题课程期间，如何充分挖掘并利用幼儿园室外环境的多元教育功能，才能实现幼儿的体能发展、自然探究与社会交往能力三者的有机融合？请结合跑道、种植园、沙水区等场地，各举一例说明课程活动的具体实施方式。

（二）场地规划

1. 科学化的功能分区

科学合理的场地功能分区是课程有效实施的基础。幼儿园可将室外场地划分为运动健身区、自

Note

然探索区、创意游戏区、艺术表现区等不同的功能区域，同时融入课程资源开发理念。运动健身区可以设置跑道、球类场地、器械运动设施，满足幼儿锻炼身体的需求；自然探索区可以规划种植园、昆虫旅馆、气象观测站，支持幼儿的科学探究活动；创意游戏区可配备沙池、水池、建构材料，激发幼儿的想象力与创造力。各区域相对独立又相互连通，形成一个有机整体，为多样化课程活动提供空间支持。例如，自然探索区中的昆虫旅馆，既是课程资源，又能让幼儿开展长期观察记录活动。

2. 材料投放的层次性与动态性

室外活动场地的材料投放需遵循层次性与动态性原则，并结合幼儿学习方式和需求的转变灵活调整。教师还可根据幼儿年龄特点与发展水平，依次提供由低结构到高结构的材料。

小班教室可投放色彩鲜艳、形状简单的软质材料，如泡沫积木、橡胶球；大班教室则可投放木板、绳索、滑轮等开放性材料，用于复杂的建构与工程游戏。同时，教师要根据季节变化与课程主题，动态更新材料。如春季提供种子、花盆，开展种植课程；秋季收集落叶、松果，用于艺术创作，使材料投放与课程实施紧密结合，促进幼儿自主探究与实践操作。

3. 环境创设的教育性与趣味性的融合

室外环境创设应兼具教育性与趣味性，结合参考课程资源开发与幼儿学习方式转变要素，通过设置主题情境（如"恐龙探险乐园""童话小镇"），将课程内容融入环境之中，激发幼儿参与兴趣。教师可以利用自然元素进行创意设计，如用石块铺设迷宫路径、用树枝搭建艺术装置，让幼儿在与环境的互动中获得审美体验与认知发展。同时，教师还可以在环境中设置开放性问题与挑战小卡片，如"如何用自然材料搭建一座桥"，引导幼儿主动思考与探索，实现环境与课程的深度对话，促进幼儿深度学习。

想一想

若在春季开展"自然与创造的奇妙之旅"主题课程，如何结合自然探索区的生态化布局（如种植区班级责任田、充满野趣区的自然物），以及创造性游戏区的沙水区和建构游戏区，设计跨领域的课程活动？请举例说明活动内容和幼儿操作的方式。

（三）实施要点

1. 课程设计要因地制宜

教师需依据室外活动场地的实际条件与幼儿的兴趣，设计与之相契合的课程内容，充分开发课程资源。幼儿园如果拥有丰富的树木资源，就可开发"树的秘密"主题课程，组织幼儿观察树木形态、测量树干周长、制作树叶标本；若场地临近水域，可开展"水的探索"系列活动，引导幼儿探

Note

究水的特性、水流运动的规律。同时，根据天气、季节变化灵活调整课程安排，如雨天开展"雨中探秘"活动，让幼儿观察雨水滴落、积水形成；冬季组织"冰雪世界"游戏，让幼儿感受冰雪的物理特性，确保课程实施与场地环境的动态适配。

2. 教师的有效指导

在室外课程实施过程中，教师要从"知识传授者"转变为"观察者、引导者、支持者"。教师要敏锐观察幼儿在活动中的行为表现与发展需求，当幼儿在搭建"高塔"遇到结构不稳的问题时，教师可以通过提问"怎样让高塔更牢固？"启发幼儿思考，而非直接给出解决方案；当幼儿出现安全风险或冲突时，教师要及时介入引导，帮助幼儿学会自我保护与人际交往技巧。同时，教师要善于捕捉教育契机，将幼儿的兴趣转化为课程内容，如以幼儿对蚂蚁的观察为出发点，创建"昆虫世界"探究活动，充分发挥教师在课程实施中的引导作用。

3. 安全管理与风险教育的结合

室外活动场地的开放性增加了安全风险，因此安全管理与风险教育至关重要。幼儿园需建立完善的安全管理制度，定期检查场地设施，确保器械稳固、地面防滑；制定活动安全预案，明确应急处理流程。同时，教师可以将风险教育融入课程实施过程，通过情景模拟、故事讲述等方式，引导幼儿识别危险、学习自我保护的方法，如教导幼儿在攀爬时正确使用保护设施、在运动时保持安全距离。在保障安全的前提下，鼓励幼儿适度冒险，培养其风险应对能力与自我管理意识。

同时，室外活动场地为家园共育提供了新的契机和平台。幼儿园可以组织亲子户外拓展活动、自然探索活动等，邀请家长参与其中，增进家长对幼儿园课程的了解。同时，引导家长在假期与孩子一起到户外环境中开展教育活动，如家庭徒步、自然观察，实现家园教育理念与行动的统一，共同促进幼儿发展。

室外活动场地规划与幼儿园课程实施要相互依存、协同发展。通过挖掘场地的课程价值、优化场地规划、把握实施要点，充分发挥室外活动场地的教育功能，实现课程实施的创新与幼儿的全面发展。

拓展阅读

森林探险之旅

一、活动背景

为充分发挥幼儿园户外区域的教育功能，全面培养幼儿在健康、语言、社会、科学、艺术五大领域的能力，某幼儿园结合常规运动区、自然探索区、创造性游戏区的特色，设计了"森林探险之旅"主题系列活动，让幼儿在趣味情境中学习与成长。

二、活动目标

健康领域：提升幼儿身体协调性、平衡能力和力量，增强体能。

语言领域：鼓励幼儿清晰地表达自己的想法，学会倾听与交流，提高语言运用能力。

社会领域：培养幼儿的团队合作精神、解决冲突的能力，增强其社会交往意识。

科学领域：激发幼儿对自然现象和科学知识的好奇心，培养其观察与探究能力。

艺术领域：发展幼儿的想象力和创造力，提高其艺术表现能力。

三、活动准备

常规运动区：低难度平衡木、软质爬网、跨栏、轮胎、"火圈"道具（呼啦圈）、"高楼"攀爬架、"救援物资"（小玩偶或小球）。

自然探索区：班级责任田种植工具（小铲子、水壶）、生长日记本、放大镜、昆虫观察盒、记录纸、笔。

创造性游戏区：铲子、漏斗、量杯、木板、积木、绘画工具、彩纸。

各区域布置森林主题的场景物料，如张贴树木、动物图片，播放森林音效。

四、活动过程

（一）常规运动区：穿越森林危机（健康领域、语言领域）

1. 情境导入

教师扮演导游，告诉幼儿们要穿越森林去拯救被困的小动物，但森林中有很多危险事物，大家需要齐心协力。

2. 活动内容

（1）小班活动。

幼儿化身"小小探险家"，在低难度平衡木上行走，模拟走"独木桥"的场景，锻炼幼儿的平衡能力；幼儿爬过软质爬网时，仿佛穿越"藤蔓丛林"，可以锻炼其身体协调性。在此过程中，教师要引导幼儿描述自己的感受，如"我在独木桥上走得很稳""爬爬网有点累，但很好玩"。

（2）大班活动。

设置"森林障碍赛"，幼儿需要跨过跨栏、绕过轮胎障碍，快速奔跑。到达"着火"点后，就可以进行"小小消防员"游戏了，幼儿要穿越"火圈"（钻过呼啦圈）、攀爬"高楼"（攀爬架）、运送"救援物资"（用篮子搬运小玩偶或小球）。教师可以组织幼儿分组比赛，鼓励幼儿为队友加油助威，活动结束后，引导幼儿分享自己在比赛中的策略和感受。

（二）自然探索区：探秘森林宝藏（科学领域、语言领域、社会领域）

1. 情境导入

教师扮演导游，告诉幼儿森林里藏着很多宝藏，这些宝藏就是大自然的秘密，需要大家一起去探索发现。

2. 活动内容

（1）种植区活动。

幼儿在班级责任田播种种子，浇水、除草，观察植物生长变化，用简单的图画和符号将观察到的现象记录在生长日记中。教师引导幼儿互相交流，如"我的小种子发芽了，长出了两片小叶子"。

Note

（2）野趣区活动。

幼儿分成小组，使用放大镜、昆虫观察盒观察蚂蚁搬家、蜗牛爬行轨迹等。鼓励幼儿提出问题，如"蚂蚁为什么要排着队走？""蜗牛是怎么爬行的？"然后组织小组成员共同讨论，教师适时引导和解答。观察结束后，小组推选代表分享观察结果。该活动可以培养幼儿的语言表达和团队合作能力。

（三）创造性游戏区：建造森林家园（艺术领域、科学领域、社会领域）

1. 情境导入

教师扮演导游，告诉幼儿森林里的小动物需要一个新的家园，邀请幼儿们发挥创意，为它们建造美丽又安全的家园。

2. 活动内容

（1）沙水区活动。

教师引导幼儿开展"建造护城河"课程，用铲子、漏斗测量沙子的体积，尝试用不同的方法搭建护城河；用木板搭建桥梁，思考如何让桥梁保持平衡和承重。在这个过程中，教师要引导幼儿运用数学知识比较沙子的多少、木板的长短，鼓励幼儿相互合作，共同解决问题。

（2）建构游戏区活动。

教师领导大班幼儿开展"我们的幼儿园"课程，用大型积木搭建教学楼、操场等。在搭建过程中，教师组织幼儿讨论"如何让屋顶不漏水"，并运用相关的科学知识尝试不同的搭建方法。搭建完成后，教师引导幼儿用绘画工具和彩纸装饰自己的作品，展现艺术创意。最后，教师让幼儿向同伴介绍自己搭建的"幼儿园"，分享设计思路。该活动可以培养幼儿的语言表达和社会交往能力。

五、活动延伸

在班级美工区，教师可以让幼儿继续用绘画、手工等形式表现自己在"森林探险之旅"中的所见所闻。在语言区，教师可以投放相关的绘本和故事材料，鼓励幼儿创编森林探险的故事。

定期组织幼儿观察自然探索区植物的生长情况，持续记录植物生长情况，开展科学小实验，如探究植物生长与阳光、水分的关系。

拓展阅读

大班室内区域环境创设与幼小衔接课程的融合

武汉市直属机关育才幼儿园　王思立

环境是幼儿园课程的一部分，在创设班级环境时，要考虑它的教育性，应使环境创设的目标与教育目标相一致，同时也要与幼儿发展特点相适宜。大班课程的重要内容之一是让幼儿做好上小学的心理准备，大班期间是孩子们准备结束幼儿园生活、接受小学教育的重要、关键时期，也是幼儿心理发展的一个转折点。当区域环境创设遇到幼小过渡期的问题，我们该如何发挥自己所能，创设有灵性的教育环境，影响幼儿的行为，为幼儿们在最后的一段幼儿园时光里创造更多幸福、有意义的记忆呢？是本学期我们需要努力的方向。

我班的区域环境特色是布局新颖且富有空间感，桌子进区不浪费空间，合理利用柜面和墙面，材料与课程内容、主题活动相结合，各个区域之间做了联通。

我班的每个区域里都有区牌、进区牌、规则牌等。进区牌既可以限定当天进区人数，又可以暗示幼儿每天玩不同的区域，老师可以通过观察幼儿的进区情况或通过调查了解，及时对区域做出调整。

一、主题的确立

根据平时的晨谈和回家后的阅读记录，我们发现幼儿们阅读较多的书是《米小圈上学记一年级》，书中的内容非常适合即将上小学的幼儿们，新环境的适应、幼儿园与小学的对比、发生在小学里的趣事儿……这不就是孩子们感兴趣的、又与我们的课程目标符合的内容吗？于是我们将环境创设主题确定为"幼小衔接之米小圈上学记"。教室的各个区域的区牌以及版面的装饰都有《米小圈上学记一年级》里的各个人物（见图4-34），幼儿们看了都非常兴奋，一直讨论着，对区角充满了好奇。

图4-34 以"幼小衔接之米小圈上学记"为主题的环境创设

现在我们一起来看一看区域里的环境吧！我将按照米小圈体验馆—米小圈探索屋—米小圈手工坊—米小圈文化宫—米小圈故事盒—米小圈拼搭乐园—米小圈植物角的顺序来进行介绍。

二、米小圈体验馆

为进一步提升幼儿对小学的兴趣，点燃幼儿对小学生活的向往，我班进行了"云参观小学""课间十分钟"等活动。在活动过程中，大家相互讨论和交流，师幼共同创设环境，我们用游戏的形式模拟小学生在校的各个场景（见图4-35），例如课程表的安排、眼保健操、握笔姿势、系红领巾的方法、课间十分钟体验、老师和学生的角色扮演、任务的批改、收拾书包、大中小队长

Note

117

的竞选等，我们鼓励幼儿们尝试新角色，在游戏的过程中"真实"地做好上小学的准备。

图 4-35　米小圈体验馆的环境创设

三、米小圈探索屋

米小圈探索屋这个区域主要分为两大块：数学区和科学区（见图 4-36）。游戏内容都是跟基础课程相结合的，其中有量的比较、空间位置、逻辑推理、坐标的认识、时钟的认知、倍数的认识、学看日历等，这些小游戏既能帮助幼儿学习，又能促使幼儿在活动后对学习内容进行巩固、延伸。其中坐标的认识就地取材：为区域的玩具设置相应的坐标位置，游戏结束后可让幼儿自行收拾玩具，既可以起到巩固的作用，又可以锻炼幼儿有秩序地进行收拾，这些坐标和玩具盘都是可以进行移动的，幼儿可以自行"出题"，每次玩都有新意。科学区的材料是根据《3—6 岁儿童学习与发展指南》的目标设置的，有利于拓宽孩子们的视野、提高幼儿们的观察记录能力、挖掘幼儿们的探索精神。

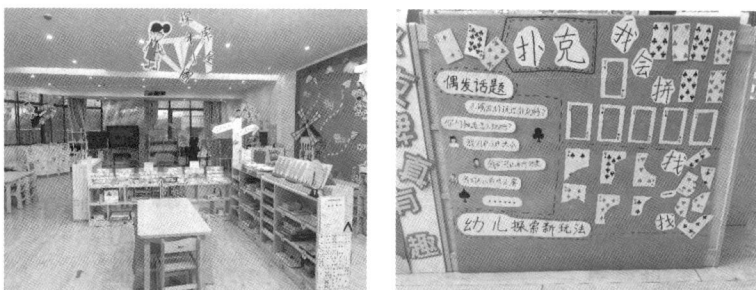

图 4-36　米小圈探索屋的环境创设

四、米小圈手工坊

米小圈手工坊这个区域我们将它划分为了三个部分：材料区、操作区和展示区，这也是手工绘画活动的一个流程，我们将材料聚拢提供给幼儿，让他们根据自己的需求进行选择（见图 4-37）。幼儿可以通过参考和学习对应的步骤图进行操作。这个步骤图也很适合个别化学习，幼儿可以自己观察，或与同伴互帮互助，尽量减少教师的介入。在操作区，我们以场景或者主题的形式将幼儿们的作品展示出来，供大家欣赏。在其他的区域，比如主题墙、体验区、文化宫里都可以看见幼儿们的作品，幼儿真正成了环境的主人。

五、米小圈文化宫

中华文化博大精深，我们可以从中挖掘很多主题，进行有特色活动的呈现、节日活动的呈现，

图 4-37　米小圈手工坊的材料区

也可以进行音乐、舞蹈等艺术表演活动等。图 4-38 呈现的就是幼小衔接主题课程里的社会活动"找不到眼镜"，幼儿们自己绘画、制作了头饰，并进行话剧表演。

图 4-38　"找不到眼镜"特色活动的环境创设

六、米小圈故事盒

我们在靠窗采光较好的位置设置了阅读区，在靠墙面的地方设置了语言区（见图 4-39）。阅读区主要增加了对书的组成部分的认识的相关设置。语言区有看图讲故事、量词游戏、汉字游戏等活动。展示架上的内容与课程内容相衔接，为幼儿的前阅读、前书写以及倾听与表达做了充足的准备。

图 4-39　阅读区和语言区的环境创设

七、米小圈拼搭乐园

米小圈拼搭乐园这个区域靠近主题墙，可以根据幼儿们的绘画设计——"我心中的小学"进行环境创设。要选择适合大班幼儿的年龄特点的搭建技巧。区域里面的柜面可以用来记录和呈现幼儿的设计、搭建成果，以及遇到的问题。区域里摆放了两张桌子，一张是用来拼搭积塑和放半成品，

Note

另一张则作为展示区。（见图 4-40）

图 4-40　米小圈拼搭乐园的环境创设

八、米小圈植物角

　　米小圈植物角投放的材料内容与季节和课程内容息息相关。春天，针对动物和昆虫的观察活动，我们主要选择了最有代表性的"会变身"的蝌蚪和蚕宝宝，幼儿们可以结合所学的日期、天气、写名字、绘画等知识来填写观察记录（见图 4-41）。幼儿们可以观察蝌蚪每天的变化以及吃食的情况；观察蚕宝宝的足有多少对、吃食的量以及啃食叶子的形状等，并通过绘画等形式表现出来。幼儿们的记录表中记录的都是开放式、不固定观察内容，是幼儿根据自己的兴趣点进行记录的（可以是身体的变化、吃食的情况等）。针对植物的观察活动，我们选择了康轩课程里的豆芽种植活动，通过"暗房"和"阳光房"来进行对比观察豆芽的成长情况并进行记录。

图 4-41　米小圈植物角中幼儿填写的观察记录

三　家园合作构建环境对课程实施的支持

（一）家园环境

　　家庭与幼儿园环境是课程实施的双向互动场，家庭与幼儿园环境的互动对幼儿发展具有重要影响。"教育共同体"理念强调家长应作为课程实施的参与者、支持者，而非旁观者。

幼儿园要建立课程信息透明机制，让家长清晰理解"为什么教""怎么教"；营造家长参与课程的物理空间与心理氛围，促进家园协同育人。

（二）家园合作环境的创设与应用

1. 信息沟通环境：搭建课程理解桥梁

幼儿园要设置静态展示区，例如，在课程公告栏上，每周更新"课程周计划"与"今日精彩瞬间"的内容，并附上幼儿在课程中的具体表现；精选幼儿典型事件（图文＋教师解读）在学习故事墙上展示。幼儿园还可以打造动态互动区，设置家长留言角，鼓励家长反馈"家庭中发现的课程延伸点"；采用线上线下相结合的方式，线下设"课程疑问解答箱"，线上班级群定期直播课程片段。

2. 家长参与环境：构建课程实施共同体

幼儿园可以设立家长资源空间，例如，在家长志愿者驿站设置"职业资源卡"，方便家长登记，参与课程教学；在亲子材料站标注近期课程所需材料。还可以创建亲子互动专区，开展"家长开放日课程"，例如，请家长与幼儿共同完成"家庭树"手工；设置"家庭挑战任务墙"，结合"垃圾分类"课程，鼓励家长与幼儿一起设计家庭垃圾分类方案。

> **想一想**
>
> 　　如何建立长效反馈机制，让家长在参与课程教学后得到的教学经验与幼儿的学习反馈形成良性循环，持续优化课程内容与家长参与模式？

3. 家庭延伸环境：促进课程经验迁移

幼儿园可以提供"课程带回家"工具包，如"厨房小科学家"材料包（量杯、面粉、食用油）及家长指导手册；设计"家庭课程记录册"，让家长记录幼儿在家庭中对幼儿园课程的主动应用。在家长等候区张贴课程相关"社区资源地图"，标注附近超市、公园、图书馆等可开展课程活动的场所。

（三）实践建议

实现从告知到"对话"的转变，摒弃纯文字通知，改用"课程问题征集表"，推动家长从旁观者转变为"共创者"，邀请家长参与课程环境创设，如小班在创作"温馨家园"主题墙时，可采用家长提供的全家福照片、幼儿在家的生活照片，避免单向输出，追求双向共建。

幼儿园课程实施的环境创设应突破"物理空间布置"的局限，构建室内、室外、家园协同的教

Note

育生态体系。室内环境要成为课程的"生长载体"，室外环境要成为课程的"实践场域"，家园环境要成为课程的"延伸共同体"。

幼儿园课程环境创设实践：从单向输出到协同共建

幼儿园课程环境创设是幼儿教育的重要组成部分，它不仅是对物理空间的布置，更是教育理念与实践的融合。在当前教育背景下，实现家园互动模式，构建室内、室外、家园协同的教育生态体系，对提升课程实施效果、促进幼儿全面发展具有重要意义。

一、实现从告知到对话的转变

传统的"家长园地"活动以纯文字通知为主，信息传递是单向的且缺乏互动，难以激发家长的参与热情与教育主动性。教师可将互动载体转变为"课程问题征集表"，有效搭建家园深度对话的桥梁，让家长真正参与到课程决策与实施过程中。

1. 设计多样化的课程问题征集表

教师可以根据不同课程主题与阶段需求，设计形式多样的征集表。例如，在开展"季节的变化"主题课程前，设计包含开放性问题的征集表："您和幼儿在生活中观察到了哪些季节变化的现象？""您希望幼儿通过这个主题课程学到哪些知识？"家长可通过书面填写或线上问卷的形式反馈。在课程中，教师还可以设置"课程进展反馈表"，邀请家长分享幼儿在家庭中表现出的对课程内容的兴趣与实践情况，如"幼儿在家中主动用落叶制作手工作品，对植物生长表现出浓厚的兴趣"。

2. 及时整理与回应家长反馈

教师应定期收集"课程问题征集表"，对家长反馈的问题和建议进行分类整理。针对家长普遍关注的问题，如课程难度设置、活动形式等，通过线上直播答疑、线下座谈会等方式进行集中回应。对于个别家长提出的个性化需求，如幼儿有特殊的兴趣方向，教师可在课程实施中适当调整教学内容或提供延伸活动，将家长的建议切实融入课程设计与实施过程，实现真正意义上的家园对话。

二、推动家长从旁观者到共创者的转变

家长不应只是幼儿园课程的旁观者，还要成为课程实施的重要共创力量。邀请家长参与课程环境创设，能充分发挥家庭资源优势，增强家长的教育责任感，同时为幼儿营造更具亲切感与归属感的学习环境。

1. 邀请家长参与室内课程环境创设

以小班"温馨家园"主题墙创设为例，教师可提前向家长说明活动目的与要求，邀请家长提供全家福照片、幼儿在家的生活照片，以及幼儿在家中参与劳动、游戏等场景的照片。家长还可附上简短的文字描述，如"宝宝第一次自己叠衣服""和爸爸妈妈一起做蛋糕"。教师将这些照片与文字精心布置在主题墙上，让幼儿在园内也能感受到家庭的温暖。同时通过相互分享活动，增进幼儿之间的了解，培养其语言表达与社会交往能力。

在创设中班"科学探索角"时，教师可以鼓励家长提供生活中的废旧物品，如饮料瓶、纸盒、吸管等，作为幼儿科学实验的材料。家长还可与幼儿一起在家中尝试简单的科学小实验，如"用饮料瓶制作沉浮实验装置"，并将实验过程记录下来带到幼儿园分享，丰富科学探索角的内容与活动形式。

2. 引导家长参与室外课程环境创设

在打造室外自然探索区的过程中，教师可以邀请家长与幼儿共同参与种植活动。家长可带领幼儿准备种子、花盆，与幼儿一起在幼儿园的种植园地播种、浇水，定期观察植物生长情况。在种植过程中，家长向幼儿讲解植物生长的知识，教师则在一旁引导，将家庭与幼儿园的教育有机结合。

教师还可以发动家长贡献智慧与创意，一起创设户外游戏区的环境。例如，在设计"小小停车场"游戏场景时，邀请家长帮忙收集废旧轮胎、纸箱等材料，与幼儿一起动手制作"汽车""交通标志"等道具，让家长亲身参与课程环境的创建，感受教育的乐趣，也让幼儿在自己参与创设的环境中更积极地投入游戏与学习。

三、构建室内、室外、家园协同的教育生态体系

幼儿园课程实施的环境创设需突破单一物理空间的局限，整合室内、室外、家园资源，形成协同育人的教育生态体系。

1. 让室内环境成为课程的"生长"载体

室内环境的创设应紧密围绕课程主题，且具有动态性与生成性。例如，在"动物世界"主题课程中，教室的墙面、区角等空间的布置要随着课程的推进不断变化。初期，可展示各种动物图片、模型，引导幼儿去观察与认识；中期，设置"动物饲养角"，饲养小鱼、乌龟等小动物，让幼儿在照顾动物的过程中深入了解其生活习性，同时将幼儿的观察记录表、绘画作品展示在墙面；后期，鼓励幼儿根据对动物的认识，用积木、黏土等材料进行创意搭建与制作，并展示其作品，形成一个完整的课程学习成果展示空间，让室内环境真正成为课程"生长"的载体。

2. 使室外环境成为课程的实践场域

在创设室外环境时，要致力于为幼儿提供更广阔的实践空间，要充分利用其开放性与自然性的特点开展课程活动。在常规运动区，教师可以结合体能课程目标，设置不同难度的障碍挑战设施，如低难度的平衡木、跨栏，高难度的轮胎障碍赛等，让幼儿在户外的奔跑、跳跃、攀爬等活动中提升身体素质，将健康领域课程融入实践。自然探索区是科学课程的天然课堂，幼儿可以在这里观察植物生长、探索昆虫奥秘、感受四季变化；在创造性游戏区，教师可以引导幼儿利用沙土、积木等材料开展搭建、创造活动，在实践中发展数学思维、科学探究能力与艺术创造力。

3. 让家园环境成为课程的延伸共同体

家园环境的协同是课程有效延伸的关键。除了通过"课程问题征集表""家长参与环境创设"

等方式加强互动,幼儿园还可建立"家庭课程任务卡"制度,根据幼儿园课程内容,每周向家长发放任务卡,如"和孩子一起寻找春天的足迹,用照片或绘画记录下来""在家中开展一次亲子图书阅读活动,并分享阅读感受"。家长完成任务后,可以让幼儿将成果带回幼儿园,与同伴和教师分享,实现家园课程经验的双向交流与延伸。同时,利用线上平台,如班级微信群、公众号等,定期推送与课程相关的家庭教育资源,如育儿文章、亲子游戏视频等,指导家长在家庭中开展与幼儿园课程相呼应的教育活动,形成家园协同育人的良好氛围。

幼儿园课程环境创设是一个持续探索与实践的过程,需要幼儿园与家长的共同努力,构建室内、室外、家园协同的教育生态体系,为幼儿创造更加优质、丰富的学习环境,促进幼儿在多元环境中全面发展,创建真正的美好环境。

任务实施

让学生以组为单位围绕"动物朋友"这一主题,创设班级语言区或美工区的环境。

1. 区域布置

用简单的文字说明区域内物品摆放,如语言区放置动物绘本、头饰;美工区提供彩纸、黏土用于制作动物。

2. 材料清单

列出 5 种相关材料,其中至少 3 种为低结构材料,如树枝、毛线、瓶盖。

3. 提交要求

提交材料清单和 100 字左右的区域布置说明,阐述环境如何配合"动物朋友"主题课程。

任务评价

评价指标	评价标准	分值	教师评分及评价
区域布置合理性	物品摆放有规律,紧密围绕"动物朋友"这一主题,符合幼儿的操作习惯与学习特点,能有效支持课程实施	0～30 分	
材料清单准确性	准确列出 5 种相关材料,低结构材料至少 3 种,材料要安全且适合幼儿使用	0～30 分	
说明阐述清晰性	说明简洁明了,100 字左右,清晰地阐述了环境与"动物朋友"主题课程的配合方式及对幼儿学习的促进作用	0～40 分	
总分	根据上述指标综合打分	100 分	

Note

思考与练习

一、简答题

1. 集体教学在幼儿园课程实施中的核心目标是什么？其遵循的"三段式结构"具体指什么？

2. 自主游戏中，教师可通过哪些策略引导幼儿实现多领域发展？请结合角色扮演游戏举例说明。

3. 简述幼儿园室内环境创设的三大原则，并各举例说明。

二、实践题

1. 课程设计：设计一个以"秋天的果实"为主题的集体教学活动，说明活动目标、内容和步骤。

2. 环境创设：简述如何创设室内美工区，以支持该主题课程，须提及材料投放和墙面设计。

3. 问题解决：自主游戏时，若幼儿对"果实超市"角色游戏没什么兴趣，该怎么改进？提出两条改进策略。

参考答案二维码

项目五　幼儿园课程评价

课程评价是指对课程的价值做出判断。评价课程的价值的作用在于诊断课程、修正课程，对各种课程的相对价值进行比较，预测教育的需求，或确定课程目标达成的程度等。根据不同的划分标准，可将幼儿园课程评价划分为不同类型，根据评价主体可分为内部评价和外部评价；根据评价功能可分为诊断性评价、形成性评价和总结性评价；根据评价方法可分为定量评价和定性评价；根据评价内容可分为课程目标评价、课程内容评价、课程实施评价、课程效果评价。在幼儿园课程评价中，有许多可供选择的评价模式。本项目将对目标评价模式、CIPP评价模式、回应模式、外观评价模式、差距评价模式以及目的游离评价模式做详细介绍。常用的评价方法和手段包括观察法、作品分析法、问卷调查法与访谈法。

◇学习目标

［素质目标］

1. 具备多元的幼儿园课程评价理念，树立科学的幼儿园课程评价观。

［知识目标］

1. 熟悉幼儿园课程评价的类型和方法。

2. 掌握目标评价等课程评价模式的基本理论、实施要点及应用案例。

［能力目标］

1. 学会应用观察法、作品分析法、问卷调查法与访谈法等评价方法对幼儿园课程进行评价。

2. 能根据幼儿园课程评价的目的选择适宜的课程评价模式。

◇**项目导航**

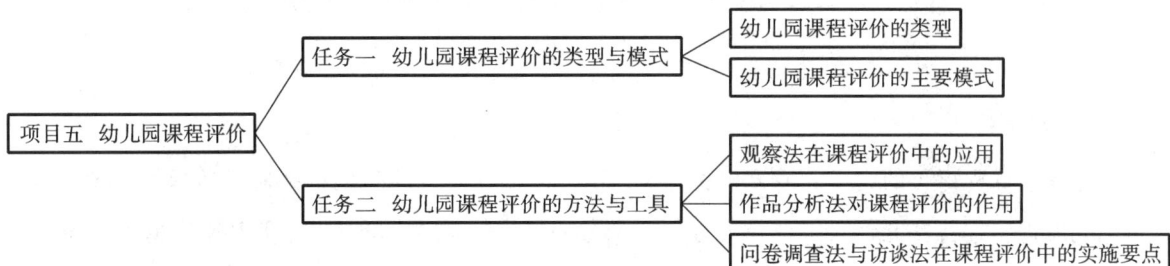

案例导入

　　某幼儿园教师对"章鱼先生卖雨伞"活动进行评析,内容如下。

　　教师教完第一课时的课程内容后,孩子们对充满趣味的故事情节仍意犹未尽,于是教师追随着孩子们的兴趣,并根据班级幼儿的年龄特点及能力发展水平,生成的第二课时活动。第二课时活动的重点是引导幼儿运用"××,请问你想买什么?"的句式,难点是引导幼儿在游戏中主动使用礼貌用语进行角色对话。

　　结合活动开展过程中与幼儿的互动,以及课程呈现出的效果,可以看出,本节活动最大的亮点是其创设的丰富情境,给幼儿营造了轻松、愉悦的语言环境,角色游戏贯穿始终,让幼儿有很强的代入感,从而产生想说、敢说的欲望。活动的流程很清晰、一环扣一环,层层递进,最后的游戏将活动推向了高潮。课程构思新颖,从原有的第一课时授课模式中跳脱了出来,挖掘出了新的创意"点",财商教育确实是我们在幼儿教育阶段容易被忽视的一环,本节活动通过最后的谈话活动,引导幼儿树立正确的金钱观,萌生理财意识,体现了教师与时俱进的现代教育理念。

　　目标的完成度方面,目标基本达成,尤其是第二个目标。绝大多数的孩子都能积极开口说,用完整的句式进行角色对话。活动的不足体现在时间的把控上,回顾部分的时间稍微有点长,中间的游戏环节又稍显短暂,可以调整一下比重,给予幼儿多的自主的空间去充分表达,在角色游戏中带入生活经验进行买卖对话。

　　思考问题:通过上述案例,你知道需要从哪些方面对幼儿园课程进行评价吗?如何对幼儿园课程进行评价呢?

Note

任务一　幼儿园课程评价的类型与模式

【任务要求】

能够理解课程评价的定义；能够根据分类标准区分课程评价的类型，并能灵活运用多种评价模式对幼儿园课程进行多元评价；能够与学习伙伴合作探究、梳理几种主要课程评价模式的基本原理，搜集主要课程评价模式在幼儿园的应用案例；能够用表格或思维导图的方式整理几种主要评价模式的优缺点、实施步骤及实践要点；能够根据幼儿园课程的目的、幼儿的特点等选择合适的课程评价模式。

【知识梳理】

课程评价源于美国著名的课程研究活动——"八年研究（1934—1942）"。课程评价之父泰勒在课程研究过程中提出了"课程评价"这一概念，标志着课程评价从教育评价中独立出来，成为一个专门的研究领域。

幼儿园课程评价是评价者根据幼儿园课程的构成要素，收集、分析相关信息，对幼儿园课程的价值适宜性、效益做出判断的过程。幼儿园课程的评价对象包括课程计划、课程实施的过程以及课程活动的结果。通过对幼儿园课程的评价，幼教工作者可以了解课程的适宜性、有效性。这些信息将有助于调整和改进课程，从而提高教育质量，使课程更有效地为每个幼儿的发展服务。可见，课程评价在幼儿园课程系统中占有十分重要的地位，是课程建构、生成与发展必不可少的环节。

一　幼儿园课程评价的类型

根据不同的分类标准，可以把幼儿园课程评价划分为不同类型。

（一）内部评价和外部评价

根据评价主体，幼儿园课程评价可以分为内部评价和外部评价。

1. 内部评价

内部评价又称自我评价，是指幼儿园基于自身需求，由园内管理者、教师等主体参照评价标准对课程目标、内容、实施效果等进行的系统性评估。其核心特点是自主性和过程性，以改进课程质量为目标，注重日常监测与动态调整。

该评价的优势在于成本低、灵活性高，便于日常监测；有利于增强教师的反思能力与课程自主权。其局限在于主观性强，可能因"自我美化"导致数据失真；缺乏外部视角的客观性。

Note

2. 外部评价

外部评价又称他人评价，是指由幼儿园主管部门或第三方专业机构主导，通过独立视角对课程质量进行的系统性评估。其特点是专业性和客观性，可以为教育主管部门有效管理课程提供决策信息。其优势在于评价结果更具公信力，可以通过专业工具发现内部评价忽略的问题，如课程资源不足或存在安全隐患等。其局限在于成本高、周期长；过度依赖外部评价可能削弱幼儿园的自主改进动力。

内部评价以自主改进为核心，外部评价以客观监督为目标，两者结合才能分别发挥这两种评价各自的长处，避免各自的短处，从而提升课程质量。

（二）诊断性评价、形成性评价和总结性评价

根据评价功能，幼儿园课程评价可以分为诊断性评价、形成性评价和总结性评价。

1. 诊断性评价

诊断性评价是指在课程开展前，对幼儿已有的知识、能力、兴趣及发展需求进行评估，为课程设计提供依据。例如，在开展"自然探索"主题课程前，教师通过绘画活动和户外游戏观察，发现部分幼儿对植物认知较弱，于是决定增加"种子发芽"实验活动。

2. 形成性评价

形成性评价又称过程性评价，是指通过对课程发展过程中所获得的材料的分析和判断，调整和改进课程方案，使正在形成中的课程更为完善。形成性评价可以在课程设计阶段和早期试验阶段进行。课程设计者通过评价获得有关信息，从而检查教育理论探讨、课程框架构思、教育目标确立等方面的问题，并及时加以修正。形成性评价也可以在课程实施阶段进行，课程设计者可通过评价结果，检查课程在实施中的有效性，并逐步修正或改革，使课程最终定型。形成性评价还可以在课程推广过程中进行，课程设计者可根据评价结果，调整课程的示范和推广过程，使其更契合课程采纳者的教育实践。

3. 总结性评价

总结性评价也称终结性评价或结果评价，是指对课程实施以后所获得的效果进行评价，以验证课程的成功程度和推广价值。

形成性评价关注的是课程问题的起因，总结性评价关注的是课程问题的程度；形成性评价的结果主要是为课程编制者改进课程提供参考，总结性评价的结果主要是为课程决策者提供制定政策的依据；形成性评价关注的是课程计划的改进，总结性评价关注的是课程计划的整体效果。

但是，在幼儿园课程评价过程中，形成性评价和总结性评价不是非此即彼的，例如，在为课程发展所实施的形成性评价过程中，可对某个阶段教育的短期效果进行总结性评价；在为评定课程效果而进行的总结性评价中，也可包含一些形成性评价，作为课程判断和决策的参考依据。

Note

（三）定量评价和定性评价

根据评价方法，幼儿园课程评价可以分为定量评价和定性评价。

1. 定量评价

定量评价也称量化评价，指以可量化的数据或标准化指标为基础，通过统计分析，对幼儿园课程进行客观、统一的测量和评价。

定量评价的优势在于：第一，定量评价的设计是预先确定的，比较具体，易于控制和操作；第二，量化的结果便于教学处理，有助于提高评价的精确性；第三，量化的指标往往是客观的，有助于提高评价的客观性；第四，量化评价有助于对评价对象作出明确的等级区分。

定量评价的局限性在于：第一，预先设计的评价指标有可能会脱离真实的教育现实，课程方案与教育情境是动态的，用静态的指标评价动态的教育过程，很难保证评价的准确性；第二，量化评价方法限制了评价的范围，它只关注可测量的因素，忽略了不可测量的重要方面；第三，量化评价的方法通常是依据统计结果作判断，却忽略了个体之间的差异。

2. 定性评价

定性评价也称质性评价，是指通过描述性、解释性的方式，评估课程实施过程和幼儿发展的复杂性与独特性，强调主观理解和情境分析。

目前，幼儿园课程评价中，定性评价方法已逐步得到应用，如观察记录、叙事、档案袋评价等。著名的瑞吉欧课程模式、银行街课程模式都注重定性评价，通过收集幼儿的各种作品、老师的观察记录等资料，建立档案式的课程评价资料。评价资料可用来了解幼儿的成长、学习的情形，以及幼儿的需要、兴趣和长处，为调整和改善课程提供有价值的信息。

> **想一想**
>
> 在实践中，我们该怎样发挥定量评价和定性评价的作用？

（四）课程目标评价、课程内容评价、课程实施评价、课程效果评价

根据评价内容，幼儿园课程评价可以分为课程目标评价、课程内容评价、课程实施评价、课程效果评价。

1. 课程目标评价

幼儿园课程目标是幼儿发展的一种可能性，是课程追求的结果。可以说，幼儿园课程目标的实现是建立在对幼儿发展和教育本质的科学认识基础上的。对幼儿发展和教育规律理解得越全面、越

Note

深刻，就越能确保目标实现的可能性。

（1）课程目标与培养目标的一致性。

幼儿园课程目标与培养目标不是分离的，二者应相互适应。若课程目标不全，则很难真正促进幼儿的健康成长和全面发展；若课程目标所涵盖的内容总和超过培养目标的范畴，则有可能给幼儿带来过重的负担。

（2）课程目标的可行性。

首先，课程目标要充分考虑幼儿在该领域的实际发展水平，要符合幼儿的身心发展规律。其次，课程目标还要符合幼儿园的客观基础，具有实施的条件保障，能够为教师、家长、社会所理解，能够在实际工作中得到有效落实。

（3）课程目标表述的准确性。

课程目标必须是确定的，不能模棱两可，特别是用于检查课程效果的目标，必须是具体的，其对应的行为动作应该是可以观察的。

2．课程内容评价

对课程内容的评价主要有以下几个方面。

（1）课程内容与课程目标一致性的评价。

只有指向课程目标的课程内容设置，才是适宜。需要注意的是，由于幼儿园课程本身具有开放性，教育资源具有多样性，课程内容与目标之间不可能完全对应，但无论怎样变化，课程内容一定是围绕目标在转化过程中灵活变通的，而不是背离目标的。

（2）对课程活动结构合理性的评价。

幼儿园课程包括教学活动、生活活动、游戏活动和其他相关活动，这些活动由于自身具有不同的价值取向，对幼儿各方面的协调、平衡发展具有不同的作用。教师要结合实际情况，关注幼儿学习与发展的整体性，注重健康、语言、社会、科学、艺术等各领域的有机整合，科学设置幼儿园各类教育活动，避免造成课程内容的单一片面或繁杂超载。

（3）活动时间安排合理性的评价。

幼儿在园的所有活动都是课程体系的重要组成部分，教师要本着促进幼儿全面和谐发展的原则，合理安排各类活动，包括各年龄段幼儿的活动时间配比、作息时间安排，以保证幼儿的健康成长。

3．课程实施评价

课程实施评价主要通过观察的方式，围绕课程实施过程中的诸多动态因素进行评价，主要考察课程实施是否落实了立德树人根本任务，是否体现了科学的保育教育理念，是否落实了卫生保健、生活照料、安全防护等要求，是否坚持以游戏为基本活动，是否尊重幼儿并支持幼儿的有意义学习，是否坚持了家园协同育人；环境创设是否丰富适宜、富有童趣，是否有利于支持幼儿的学习探索，是否为提高幼儿的自主学习和探索能力提供了机会等。

4. 课程效果评价

服务幼儿发展是幼儿园教育的根本目的，也是幼儿园课程的根本目的，因此，能否促进幼儿发展是考察幼儿园课程效果的重要依据。为了了解和把握幼儿发展现状，幼儿园可以组织实施适合幼儿的课程活动，通过行为观察法（即考察幼儿的行为表现）来判断幼儿的发展状态。教师应认识到并尊重幼儿在各方面发展中存在的不均衡性和个体差异，严禁用直接测查幼儿能力和发展水平的方式评估课程质量。

想一想

在实践中，我们应该怎样对幼儿园课程目标、课程内容、课程实施过程以及课程的效果进行评价？

二 幼儿园课程评价的主要模式

（一）目标评价模式

1. 理论基础

目标评价模式是在泰勒的"评价原理"和"课程原理"的基础上整理形成的。泰勒的评价原理是以目标为中心展开的，课程设计应以明确的教育目标为导向，评价的本质是判断课程目标是否已经实现,强调"目标—过程—结果"的一致性,即课程设计、实施与评价均围绕目标展开。

2. 目标评价模式的实施步骤

泰勒的"评价原理"是以目标为中心而开展的,可概括成七个步骤:第一步,确定教育计划的目标;第二步根据行为和内容来解释每一个目标;第三步确定使用目标的情境;第四步设计呈现情境的方式;第五步设计获取记录的方式;第六步确定评定时使用的计分单位;第七步设计获取代表性样本的手段。

泰勒的"课程原理"可以概括为四个步骤:确定课程目标、根据目标选择课程内容、根据目标组织课程内容、根据目标评价课程。其中,确定课程目标是最为关键的一步,因为其他所有步骤都是围绕目标而展开的。这也是人们把它称为目标模式的原因。在泰勒看来,如果我们要系统地、理智地研究课程计划,首先必须确定所要达到的目标。评价方法与课程目标必须是相切合的,否则评价结果便是无效的。由此可见,评价的实质,是要确定预期课程目标与实际结果相吻合的程度。目标评价模式强调要用明确的、具体的行为方式来陈述目标。评价是为了找出实际结果与课程目标之间的差距,并将这种信息反馈作为修订课程计划或修改课程目标的依据。由于这一模式既便于操作又容易见效,所以在很长时间内在课程领域占有主导地位。但这一模式只关注预期的目标,忽视了其他方面的因素,因而被不少人批评。

依据泰勒的目标评价模式开展幼儿园课程评价的全流程如表 5-1 所示。

表 5-1 幼儿园课程评价流程

步骤	具体内容	幼儿园应用举例
设定目标	基于幼儿发展规律、教育政策(如《3—6岁儿童学习与发展指南》)制定具体、可操作的课程目标	小班课程目标:通过游戏活动培养幼儿的"手部精细动作能力"(如使用剪刀、串珠等)
设计活动	根据目标设计课程内容和教学方法,确保活动与目标匹配	设计"夹豆子""剪纸花"等区域游戏活动,促进幼儿手部动作发展
组织实施	在课程实施中观察幼儿行为,收集与目标相关的数据	教师记录幼儿在游戏中使用剪刀的熟练度、专注度等,并拍摄照片或视频作为过程性证据
评价结果	对比幼儿实际表现与预设目标,分析目标的达成度及课程有效性	学期末评估:80%的幼儿能独立完成剪纸任务,目标基本达成;未达成的幼儿需要进行个性化指导

3. 目标评价模式的应用

目标评价模式应用于幼儿园课程评价中的优势和局限性(见表 5-2)。

表 5-2 目标评价模式应用于幼儿园课程评价中的优势和局限性

优势	局限
目标明确,便于教师聚焦教学重点	过度关注预设目标,可能忽视幼儿的生成性需求(如兴趣、突发问题)
评价流程标准化,易于操作和横向比较	量化评价难以全面反映幼儿的情感、创造力等隐性发展情况
为改进课程提供清晰依据(如目标调整、资源优化)	可能忽略课程实施中的动态过程(如师幼互动质量)

4. 在幼儿园实践目标评价模式的建议

（1）目标制定。

结合《3—6岁儿童学习与发展指南》和幼儿实际水平，制定分层目标（如基础目标、挑战目标）。如中班"社会性发展"目标可分为"愿意分享玩具"（基础）和"主动解决同伴冲突"（进阶）。

（2）评价方法。

①量化工具：使用检核表、等级评分表等记录目标达成情况（如，能单脚跳5秒：是/否）。②质性补充：通过观察记录、作品分析（如绘画、手工作品）捕捉幼儿的个性化表现。

（3）动态调整。

若多数幼儿未达成目标，则须反思目标的合理性（是否过高）或教学方法的适用性（是否缺乏支持）。例如：发现幼儿对"科学探究"的兴趣低，可将目标调整为"通过户外自然观察激发幼儿的好奇心"。

（4）避免误区。

①忌机械对照：避免将幼儿的行为评价简化为"达标/未达标"，重视进步过程而非仅重视结果。②忌孤立使用：结合形成性评价（如日常观察）弥补结果导向的不足。

目标评价模式为幼儿园课程提供了清晰的评价框架，但需注意以下几点。第一，弹性化目标。尊重幼儿发展的不均衡性，允许目标动态调整。第二，多维度证据。结合量化数据与质性描述，避免评价片面化。第三，以儿童为本。目标应服务于幼儿发展，而非让幼儿"适配"目标。

案例

运用目标评价模式实施课程评价

案例背景：花田幼儿园大班将目标设定为"培养前书写能力，能正确握笔并书写姓名"。

实施过程：略。

设计活动：在美工区提供描红字卡、沙盘书写等游戏材料。

评价方法：每周记录幼儿书写姿势、笔画顺序的正确率。

结果分析：70%幼儿达标，但发现部分幼儿因手部力量不足难以控笔。

改进措施：增加"捏黏土""穿线板"等手部肌肉训练活动，将目标调整为"逐步掌握正确握笔姿势"。

（二）CIPP模式

1. 基本理论

CIPP课程评价模式是由美国著名教育评价专家斯塔弗毕姆提出的。1965年，美国联邦政府通过了《美国初等与中等教育法案》，斯塔弗毕姆参加了这项规模巨大的评价工作。在评价工作的初始阶段，斯塔弗毕姆及其同事采用了当时盛行的泰勒评价模式，但是他们发现该模式不适合评价该法案所资助的有关方案，据此，斯塔弗毕姆开始对泰勒评价模式进行批判，并提出了一种新的课程评价模式，即"背景—输入—过程—输出"模式。CIPP模式是以背景评价、输入评价、过程评价和成果评价4种评价方式的第一个英文字母命名的，它也是由这4种评价方式组成的。斯塔弗毕姆认为，评价不能局限于确定目标是否达到，而是一个为作出某种决策而描述、获得和提供有用信息的过程，其最重要目的不在于证明而在于改进。他指出，评价只有符合服务对象的特点才是有价值的，最有用的评价应能够为决策者提供反馈信息，而不只是简单地评价一门课程的优劣。

2. CIPP模式的实施步骤

（1）背景评价。

背景评价，即要确定课程计划实施机构的背景，明确评价对象及其需要，明确满足需要的机会，诊断需要解决的基本问题，判断目标是否已反映了这些需要。其内容还包括：满足这些需要的可能方式有哪些？方案的目标在多大程度上反映了这些需要？怎样调整方案以真正满足特定的需要？背景评价使用的主要方法包括系统分析、调查、文件探讨、听证会、访谈、诊断性测验和德尔菲法等。

这种评价方法主要是描述和比较，具有诊断性，其主要功能是为决策提供依据，为调整或建立目标与方针提供参考，决定方案实施的场所。

（2）输入评价。

输入评价，是在阐明了决策目标以后，对达到目标所需条件、资源、备选方案和可能达到条件的评价，其实质是对备选方案进行论证和评定。

输入评价的主要内容包括：人员、实施程序及经费预算的方案设计是否符合目标要求？设计了哪些备选方案？为什么选择目前这一方案？怎样设计这一方案的实施策略？本方案的经费预算及实施进度如何？输入评价的主要方法包括：盘点和分析可利用的人力和物力资源，评估解决问题的策略及方案的经济性、可行性；考察获得成功的类似方案；采用"建议小组技术"，对不同方案作出审慎判断；应用小型实验室，选出最佳实施策略。

输入评价的主要功能在于帮助决策者选择有用的资源、解决问题的策略，制定有效的计划。

（3）过程评价。

过程评价，是对计划实施情况进行的评价，从而确定或预测程序设计或执行中的缺陷，为方案的制定者提供反馈信息，也为修改和解释计划提供指导。

过程评价的主要内容包括：方案的进度如何？是否按原计划实施？是否有效利用了可用资源？方案执行的程度如何？为何需要修正？基于何种理由？过程评价的主要方法包括：检查活动中潜在的程序性障碍，并对出乎意料的障碍保持警觉；描述方案实施的真实过程；与方案实施的工作人员保持联系并观察他们的活动。

过程评价的主要功能在于获得反馈信息，帮助执行和提炼课程计划的结构和程序，帮助他人了解该方案的全部实施过程。

（4）成果评价。

成果评价，是对一个方案实施成就所进行的测量、解释与判断。

成果评价的主要内容包括：方案是否满足了预定目标与需求？方案的实施实现了哪些预期效果与非预期效果、正面效果与负面效果？与方案有关的各种人员对结果的价值与优点作出何种判断？实施者的受益程度如何？

成果评价的主要方法包括：对结果的标准进行操作性定义和测量，收集有关人员对结果的评价；对结果进行质量分析。成果评价的主要功能在于决定是否继续、中止、修正某项课程的变革活动，或调整其重点。

3. CIPP 模式的应用

CIPP 模式应用于幼儿园课程评价中的优势和局限性（见图 5-3）。

表 5-3　CIPP 模式应用于幼儿园课程评价中的优势和局限性

优势	局限性
全面性：覆盖课程全生命周期，减少决策盲点	复杂度高：需投入大量时间与人力收集四个维度的数据
实用性：直接指向课程改进，支持动态优化	对评价者要求高：须熟悉课程设计、数据分析等多领域能力
兼容性强：可与其他模式（如目标模式、回应模式）结合使用	可能忽视非预期效果：成果评价侧重预设目标，需补充开放性反馈

4. CIPP 模式在幼儿园课程评价中的实践案例

案例背景：花田幼儿园计划开发"自然探索"主题课程，旨在培养幼儿的观察力与环保意识。案例的 CIPP 评价见表 5-4。

表 5-4　"自然探索"主题课程 CIPP 评价

阶段	幼儿园实践要点	方法与工具举例	实施过程	改进措施
背景评价	分析幼儿发展水平、家庭背景、社区文化的特点，明确课程目标与社会/政策要求（如《3—6 岁儿童学习与发展指南》）	问卷调查（家长、教师）、幼儿发展水平测评、社区资源调研（如自然环境、文化设施）	调研发现：80% 幼儿对动植物感兴趣，但家长普遍缺乏自然教育意识。社区附近有公园，但利用率低	调整课程目标：增加"亲子自然活动"，促进家园共育
输入评价	评估教师能力、教材适宜性、设施设备，分析课程方案的可行性（时间、经费、人力）	分析教师培训记录、检查课程资源清单、评审课程方案	教师缺乏自然教育经验；现有教材以图片为主，缺乏实物材料	组织教师参加自然教育研修班；增设"自然角"（种植区、昆虫观察箱）

Note

续表

阶段	幼儿园实践要点	方法与工具举例	实施过程	改进措施
过程评价	监控教学活动质量、师幼互动、幼儿参与度，及时发现实施中的问题（如材料不足、幼儿兴趣偏离）	日常观察记录（视频、照片）、教师反思日志、幼儿作品、家长/同行听课反馈	观察发现：幼儿对静态观察活动兴趣低，但对动手操作活动（如挖土、浇水）积极性高。雨天户外活动无法开展	调整活动形式：增加"泥土探索""树叶拓印"等动手环节；开发室内替代活动（如"天气模拟实验"）
成果评价	综合评估幼儿发展（知识、技能、情感）、分析家长满意度、教师专业成长	幼儿发展评估量表（如语言、社会性）、家长访谈/满意度调查、教师教学能力前后测对比	幼儿能描述 3 种以上植物特征，但环保行为（如垃圾分类）未显著提升。家长参与度提高，但部分家庭没时间参加反馈活动	补充"环保小卫士"等角色扮演游戏；将亲子活动时间调整为周末

拓展阅读
扫一扫，了解基于 CIPP 评价模型的"学前儿童科学教育"课程
评价指标体系构建。（来源：《基础教育与教师发展研究》第 4 辑作者：余洋）

（三）回应模式

1. 基本理论

回应模式由美国教育评价专家罗伯特·斯塔克于 1975 年提出，他认为课程评价应以利益相关者的需求和感受为核心，不能仅关注预设目标。回应模式强调通过观察、访谈等质性方法，捕捉课程实施中的真实情境和非预期效果。回应模式主张评价是动态的、互动式的，需根据反馈及时调整课程。

2. 实施步骤与幼儿园的实践应用

回应模式的实施步骤包括：第一步，确定利益相关者；第二步，收集质性数据；第三步，分析关键问题；第四步，动态反馈与调整；第五步，循环评价。（见表 5-5）

表 5-5　回应模式的幼儿园的实践应用

实施步骤	具体内容	幼儿园实践示例
确定利益相关者	明确评价涉及的主体（幼儿、教师、家长、社区等），分析各自需求	家长关注"能力培养"；教师关注"活动组织难度"；幼儿希望"游戏更有趣"

Note

实施步骤	具体内容	幼儿园实践示例
收集质性数据	通过观察、访谈、开放式问卷、作品分析等方式，获取多元主体的真实反馈	记录幼儿在角色扮演中的对话；组织家长座谈会，讨论课程对家庭教育的影响；教师撰写教学反思日志
分析关键问题	识别课程中的核心矛盾或改进点（如活动吸引力不足、家长参与度低）	发现"科学实验活动"中幼儿的兴趣短暂，需增加动手操作环节
动态反馈与调整	将分析结果即时反馈给课程设计者，帮助其调整课程内容或实施方式	根据幼儿反馈，将"静态绘本阅读"改为"绘本剧表演"，提升幼儿的参与度
循环评价	持续跟踪调整后的课程效果，形成"评价—反馈—改进"的循环	每月召开一次课程优化会议，结合最新的反馈调整活动设计

3. 回应模式的应用

回应模式应用于幼儿园课程评价中的优势与局限性（见表 5-6）。

表 5-6　回应模式应用于幼儿园课程评价中的优势与局限性

优势	局限性
贴近真实需求：直接反映幼儿、家长的实际感受	主观性强：质性数据易受评价者个人观点影响
灵活度高：适应幼儿园课程的生成性和突发问题多的特点，支持个性化调整	耗时耗力：需持续观察、记录和分析大量质性信息
促进多元参与：增强家长、教师、幼儿的课程"主人翁"意识	难量化比较：不适用于需要横向对比或标准化考核的情况

（四）外观评价模式

外观评价模式是由斯塔克提出的，他认为，评价应该从三方面收集有关课程的材料：前提条件、相互作用、结果。前提条件是指教学之前已存在的、可能与结果有因果关系的各种条件；相互作用是指师生之间和学生之间的互动关系。结果是指实施课程计划的效果。这三个方面的材料都需要从两个维度（描述与批判）进行评价。描述包括课程计划打算实现的内容和实际观察到的情况这两方面的材料；评判也包括根据既定标准的评判和根据实际情况的评判两种。

按照外观评价模式，课程评价活动要在整个课程实施过程中进行观察和收集资料。它不限于检查教学结果，而是注重描述和评判在教学过程中出现的各种动态现象。外观评价模式把课程实施过程前后的材料作为参照系数，比其他的评价模式更周到。但外观评价模式把个人的观察、描述的判断作为评价的主要依据，很可能会掺入个人的主观因素。此外，前提条件、相互作用和结果因素三者的界限并不是绝对的，相互作用或教学过程本身会存在众多的前因与后果。

（五）差距评价模式

差距评价模式是由普罗佛斯提出的，他指出，一些评价模式只重视几种课程计划之间的比较，

Note

没有注意该计划本身所包含的成分。而事实上，一些自称在实施某种课程计划的学校，并没有按照该课程计划来运作，所以，这类计划之间的比较并没有什么意义。差距模式旨在揭示计划的标准与实际的表现之间的差距，以此作为改进课程计划的依据。

差距评价模式注重课程计划应该达到的标准（应然）与各个阶段实际表现（实然）之间的差距，以及造成这种差距的原因，能帮助课程制定者及时作出合理的抉择，这是其他评价模式所无法比拟的。

差距模式包括五个阶段，即设计阶段（确定标准）、装置阶段（资源与计划的匹配）、过程阶段（实施过程的监督）、产出阶段（结果的达成度）和成本效益分析阶段（效果与成本的评估），各阶段都包括确立标准、比较和改变几个步骤（见表5-7）。在各个评价阶段，均有几种可能性：进行下一阶段的工作；重复此阶段的工作，直至表现与标准一致为止；回到第一个阶段；终止整个发展过程。

表 5-7 差距评价模式

阶段	确立标准	比较	改变
设计阶段	界定课程方案的标准，并将其作为评价依据。具体包括：方案应达到的预期目标；实现目标应配备的人员、媒体、设备、培训等（先在因素）；为达成教育目标，师生需要从事的活动（过程）	评价者将所设计的方案与标准比较	如发现设计的方案与标准不符，要决定是改变标准抑或是调整方案
装置阶段	以设计方案为评价标准	比较实施方案与设计方案，以了解所实施方案与设计方案的符合程度；搜集实施方案的资料，包括目标、先在因素和过程	对于实施方案与设计方案不符的情况进行及时调整，保证设计方案的切实执行
过程阶段	以方案实施过程中一系列导向最终目标的中间目标为评价标准	了解中间目标是否达成	可进一步了解先在因素、过程因素和学习结果的关系，从而调整这些因素
产出阶段	以方案的预期目标（最终结果）为评价标准	比较方案产生的实际结果与预期目标	—
成本效益分析阶段	以其他相似的方案为标准	比较此方案与其他相似方案的成本效益，回答哪个方案最经济有效的问题	—

Note

（六）目的游离评价模式

目的游离评价模式是由斯克里文提出的。针对目标评价模式只考虑预期效应，而不考虑非预期效应的弊病，斯克里文认为，评价者应该注意的是课程设计的实际效应，而不是其预期效应，他认为，有些课程实现了其预期的目标，同时也带来了有害的非预期效应；相反，有些课程虽然在实现其预期的目标方面效果不佳，但是带来了有益的非预期结果。因此，如果评价受预期目标的限制，会在很大程度上缩小评价的范围，从而降低了评价的意义。斯克里文将评价的重点从"课程计划预期的结果"转向了"课程计划实际的结果"。他认为，评价者要收集有关课程计划实际结果的各种信息，这样才能对课程做出准确的判断。

正如斯克里文所阐明的，目的游离评价并不是目标评价的替代模式，而是其附加程序，因此在进行课程评价时可以将两者结合使用。这就是说，运用目的游离评价，并不意味着不认同目标评价的重要性，而是认定在有些时候和某些情况下，无目标评价也是十分有用的。

各种课程评价模式在评价理念和评价操作方式等方面都有所不同，因此在幼儿园课程评价中具有不同的参考和运用价值。在评价实践中，应根据评价所需解决的问题，选用适宜的课程评价模式，根据评价的取向以及被评价对象的特征、评价者的条件，特别是评价的目的选用课程评价模式。上述各种课程评价模式只是为课程评价者提供评价的思路，在操作层面，评价者须针对被评价对象的特点和评价所需解决的问题，制定具体的、可操作性的评价方案。

各种课程评价模式都有其长处和不足，在实际操作中可根据需要进行组合，以克服单一评价模式的不足。换言之，应充分发挥评价者的创造力，以评价的实际需要为出发点，对单一课程评价模式作合理的修正，亦可从评价内容或方法等方面入手，综合几种评价模式，使课程评价更合理和有效。

案 例

幼儿园课程评价方案

一、评价目的

第一，检验课程目标是否科学合理，是否符合幼儿的发展规律及教育政策的要求。

第二，评估课程实施效果，促进幼儿全面发展（健康、语言、社会、科学、艺术等领域）。

第三，优化课程设计与实施策略，提升教师的专业能力。

第四，加强家园共育，提升家长对课程的满意度。

二、评价原则

发展性原则：以促进幼儿成长和教师发展为根本目标。

全面性原则：涵盖课程目标、内容、实施、效果等多个维度。

客观性原则：采用多样化工具，避免主观偏见。

参与性原则：鼓励教师、家长、幼儿共同参与评价。

三、评价内容

评价内容，即评价的维度和对应的具体指标如表 5-8 所示。

表 5-8　评价的维度和对应的具体指标

维度	具体指标
课程目标	是否符合《3—6 岁儿童学习与发展指南》的要求；是否契合幼儿的年龄特点与发展需求
课程内容	是否符合生活化、游戏化的特点；是否涵盖五大领域（健康、语言、社会、科学、艺术）；是否具有趣味性与挑战性
课程实施	教师教学方法（如游戏、探究、实践）的适宜性；幼儿参与度与兴趣；师幼互动的质量
幼儿发展	幼儿在知识、技能、情感态度等方面的进步；个性化发展支持情况
家长与社会反馈	家长对课程内容、效果的满意度；社区资源的利用情况

四、评价方法

（一）观察法

使用《幼儿行为观察记录表》，通过日常观察记录幼儿在活动中的表现（如专注力、合作能力、创造力）。

按周/月汇总分析。

（二）访谈法

对教师、家长进行半结构化访谈，了解课程实施的困难与建议。例：询问家长"孩子在家是否对课程感兴趣，其相关能力是否有所提升？"

（三）作品分析法

收集幼儿的绘画、手工作品、活动照片等，分析其发展轨迹。

（四）问卷调查法

设计《家长满意度问卷》《教师课程实施反馈表》，量化分析课程效果。

（五）档案袋评价法

建立幼儿成长档案，记录其阶段性发展成果（如体能测试、语言表达记录）。

五、评价工具示例

（一）《幼儿园课程评价量表》（简化版，见表 5-9）

评价维度	评价指标	评分（1～5 分）	改进建议
课程目标	符合幼儿年龄特点		
课程内容	具有游戏化与趣味性		
师幼互动	教师回应与支持的有效性		
幼儿参与	幼儿是否有主动探索与合作行为		

Note

（二）家长问卷模板

1. 您认为课程内容符合孩子的生活经验吗？

□非常符合 □符合 □一般 □不符合

2. 孩子是否在课程中表现出更多好奇心？

□明显增加 □略有增加 □无变化

六、实施流程

（一）准备阶段

成立评价小组（园长、教师代表、家长代表）。

制定评价计划，明确时间节点与分工。

（二）实施阶段

收集数据：观察记录、问卷调查、作品样本等。

教师撰写课程实施反思报告。

（三）分析阶段

汇总数据，分析课程优势与不足。

撰写课程评价报告，提出改进建议。

（四）反馈与调整

向教师、家长反馈评价结果。

优化课程设计，调整教学策略。

（五）跟踪评价

定期复查改进措施的效果（如每学期一次）。

七、评价结果应用

修订课程方案，调整活动设计与资源投放。

组织教师培训，提升教学能力。

公示评价结果（脱敏处理），加强家园信任。

八、注意事项

第一，避免形式化评价，注重过程性与发展性。

第二，尊重幼儿个体差异，避免横向比较。

第三，保护隐私，家长与幼儿信息须保密。

Note

任务实施

学生以组为单位，梳理几种主要课程评价模式的基本原理，收集几种主要课程评价模式在幼儿园课程评价中的应用案例。厘清主要评价模式的实施要点并以一所幼儿园实施的课程为例，了解该幼儿园的课程评价实际情况，分析该幼儿园的课程评价类型，尝试选择一种评价模式对该幼儿园课程进行评价，制定具体、可操作的评价方案。

任务评价

序号	考核指标	占比	评价标准	分值	得分
1	完成情况	10%	是否按时提交	5	
			是否按规定完成	5	
2	调查分析记录	20%	格式规范、书写整洁	5	
			结构完整、内容翔实	15	
3	幼儿园课程评价方案的展示	25%	PPT 制作合理、美观	5	
			分享过程大方自信、思路清晰	5	
			分析透彻、表述正确、结论清晰	15	
4	幼儿园课程评价方案的设计	45%	幼儿园课程评价模式的选择符合该幼儿园课程的目的	10	
			幼儿园课程评价方案设计科学合理，符合所选择的课程评价模式的基本理念，实施步骤有理有据	20	
			幼儿园课程评价方案体例设计完整	10	
			能仔细核对，避免设计方案出现错漏	5	
总分				100	

思考与练习

简答题

1. 幼儿园课程评价的类型有哪些？

2. 简述目标达成模式的基本理论和实施步骤。

3. 简述 CIPP 评价模式的基本内容。

参考答案二维码

任务二 幼儿园课程评价的方法与工具

【任务要求】

能够用表格或思维导图等方式厘清观察法、作品分析法、问卷调查与访谈法等几种评价方法的优缺点、注意事项和实施步骤；能根据幼儿园课程实施的实际情况灵活运用课程评价的方法及工具进行评价分析。

【知识梳理】

观察法优点在于，能够在自然状态下获取真实、直观的第一手资料，能捕捉幼儿的非言语行为，但易受主观性、时空限制，且样本小、难以量化，实施时需明确观察目的、制定详细提纲，保持客观中立，避免干扰被观察者。作品分析法以作品为分析对象，兼具客观性与系统性，但研究规模小、主观性强，实施时需确定目标、抽样，制定分析指标并进行系统解析。问卷调查与访谈法能短时间内收集大量资料，但被调查者的主观性可能影响结果的可靠性，实施时需合理设计问卷或访谈提纲，确保样本具有代表性，并注意保护被调查者隐私。在实践中，应根据具体情况，选择合适的评价方法。

一 观察法在课程评价中的应用

（一）观察法的概念

观察法是指在自然条件下，有目的、有计划地对观察对象及其行为进行考察、记录、分析的一种方法。观察者一般会借助感官或其他辅助仪器，在自然或准自然的状态下对评价对象进行系统观察，并客观、真实、详尽地记录活动的整个过程。观察法既是最适合用于幼儿园课程评价的方法，也是教师进行课程评价、获取第一手事实资料的最佳途径。在幼儿园课程的评价过程中，教师可以通过听课、参与幼儿园活动等方式观察教育现场、收集资料，从而为课程评价提供依据。

运用观察法进行评价时的注意事项有以下几点。

第一，观察前一定要有明确的目的，明确观察对象及观察任务，详细记录观察对象的具体行为，观察时间、顺序、过程、对象、仪器、记录方式和记录表格等都应预先计划安排。

第二，教师以外的观察者最好先花一些时间与幼儿一起活动，以消除幼儿的陌生感。在活动时，观察者的位置应与幼儿活动的范围保持一定距离，以防干扰幼儿的正常活动。

第三，观察者应明确要观察的内容，准确地记录，并具备区分客观事实与主观解释的能力，不能把二者混为一谈。

（二）观察法的优缺点

1. 观察法的优点

第一，观察法是通过直接观察获得所需资料的，因此，所获得的资料具有生动性、具体性和直观性。

第二，观察资料是在自然状态下，从观察对象的常态行为表现中获得的，可以排除观察对象的主观反应偏差，相对来说具有客观性和可靠性。

第三，观察法具有及时性，能捕捉到正在发生的现象。

第四，观察研究法操作简单，易于实施。

第五，观察法可用于收集非言语行为的数据和资料，便于对行为进行研究，适用于对学前儿童的研究。

2. 观察法的缺点

第一，观察法的主观性较强，既受到观察者生理感知能力方面的限制，也受到其认识能力方面的限制，往往只能得到表面的、感性的材料，难以深入事物的本质和观察对象的心理，难以确定因果关系。

第二，观察法容易受时间的限制，如某些事件的发生是有一定时间限制的，过了这段时间就不会再发生。

第三，观察法容易受观察对象的限制，需要观察对象的配合，否则，取得的资料就不具有可靠性。

第四，由于受人力、物力、财力等方面的限制，观察法不适合用于大范围、大场面的观察，因此样本较少。

（三）观察法的实施步骤

1. 明确观察目标

观察的内容要与课程目标挂钩，例如：评估课程是否能提高幼儿的社交合作能力；分析区域活动材料的适切性；观察新引入的 STEM 项目对幼儿问题解决能力的影响。

2. 选择观察类型

自然观察：在非干预情境下记录幼儿的自发行为（如自由游戏）；聚焦观察：针对特定课程环节（如集体教学、户外活动）；追踪观察：长期追踪个别幼儿的发展变化（如语言表达能力进阶）。

3. 设计观察工具

检核表：预设关键行为指标（如，能独立完成穿脱外套）；轶事记录：用叙事语言描述典型事件；等级量表：量化评估行为出现的频率或程度（如，合作意愿：1~5级）；影像记录：运用视频、照片，补充文字记录。

4. 数据收集与分析

编码归类：按主题对行为进行分类（如，冲突解决、创造性表达）；量化统计：计算特定行为出现的频率或持续的时间；质性解读：结合情境分析行为背后的动机与发展意义。

5. 反馈与课程优化

生成报告，提出改进建议，例如：调整课程节奏（如发现幼儿在长时间集体活动中，注意力容易分散）；补充低结构材料（如观察到建构区材料单一，限制了幼儿的创造力）；注意教师介入的策略（如幼儿之间发生冲突时需引导协商而非直接干预）。

案 例

花田幼儿园建构游戏的观察

花田幼儿园小班建构游戏中的观察分析（如表 5-10 所示）

表 5-10　建构游戏中的观察分析

观察主题	建构区观察记录		
观察者	豆豆老师	观察地点	花田幼儿园
观察目标	能否用多种材料搭建建构作品		
观察对象	小班幼儿	年龄段/班	小班
观察时间	2025 年 5 月 16 日		
观察分析	一、观察记录 今天郭益呈、周思怡、周辰皓、王韵含、朱浩、陆忆萱选择在建构区活动，大家进入建构区后，郭益呈小朋友就用大型的积木围着垫子拼搭，不一会儿其他小朋友也学着郭益呈小朋友的样子围着垫子搭起积木来，看他们不动声响地搭起来，我便问："你们在搭什么?"有人不作声，有人默默想了好久回答我："在搭城堡"。不一会儿城堡的墙壁就搭好了，朱浩提议："城堡要有个门的"，于是，他们又开始给城堡建门，用两块积木作门，可以打开、关上。接着有幼儿将插塑积木（小人）放在城堡的墙壁上，我便问："这些人站在上面干什么呢?"有小朋友回答："城堡是需要有人站岗的"，我回答："哦，原来，他们是保护城堡的人啊"。大型积木数量有限，全部用来做城堡的墙壁了，只剩下了小型的插塑积木了，幼儿们在摆弄的同时若有所思，不一会儿，陆忆萱小朋友似乎想到了好方法，便将小的积木一块一块地拼起来，拼成了个大圆盘，我便介入问：你准备做什么呢?她说："要做个大舞台放在城堡里。"我肯定了她的想法："是的，城堡里有舞台才可以表演"，于是，其他小朋友便来帮助陆忆萱，还有小朋友用插塑积木（小人）拼成舞台上跳舞的人群。舞台完成之后，剩下的少许积木和插塑便成了孩子们装扮的工具了，周思怡小朋友用一块积木装在城堡的墙壁上，说城堡里要有个滑滑梯。有小朋友把其他的插塑（小人）一排排平放在地垫上，说："他们是好朋友，一起在睡觉"，有的说要开始做好吃的了，便将大的积木和小的插塑想象成做蛋糕的工具、材料以及已做好的蛋糕。不一会儿，郭益呈小朋友又将刚刚的"蛋糕"想象成椅子，并说：累了可以坐下来休息。周思怡小朋友站在城堡中央开始

观察分析	转动自己的纱裙，大概是觉得自己是城堡里的公主。游戏时间快要到了，材料也用完了，但小朋友们游戏的劲头还在 二、观察分析 （一）游戏的目的性不强 　　幼儿的建构游戏行为呈现出从最初的无意识摆弄到有计划地实现自己的意愿这样一个发展过程，即循着"先做后想—边想边做—先想后做"的发展顺序。所谓"先做后想"，是指幼儿在初期接触结构游戏材料时对其进行了探索，一旦无意中搭建的作品激发了幼儿的想象，幼儿便会为其形象命名；所谓"边想边做"，是指幼儿开始有想要搭建某作品的意图，但限于搭建水平，在搭建过程中常常因为搭不好而不断改变意图，直至最后搭成什么算什么；所谓"先想后搭"，是指幼儿自始至终都在为实现自己的意图而有计划地搭建，虽然受制于搭建技能，常常搭得不如意，需不断完善甚至推翻重来，但其意图基本不变。要了解幼儿的建构行为是否具有目的性，可以看幼儿搭建之前的计划和搭建以后的作品是否一致。该案例中，由于教师没有提前与幼儿沟通及讨论他们的想法，所以无法判断幼儿搭建的作品是否与搭建计划相一致，但在过程中，幼儿一开始显得较盲目，在操作和摆弄这些大型积木的过程中，才有幼儿告诉老师：在搭城堡。城堡搭建好之后，幼儿的行为较随意，基本都是边想边做、边做边想，大部分幼儿都是想到什么就做什么，表现得毫无目的性 （二）游戏中的合作行为少 　　相关研究表明，相较于结构游戏，幼儿在角色游戏中会更早、更频繁出现合作行为。这是因为，在角色游戏中，幼儿一旦选择了对应性角色，如医生和病人，营业员和顾客，就能通过角色互动过程中所运用的情景性语言和动作促进同伴之间相互理解，从而产生默契，形成合作 　　在结构游戏中，同伴之间虽然可以事先协商想要共同建构的作品主题，但如何搭建、建成什么样子，取决于每个幼儿的已有经验和内在构思。建构是一个不断调整想法和做法的过程，每个幼儿的经验、想法和建构水平都不同，加上语言表达能力的限制，合作起来就比较困难，因此，一些幼儿即使在角色游戏中已能较好地进行合作，在结构游戏中也只能处于独自或平行建构的状态。最初，幼儿只会分别搭建各自的单体作品，随着建构水平的提高，幼儿之间会建立搭建者和辅助者的初步合作，即以一个幼儿为主要搭建者，其他幼儿帮忙取送材料。直到幼儿能够事先计划和构思一个相对复杂的作品或者能看图搭建时，他们才会协商分工建构一个复杂作品的各个组成部分，比如案例中，幼儿们有的搭城堡的左边墙壁，有的搭城堡的右边墙壁，有的搭门，有的将已搭好的墙进行再调整，最终形成一个相对复杂的作品。虽然在后面的游戏中，幼儿之间有一些相互帮助的行

Note

	为，但更多的是一种从众状态，这也是小班幼儿的特点。缺少建构能力较强的幼儿来组织和协调同伴之间的搭建行为，他们构思的作品比较简单，所以参与搭建的实际人数多于完成该作品所需要的人数，多余的幼儿便会无所事事，或者利用正在建构的作品想象一些简单的装扮动作（比如装扮公主等），或者给正在建构中的作品添加一些装饰等
观察分析	（三）建构游戏中的角色装扮行为 1. 想象是幼儿游戏的核心要素 所谓"结构游戏""角色游戏""表演游戏""运动性游戏"等，是研究人员根据幼儿的游戏行为特征对游戏进行的分类，目的是研究不同类型的游戏与幼儿发展的关系。这种分类研究也为教师创设各种游戏环境以及有目的地观察和引导幼儿的发展提供了依据。于是，这种游戏分类便转化成了幼儿园的分类游戏。有研究证明，角色游戏是2—6岁幼儿的典型游戏。幼儿在游戏时并不会有意识地区分各类游戏行为，一旦想象性情景在头脑中出现，他们的行为就立即具有了象征意义，如积木变成了滑滑梯、自己变成了公主等，因此，无论教师如何组织游戏，处于表征思维阶段的幼儿在任何一类游戏中，其行为都会或多或少带有角色装扮的特征 2. 游戏中建构行为与装扮行为会交替出现 角色游戏的产生在很大程度上与情景化环境、形象性材料的诱导有关，这种关联性在幼儿群体中呈现出年龄越小越显著的态势。而幼儿在建构游戏中搭建的作品就是一种形象，能诱导幼儿进入想象性情景。所以，幼儿的结构游戏往往伴随着装扮行为。最初，幼儿主要是利用搭建的作品进行装扮活动，比如，积木变成了滑滑梯、自己变成了公主；将积木当作做蛋糕的工具，自己变成蛋糕师傅；把积木当作快递，自己变成快递员。这时候搭建的作品往往比较简单，装扮行为也比较简单且持续时间比较短，他们会不断更换作品主题，同时也会变换装扮行为。随着搭建目的性的增强和搭建水平的提高，幼儿开始越来越多地为装扮而搭建。这时候的作品开始变得复杂，幼儿往往会花较长时间来搭建。建好以后就会玩相应的装扮游戏，玩的过程中如果对作品感到不满意就会完善作品，这时的装扮行为和建构行为仍是交替出现的，但两种游戏行为始终围绕同一主题展开并保持关联性 （四）幼儿的构建水平有待提高 结构游戏的最大特点就是最终会产生一个有形的成果，即建构作品，所以，幼儿的建构水平可借助于作品分析来判断。分析积木游戏的作品有两个主要指标，一是搭建技能的运用，包括延长、垒高、架空、平铺、围合等，二是搭建技能中蕴含的认知发展。同样是架空，有的体现了对称性，有的则没有，有的在形状、颜色或者数量上出现了多维对称，有的则只有形状对称而颜色不对称；同样是围合，有的选择同一种形状或颜色的积木，表现出可以根据形状和颜色进行分类

续表

观察分析	的能力，有的甚至已经能够有规律地排列，但也有的可能还处于无意识地择形择色阶段。在案例中，幼儿只搭建了城堡的围墙，然后根据所提供材料进行了一些场景装饰，因此，我认为，在此案例中，幼儿表现出的建构水平有待提高，当然教师所提供的材料也有很大的影响
采取措施	一、调整教师指导策略 结合案例分析，今后教师在指导幼儿的建构游戏前，可以和幼儿讨论搭建的内容，了解他们的想法，帮助他们明确要搭建的东西。搭建过程中，通过观察，了解幼儿的搭建情况，观察他们是否围绕之前的讨论展开搭建活动。如果是，教师可以根据幼儿在这一搭建中遇到问题给予建议，引导幼儿更好地继续游戏；如果不是，教师可以先了解原因，并让幼儿知道在新的搭建任务中应该做些什么、怎么做。此时，随机指导显得尤为重要。同时，教师可以提出一些挑战性的问题，如案例中，老师可以提问：城堡里会有什么？会发生什么事情等？ 游戏后，鼓励幼儿大胆说说自己今天搭了什么，是怎么搭的？通过介绍交流让其他幼儿对此也有更多了解，最后，教师再进行梳理、总结，这能避免幼儿在接下来的搭建中的盲目性。教师要展示幼儿的作品，一方面可以增加幼儿的兴趣和自信心，另一方面能够促进幼儿有意识地学习，给予幼儿语言表达的机会 二、提供充足的材料 在搭建的过程中，幼儿们由目的不明确到较明确，发挥了自己的想象，各自为城堡"添色"，在活动的过程中，幼儿们获得了新的经验。但通过后面的操作，我发现建构区在材料投放方面存在一些问题，所提供的材料已不能满足幼儿的需求，幼儿已经开始自己去寻找新的素材、创造需要的材料；幼儿的搭建水平很大程度上受材料的限制，而且搭建水平也存在着个体差异，要充分利用材料激发幼儿们的兴趣和自信心，更好地发挥他们的主动性
获取成效	幼儿搭建的积极性有所提高，目的性逐渐增强，搭建前会一起商量搭什么作品，搭建过程中会出现一些合作和分工，搭建的水平也有所提升，会运用多种材料搭建出较复杂的作品，比如高楼、公园等

拓展阅读
扫一扫，应用案例《餐厅的转型》。（来源：武汉市直属机关育才幼儿园罗琦）

Note

二 作品分析法对课程评价的作用

（一）作品分析法的概念

作品分析法是通过系统分析幼儿的绘画作品、手工作品、建构作品、语言记录（如故事创编）等实物成果，揭示其认知、情感、社会性及创造力发展情况的评价方法。其核心在于将幼儿的"创作痕迹"视为发展水平的可视化证据，强调从作品中解读幼儿的思维过程与内在经验。

想一想

　　利用作品分析法评估幼儿学习成果时，可以从哪些方面入手，评估的维度和指标有哪些？

（二）作品分析法的实施步骤

1. 确定分析目标

确定课程目标与评价需求，聚焦具体发展领域。例如，创造力：分析绘画的色彩搭配、形象原创性；逻辑思维：观察积木建构中的对称性、稳定性设计；情感表达：解读黏土作品中的人物互动场景。

2. 系统收集作品

（1）时间跨度。

按一定周期（如每月）收集同一主题作品，追踪发展动态。

（2）多样性。

作品的收集要涵盖不同活动类型（如，美工区作品、科学记录表、户外自然探索笔记）。

（3）标注信息。

记录所收集的作品的背景（如，创作时间、情境、幼儿自述的创作意图）。

3. 选择分析工具

（1）检核表。

检验表要预设关键指标（如，绘画中能使用三种以上颜色、积木搭建包含两层结构）。

（2）发展量表。

发展量表的设计要参照发展心理学标准（如，罗恩菲尔德绘画发展阶段理论）。

（3）叙事分析。

用文字或符号描述作品特征并关联幼儿行为（如，用波浪线表现水流，显示对自然现象的观察）。

4．多维度解读作品

（1）形式分析。

关注幼儿创作作品时运用的技能（如，剪刀使用熟练度、线条流畅性）。

（2）内容分析。

挖掘作品想要表达的主题（如，"全家福"绘画作品中家庭成员的位置关系反映亲子依恋）。

（3）过程回溯。

结合教师观察记录，分析创作中的问题解决策略（如，如何调整黏土比例防止倒塌）。

5．反馈与应用

（1）个体支持。

根据作品反映的信息调整教学策略（如，为构图单一的幼儿提供多样化视觉素材）。

（2）课程优化。

识别班级幼儿的共性需求（如多数幼儿的科学记录缺乏细节，需加强观察指导）。

（3）家园沟通。

通过作品展示与解读，帮助家长理解幼儿发展进程（如解释涂鸦期的意义）。

（三）作品分析法的优点和局限性

1．优点

（1）具有间接性，信息真实性较强。

作品分析法通过分析幼儿的绘画、手工、日记等作品来了解其心理活动，避免直接观察或提问可能引发的防范心理，从而获取更自然、真实的行为数据。例如，不让幼儿在自由创作时察觉自己正在被观察，能更真实地获取其认知和情感状态。

（2）可比性强。

同一主题下，可横向对比不同幼儿的作品，从中发现其能力或心理特征的差异。例如，多个幼儿绘制"家庭"主题图画时，通过对比不同作品的构图、色彩和内容可分析得出其对家庭关系认知的差异。

（3）操作简便，资料易收集。

作品分析法可依据现成的儿童作品（如课堂作业、绘画），无须复杂的实验设计或额外工具，资料收集相对便捷。

（4）客观性较高。

研究者可根据预设指标（如技能水平、创造力）进行分析，主观干预较少，结果更具标准性。

（5）适用于长期追踪。

通过定期收集作品，可纵向观察幼儿发展的连续性，如语言能力的提升或情绪管理的变化。

Note

2. 局限性

（1）静态分析的局限。

作品分析法聚焦已完成的作品，无法捕捉动态的行为过程（如幼儿在创作中的互动、情绪波动），可能导致信息片面。

（2）依赖专业解读能力。

分析作品时需结合心理学、教育学理论（如皮亚杰认知发展理论），对观察者的专业素养要求较高。例如，黑色太阳的绘画可能反映幼儿有心理问题，但需排除偶然因素的干扰。

（3）解释难度大。

一些幼儿的作品内容的象征意义可能比较模糊，不同研究者易对此产生主观分歧。例如，幼儿的涂鸦可能被解读为具有创造力，也可能被理解为注意力分散，需结合其他方法验证。

（4）难以全面反映发展水平。

作品仅体现了幼儿特定情境下的表现，无法系统评估幼儿的综合能力（如社交技能、科学素养），需结合观察法、访谈法。

（5）数据碎片化。

零散的作品记录需进行后期系统整理，耗时且可能遗漏关键背景信息。

案例

5 岁幼儿小明的绘画《我的家》

一、作品描述

小明的绘画作品《我的家》的画面中央为有着黑色屋顶的房屋，门窗紧闭；屋外有暴雨闪电，房屋旁的树下有一小人独自站立。

二、分析过程

（一）符号解读

封闭房屋可能象征家庭沟通不畅，独立的小人反映了作者的孤独感。

（二）色彩情绪

大面积灰黑色调暗示幼儿有焦虑或压抑情绪。

（三）发展水平

画中人物比例失调（头大身小）符合幼儿的年龄特征，但场景复杂度超出同龄平均水平。

三、教育建议

教师可以通过角色扮演游戏引导小明描述其家庭互动体验；与家长沟通家庭氛围对儿童情绪的影响。

手工作品"树叶小怪兽"

武汉市直属机关幼儿园　周璇

在进行区域活动时，孩子们迫不及待地拿出收集到的落叶和彩泥，开始创作树叶小怪兽。他们发挥丰富的想象力，用彩泥创做小怪兽的眼睛、鼻子、嘴巴等，有的孩子还用彩泥给树叶小怪兽添加了各种装饰物，使树叶小怪兽更加生动形象（见图5-1）。初初用一片大大的枫叶做小怪兽的身体，用红色、蓝色和紫色的彩泥做眼睛和嘴巴，一只栩栩如生的树叶小怪兽就诞生了。琪琪则用几片不同形状的叶子做成一个个奇特的小怪兽，并用彩泥为它装点五官，呈现不同的表情。

图 5-1　孩子们用落叶和彩泥创作"树叶小怪兽"

孩子们在创作过程中，大胆尝试，他们运用各种材料进行组合和拼接，展现了创造力和想象力。他们将对秋叶的观察与自己的创意结合起来，制作了形态各异的树叶小怪兽。这个环节培养了孩子们的动手能力、艺术创造能力和审美能力。教师在这个环节中提供了适度的指导，鼓励孩子们大胆创作，并注意引导他们合理利用材料，避免浪费。部分孩子在彩泥的使用上还不太熟练，需要教师进行进一步的指导和帮助，并提供多种不同颜色的彩泥，丰富创作素材。

三　问卷调查法与访谈法在课程评价中的实施要点

（一）概念

问卷调查法是设计调查问卷，并通过被评价者的回答来收集信息的方法。这种方法用多用于对教师和家长的评价和对课程活动本身的评价。

Note

访谈法是指评价者通过与被评价者面对面交谈来了解情况、获取信息的评价方法。相较于问卷调查评价法,访谈调查评价法所获得的信息更具深度和广度,适用于对课程设计背景、课程目的、设计理念等带有主观色彩的内容进行评价。

在运用问卷调查和访谈法进行课程评价时,要事前做好调查的准备,如明确调查目的、确定调查对象、设计调查问卷、拟定调查提纲等。在调查过程中,要求被调查者如实回答问题,不能以想象代替事实。对于调查收集的信息,评价者要仔细斟酌,去伪存真,同时应与通过其他方法收集的信息进行对比分析,以确保收集到的信息真实可靠。

(二)问卷调查与访谈法在课程评价中的实施要点

问卷调查与访谈法是通过系统化的问卷信息收集,结合定量分析与质性反馈,评估课程目标达成度、内容适宜性及实施效果的方法。其实施需兼顾幼儿发展特点、家长参与度和教师专业性,具体实施要点如下。

1. 明确课程评价的核心维度

(1)聚焦课程评价的多元主体。

幼儿发展:运用家长问卷这一工具,评估课程对幼儿能力(如,语言表达能力、社交技能、动手能力)的促进效果。

家长满意度:收集家长对课程内容(如,趣味性、科学性)、家园互动(如,亲子活动设计)的评价。

幼儿园或教师自评:设计针对教师的问卷,根据调查结果反思课程目标的实现度、教学策略的有效性(如,游戏化教学是否匹配幼儿兴趣)。

外部专家视角:邀请教研员或幼教专家填写问卷,并据此评估课程设计的规范性(如是否符合《3—6岁儿童学习与发展指南》)。

(2)细化评价指标。

将抽象课程目标转化为可观测的指标,具体包括以下几点。

第一,内容适宜性:课程难度是否符合幼儿的年龄特点(如小班是否以生活化游戏为主)。

第二,实施有效性:如活动时间分配是否合理(如幼儿的户外活动是否达到了每天2小时)。

第三,资源匹配度:教具、场地是否满足课程需求(如是否提供了充足实验材料)。

2. 科学设计课程评价问卷

(1)分对象设计问卷。

第一,家长问卷。一方面设计封闭式问题,如可采用李克特量表(1~5分)评估"孩子是否主动分享课程内容""是否愿意参与家庭延伸活动"。另一方面设计开放式问题,如"您认为本学期的绘本课程对孩子的语言发展有哪些帮助?请举例说明。"

第二,教师问卷。可以设计自评性质的教学策略问题,如"您认为本月的主题活动是否有效激发了幼儿的探究兴趣?(选项:非常有效/无效)"。可以设计课程改进建议问题,如,"您在实施健康课程时遇到的主要困难是什么?(如场地不足、家长配合度低等)"。

（2）嵌入行为观察指标。

问卷问题要与观察记录结合，提升数据的客观性，例如，设计家长问卷时要求记录幼儿在家的具体表现（如，孩子能否独立完成课程延伸的手工任务），而非仅依赖主观感受。

（3）避免常见设计误区。

避免使用成人化语言，家长问卷中需用通俗的语音进行表述（如，将"课程目标达成度"改为"孩子是否学会了自己穿脱外套"）。要控制题目数量，幼儿或家长填写问卷的时间建议不超过 8 分钟，教师填写问卷的时间不超过 15 分钟。

3．实施策略与数据采集

（1）多时段动态评价。

课程实施前，通过问卷了解家长对课程的期望（如，您希望孩子在艺术课程中重点发展哪些能力）；课程实施过程中，每月发放迷你问卷（3～5 题），实时监测课程实施中出现的问题（如，近期科学实验课的教具是否充足）；课程结束后，在学期末进行综合性评价，对比课程目标与实际效果的差距。

（2）灵活运用问卷发放渠道。

一方面可以在线上发放电子问卷，如使用"问卷星""金数据""腾讯问卷"等平台，将问卷分享到班级微信群，设置填写提醒。另一方面可以现场发放纸质问卷，如在家长会时发放问卷，配合教师讲解，提升回收率。

（3）提升参与意愿。

做好匿名保障，在问卷前言中明确说明数据仅用于课程改进，不涉及个人评价；及时对反馈进行激励，向家长承诺公示改进措施（如，根据问卷反馈，下学期将增设户外自然探索课程）。

4．数据分析与结果应用

（1）量化分析核心指标。

计算课程满意度得分（如，家长对"主题活动趣味性"评分的平均分）；统计高频问题（如30％家长反映"课程延伸任务难度过高"）。

（2）质性分析深层需求。

对开放式回答进行主题编码，例如，主题 1：课程与生活联系不足（出现关键词"脱离实际""缺乏应用场景"）。主题 2：家园互动形式单一（出现关键词"希望更多亲子实践""线上沟通不足"）。

（3）形成改进闭环。

根据数据确定调整的顺序（如"70％家长认为体能课程强度不足"这一问题需优先解决）。制定行动方案，针对问题制定措施（如调整户外活动时长、增加攀爬器材）。进行效果验证，下一轮课程评价中增设对比指标（如"体能活动后幼儿出汗率""心率监测数据"）。

5．伦理与专业保障

（1）遵循儿童发展规律。

避免以成人标准评价幼儿的表现（如不设置"课程知识掌握程度排名"之类的问题）。尊重个体差异，问卷设计要体现包容性（如设置"您认为课程是否兼顾了不同发展水平的孩子？"这样的问题）。

（2）数据安全与隐私保护。

家长的信息要进行加密存储，仅汇总分析，不公开个体数据。教师自评结果不直接用于绩效考核，侧重发展性评价。

案 例

幼儿家长教育效能感现状的调查研究

尊敬的各位幼儿家长：

您好！非常感谢您填写这份问卷！此卷仅用于研究，不会泄露您的个人信息，请根据自身情况真实回答。再次感谢您对本课题研究的参与！

一、基本信息

1. 您是

A. 孩子的父亲　　　　　　　　　　　B. 孩子的母亲

C. 孩子的祖辈　　　　　　　　　　　D. 孩子的其他长辈

2. 您的文化程度是

A. 初中及以下学历　　　　　　　　　B. 高中或中专

C. 大专或者本科　　　　　　　　　　D. 硕士及以上学历

3. 您是做什么工作的呢？

4. 您有几个孩子

A. 1个　　　　　　　　　　　　　　B. 2个

C. 3个　　　　　　　　　　　　　　D. 4个及以上

5. 您的健康状况是怎样的？

A. 健康　　　　　　　　　　　　　　B. 一般

C. 体弱多病

6. 您的性格是怎样的？

A. 非常外向　　　　　　　　　　　　B. 比较外向

C. 较内向　　　　　　　　　　　　　D. 非常内向

7. 家庭月收入大约是多少？

8. 您的家庭经济压力如何？

A. 非常大　　　　　　　　　　　　　B. 比较大

C. 压力小　　　　　　　　　　　　　D. 没压力

二、效能感测量

请您根据在育儿过程中的实际感受进行选择，在对应的框内画"√"，选择没有好坏之分。

序号	调查题目	非常符合	比较符合	一般	比较不符合	完全不符合
1	我能鼓励或带动孩子锻炼身体					
2	我能合理安排孩子的饮食起居					
3	我有能力觉察孩子的身体健康状况					
4	当孩子生病时，我知道怎样照顾他（她）					
5	我知道怎样培养孩子良好的饮食和睡眠习惯					
6	我知道怎样培养孩子的自我保护能力					
7	我能为孩子准备适合其年龄的玩耍材料					
8	我能认真地回答孩子提出的问题					
9	我能经常陪孩子阅读，激发其阅读兴趣					
10	我能支持孩子对感兴趣的事物进行探索					
11	我鼓励孩子自己动手寻找问题的答案					
12	我能教育孩子，使其尊敬师长，尊敬长辈					
13	我相信自己能教导孩子对自己的行为负责					
14	我知道怎样拒绝孩子的过分要求					
15	我相信自己有能力及时了解孩子的需求					
16	我知道怎样满足孩子的合理需求					
17	我能教育孩子使其诚实守信					
18	我能有效地鼓励孩子清楚说出他（她）的感受					
19	我能让孩子从我的言行中感受到我的关爱					
20	我有能力及时感知孩子的情绪变化					
21	我能感受到孩子的苦恼，并及时给予帮助					
22	我有能力控制自己不对孩子大喊大叫					
23	我能让孩子做他（她）力所能及的事情，培养他的独立自主能力					
24	我相信自己有能力纠正孩子的不良行为习惯					
25	我知道怎样指导孩子参加家务劳动					
26	我知道怎样让孩子养成良好的卫生习惯					
27	我知道怎样指导孩子解决她和小伙伴之间的冲突					
28	我知道怎样和孩子有效沟通					
29	我能为孩子提供机会，让他（她）与更多的人交往					
30	我经常让孩子邀请小朋友到家里玩					
31	我具备了有关幼儿发展的相关知识					
32	我经常通过书本学习或与其他家长交流等方式学习科学的教育方法					

Note

续表

序号	调查题目	非常符合	比较符合	一般	比较不符合	完全不符合
33	我能冷静地处理孩子出的状况（如捣乱、出错、闯祸等）					
34	我知道怎样指导孩子遵守社会准则					
35	我知道怎样培养孩子讲文明、懂礼貌的习惯					
36	我知道怎样建立和维持良好的亲子关系					
37	我善于赞赏和鼓励孩子					
38	我能够控制自己不在孩子面前发脾气					
39	我能够让孩子养成良好的行为习惯					
40	我能够满足孩子适当的物质需求					
41	我知道怎样培养孩子的安全意识					
42	我知道怎样指导孩子在外安全玩耍					

任务实施

学生以组为单位，以当地一所幼儿园为评价对象，运用观察法或者问卷调查与访谈法对其课程进行评价。运用观察法的话需设计观察记录表，运用调查法的话要先设计调查问卷。

任务评价

序号	考核指标	占比	评价标准	分值	得分
1	完成情况	10%	是否按时提交	5	
			是否按规定完成	5	
2	观察记录表或调查问卷设计	20%	要素齐全，格式规范	10	
			结构完整，具有一定创新性，问题设计合理科学，表述简洁、清晰	10	
3	观察记录或调查报告的质量	45%	记录内容客观、详细，逻辑清晰，分析全面	10	
			数据可靠，覆盖全面，方法应用科学	10	
			分析透彻，表述正确，论证严谨，结论合理	15	
			对策建议具体可行，能有效解决问题	10	
4	成果展示	25%	PPT制作合理、美观	10	
			分享过程大方自信、思路清晰	15	
	总分			100	

思考与练习

一、简答题

1. 简述观察法的注意事项？

2. 作品分析法的实施步骤有哪些？

3. 问卷调查与访谈法的实施要点有哪些？

二、实践题

到幼儿园开展调查，收集幼儿园开展课程评价的有关资料，说说幼儿园是如何进行课程评价的。

参考答案二维码

项目六 幼儿园课程游戏化改革

幼儿园课程游戏化改革是当前学前教育领域的核心议题，也是落实《3—6 岁儿童学习与发展指南》、推动幼儿教育高质量发展的关键路径。这场改革旨在引导幼儿园以游戏为基本活动，打破传统课程中"重知识传递、轻体验探索"的局限，将游戏精神贯穿于课程设计、实施与评价全过程。本项目将围绕课程游戏化的内涵、基本要求、基本途径展开深入探讨。

◇学习目标

［素质目标］

1. 树立"以游戏为幼儿基本学习方式"的教育理念，形成科学的课程游戏化价值观。

2. 具备对幼儿游戏行为进行观察与解读的能力，增强课程改革的创新意识与实践责任感。

［知识目标］

1. 掌握幼儿园课程游戏化的核心概念与基本特征。

2. 理解课程游戏化的理论依据及国内外典型实践模式。

［能力目标］

能基于游戏化理念设计幼儿园的活动方案，将游戏元素融入课程目标、内容与组织形式。

Note

◇**项目导航**

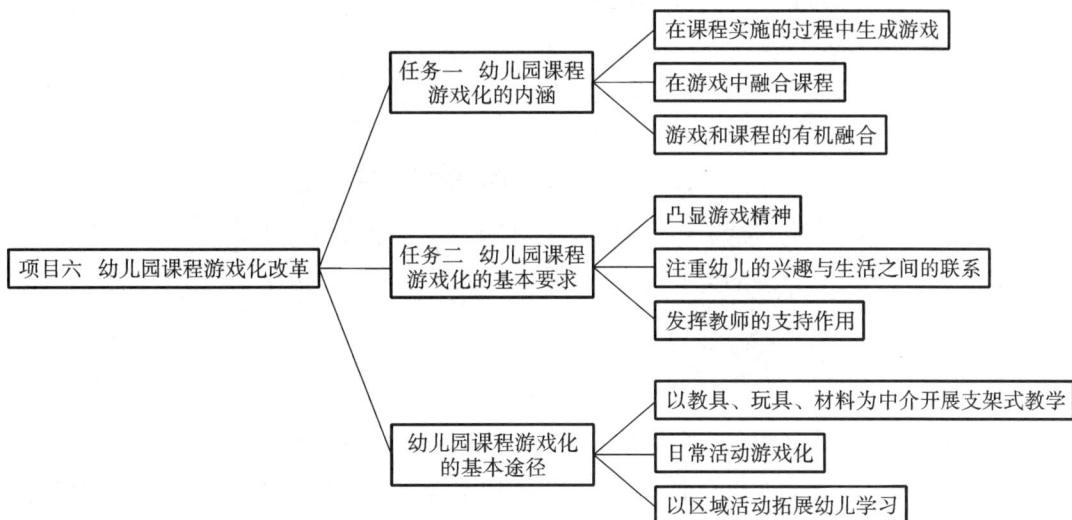

项目六　幼儿园课程游戏化改革
- 任务一　幼儿园课程游戏化的内涵
  - 在课程实施的过程中生成游戏
  - 在游戏中融合课程
  - 游戏和课程的有机融合
- 任务二　幼儿园课程游戏化的基本要求
  - 凸显游戏精神
  - 注重幼儿的兴趣与生活之间的联系
  - 发挥教师的支持作用
- 幼儿园课程游戏化的基本途径
  - 以教具、玩具、材料为中介开展支架式教学
  - 日常活动游戏化
  - 以区域活动拓展幼儿学习

案例导入

"城市小探险家"游戏化课程

　　某幼儿园开展以"城市小探险家"为主题的游戏化课程。教师创设"迷你城市"场景，设置"超市、医院、消防站"等区域，幼儿通过角色扮演模拟城市生活：在"超市"扮演游戏中学习分类、计数与货币使用；在"医院"扮演游戏中体验医护工作，理解健康知识；在"消防站"扮演游戏中，通过情景模拟学习安全逃生技能。活动中，幼儿自主协商角色分工、制定游戏规则，在解决问题的过程中提高了语言表达、社会交往与逻辑思维能力。

　　思考问题：

　　1. 从课程游戏化的视角分析，该案例体现了哪些核心要素？

　　2. 游戏化的课程对幼儿的学习与发展具有哪些独特价值？

Note

任务一　幼儿园课程游戏化的内涵

【任务要求】

深入理解"在课程实施的过程中生成游戏""在游戏中融合课程""游戏和课程的有机融合"三大核心内涵，结合幼儿园教育实践案例，分析其实施要点与教育价值；通过对比不同教学场景，总结能够促进游戏与课程深度融合的策略；运用相关理论知识，对给定的案例提出优化建议，提升课程游戏化的实践效果。

【知识梳理】

幼儿园课程游戏化是学前教育改革的重要方向，聚焦于游戏与课程的深度互动，旨在打破传统教学中两者分离的模式，让幼儿在自然、愉悦的氛围中实现全面发展。以下从三个维度详细阐释其内涵。

一　在课程实施的过程中生成游戏

在课程实施过程中，教师要敏锐捕捉幼儿兴趣点与发展需求，顺势引导、支持幼儿自主创造游戏活动，使课程推进充满动态性与灵活性。幼儿的兴趣和关注点是生成游戏的关键契机。例如，在一次户外散步活动中，幼儿偶然发现蚂蚁正在搬家，他们对此表现出极大的兴趣，纷纷驻足观察并提出各种问题。教师可抓住这一契机，围绕"蚂蚁的世界"生成一系列游戏活动：组织幼儿搭建"蚂蚁王国"，用积木、黏土等材料模拟蚂蚁洞穴；开展角色扮演游戏，让幼儿分别扮演蚂蚁、昆虫等，演绎蚂蚁觅食、搬家的故事；设置科学观察游戏，提供放大镜、记录本，让幼儿持续观察蚂蚁的生活习性并记录。在这个过程中，游戏并非预先设定的，而是随着课程推进自然产生的。教师作为观察者和支持者，应及时给予幼儿材料、经验和情感上的支持，鼓励幼儿自主探索和创造。这种方式不仅能激发幼儿的学习兴趣和主动性，还能培养他们的观察力、想象力和解决问题的能力。

想一想

　　当幼儿的兴趣点偏离预设课程方向时，教师应如何平衡课程目标与幼儿兴趣，更好地在课程实施的过程中生成游戏？在生成游戏的过程中，如何引导幼儿将零散的经验转化为系统的知识？

拓展阅读

幼儿园的生成性游戏

幼儿园的生成性游戏分为多种类别：第一种是自然材料生成性游戏，指利用自然或者低结构材料（如树枝），让幼儿自由组合、搭建、想象；第二种是角色扮演生成性游戏，核心是让幼儿自己制定角色和情节，故事随情节可以自由变换；第三种是音乐与动作生成性游戏，这类游戏的核心是通过声音、节奏、身体动作生成即兴游戏；第四种是绘画与手工生成性游戏，这类游戏强调过程而非结果，鼓励幼儿在创作中探索变化；第五类是户外探索生成性游戏，即利用户外环境变化生成游戏内容，例如，可以玩一些影子游戏、自然寻宝游戏、季节变化记录等；第六类是数字生成性游戏，比如利用简单的科技工具提高幼儿的生成性体验。

二　在游戏中融合课程

"在游戏中融合课程"是指将课程目标、内容巧妙渗透于游戏活动中，使幼儿在游戏的愉悦氛围中完成学习目标，获取知识与技能。在这一过程中，游戏成为课程内容的载体，课程目标通过游戏任务、规则得以实现。以"超市购物"游戏为例，教师将数学领域的数数、计算、分类等知识，以及社会领域的人际交往、货币使用等技能融入其中。幼儿在游戏中扮演顾客、收银员等角色，挑选商品时需要辨别价格、计算总价；与同伴交流购买需求、与"收银员"进行交易，从而锻炼语言表达和沟通能力；整理货架商品时，学习分类技巧。

这种方式使得原本抽象的课程知识变得生动有趣，幼儿在游戏的情境中主动探索、学习，不仅提高了学习效果，还提高了学习的积极性和主动性。同时，游戏的趣味性和情境性能够满足幼儿的情感需求，让他们在轻松愉快的氛围中获得多方面的发展。

想一想

在设计游戏融合课程内容时，如何确保游戏的趣味性不影响课程目标的达成？针对不同年龄段的幼儿的游戏融合课程，应如何体现差异性？

Note

融合游戏的教育价值

幼儿园融合游戏具有非常高的教育价值。在幼儿社会性发展方面，融合游戏能够让幼儿在游戏中感受到与同伴交往的快乐；在幼儿情绪情感方面，融合游戏能够让幼儿在游戏中感受到满足和欣喜；在幼儿认知发展方面，融合游戏能够让幼儿学会认识自然界、感受自然界，学会生活。总的来说，幼儿园融合性游戏兼顾趣味性和创造性，能够让幼儿感受到其中的乐趣。

三 游戏和课程的有机融合

游戏和课程的有机融合追求游戏与课程你中有我、我中有你的境界，旨在形成一个不可分割的整体，使幼儿的学习与生活无缝衔接，实现真正意义上的"玩中学，学中玩"。这种融合体现在课程目标制定、内容选择、活动组织以及评价等各个环节。在课程目标制定方面，既要考虑幼儿的发展需求，又要融入游戏所蕴含的教育价值；内容选择要紧密结合幼儿生活经验和兴趣，以游戏化的形式呈现；在活动组织方面，要打破传统教学与游戏的界限，让幼儿在自由、自主的氛围中学习；在评价方面，要关注幼儿在游戏与课程融合过程中的整体表现，包括知识获取、能力发展和情感体验。

想一想

如何在幼儿园一日生活中，实现游戏和课程的常态化有机融合？当游戏与课程融合出现问题时，教师应如何协调解决？

游戏和课程的常态化有机融合

在幼儿园的一日生活中，游戏和课程的常态化有机融合可以让幼儿园课程变得更加丰富多彩，能够极大地激发幼儿的兴趣。例如，在幼儿园课程的设计过程中，教师要注重整体课程的协调性。

Note

幼儿园上午的自主游戏过程中，有时会发生非常多的随机事件，这是一个很好的教育契机，许多幼儿园老师会抓住这些教育契机，开展多类活动，与幼儿园课程相结合。例如，在建构游戏过程中，幼儿会发生争抢玩具的行为，教师就可以在随后的集体游戏过程中开展一个中班社会性活动：我爱分享玩具。这样的活动能够在一定程度上提升游戏的互动性，帮助幼儿学会分享，将游戏过程和幼儿园课程有机融合，教师还要给幼儿及时的反馈。

拓展阅读

大班体育活动：小小消防员

湖南省衡阳市第二实验幼儿园 谷任娟

一、活动目标

使幼儿乐意在活动中扮演"小小消防员"，培养其勇敢、坚韧等良好精神品质。掌握攀爬、跨越等动作要领，学会锻炼钻、爬、平衡等基本动作。能够遵守游戏规则，与同伴分工合作完成救援任务。

二、活动重难点

（一）活动重点

掌握攀爬、跨越等动作要领，综合锻炼钻、爬、平衡等基本动作，塑造勇敢、坚韧的精神品质。

（二）活动难点

使幼儿能在紧张的游戏情境中遵守规则，与同伴分工合作完成任务。

三、活动准备

（一）知识经验准备

在活动前让幼儿了解消防员工作，知晓基本的火灾逃生知识。

（二）物质准备

准备"小小消防员"课件 PPT，以及消防车、警报声等音频资料。

准备平衡木、小梯子、钻圈、海绵垫等模拟火灾救援场景的道具若干。

四、活动过程

（一）热身运动，导入活动

教师讲述活动情景，激发幼儿的参与兴趣。

师：小朋友们，今天我们都是神气的小小消防员。刚刚接到紧急通知，城市里有几处地方着火啦，消防队需要我们去帮忙救援。现在，让我们先活动活动身体，准备出发！

教师带领幼儿做热身操，然后进入活动场地。可以边做操边唱歌，歌词如下：

Note

小小消防员真英勇，

来到火灾的现场。

准备！

弯腰钻洞，

抬腿，跨越障碍。

左看看，右看看。

摆摆手，摆摆手。

完毕！

随时救援。

（二）练习本领，学习救援动作要领

教师讲述动作要领和注意事项。

师：小小消防员们，火灾现场情况复杂，我们得先掌握一些救援本领。比如，快速攀爬梯子进入着火的高楼，灵活跨越障碍物到达救援地点。

老师引导幼儿自由探索攀爬、跨越等动作方法，并请幼儿在集体面前展示自己的方法，教师根据幼儿表现进行评价和总结，然后带领幼儿练习攀爬和跨越的动作要领。

攀爬要领：双手紧紧握住梯子两侧，一脚先踩上一格梯子，站稳后另一脚再向上迈，依次交替，眼睛看向正前方。

跨越要领：走到障碍物前，一只脚用力蹬地起跳，另一只脚尽量抬高跨过障碍物，落地要稳。

随后教师可以让幼儿自由练习，并分别指导，帮助能力较弱的幼儿掌握动作要领。

（三）游戏：火灾救援，巩固救援动作

师：警报声响个不停，着火的地方情况危急，小小消防员们，赶紧集合出发！我们要先钻过浓烟区（钻圈）、走过独木桥（平衡木）、攀爬高楼（小梯子），到达着火点后用水枪（玩具水枪）灭火，完成任务后从旁边返回消防队（起点）。

教师先带领幼儿熟悉场地，适时指导幼儿采用合适的方式通过障碍。教师介绍游戏规则，让幼儿分组协作完成任务。

玩法：依次钻过钻圈、走过平衡木、攀爬小梯子，到达指定位置用水枪向"火源"（画有火焰图案的靶子）喷水，完成后按原路返回。

规则：通过障碍时不能掉落或故意破坏道具，要一个一个有序通过。使用水枪时不能对着同伴喷射，等前面的同伴完成喷水、回到起点后，后面的幼儿才能出发。

（四）开表彰会

师：小小消防员们太棒啦，成功扑灭了大火，完成了救援任务。消防队要为大家举行表彰会，表扬勇敢又能干的你们！

教师带领幼儿做放松操，同伴间相互帮忙按摩。师幼共同收拾材料，结束活动。

五、活动延伸

（一）家园共育

请幼儿回家后和爸爸妈妈分享当消防员的体验，一起讨论更多预防和应对火灾的方法。

（二）区域活动

将活动材料投放到建构区和运动区，幼儿可以搭建火灾场景并进行模拟救援游戏。

思考与联系

一、简答题

1. 请简述幼儿园课程游戏化内涵的三个主要方面。

2. 结合实际，谈谈幼儿园教师在课程游戏化过程中如何发挥引导者的作用。

二、论述题

试论述幼儿园课程游戏化对幼儿全面发展的重要意义，并举例说明在实际教学中应如何更好地体现课程游戏化。

参考答案二维码

任务二　幼儿园课程游戏化的基本要求

【任务要求】

了解幼儿园课程游戏化的定义，理解幼儿园课程和游戏化的深层次关系，掌握教师在幼儿园课程游戏化过程中的介入时机。

【知识梳理】

幼儿园课程游戏化的基本要求聚焦于儿童发展本质与教育规律，以《3—6岁儿童学习与发展指南》为指引，将游戏精神融入课程设计，使课程更贴近幼儿生活经验与兴趣需求，注重活动形式的多样化与动态性。要求凸显游戏精神，注重幼儿的兴趣与生活之间的联系；发挥教师的支持作用。最终目标是构建以幼儿为主体、游戏为基本活动形式、涵盖各个发展领域的课程体系，促进幼儿认知、情感、社会性等多维度的发展。

一　凸显游戏精神

游戏精神是幼儿园课程游戏化的灵魂，它强调自由、自主、愉悦和创造。在幼儿园课程中凸显

Note

游戏精神，意味着打破传统教学的束缚，给予幼儿充分的自由发展空间，让他们在游戏中自主探索、体验和成长。

（一）自由与自主的体现

自由与自主是游戏精神的核心要素。幼儿在游戏中，应能够自由选择游戏内容、游戏伙伴和游戏方式。例如，在建构区，幼儿可以根据自己的想法决定搭建什么，是高楼大厦、桥梁城堡，还是其他奇特的建筑；在角色游戏区，他们能自主选择扮演医生、厨师、警察等角色，可以按照自己的意愿设计游戏情节。教师不应过多干涉幼儿的游戏选择，而是尊重他们的想法，为其提供丰富的游戏材料和宽松的环境。当幼儿在游戏中遇到问题时，教师可以引导他们自己思考解决办法，培养其独立解决问题的能力。

在某幼儿园的户外游戏中，幼儿们发现了一片空地，他们自发地想要在这里开展游戏。有的幼儿提议搭建一个"秘密基地"，有的幼儿则想进行一场"寻宝游戏"。教师没有直接给出建议，而是鼓励幼儿们一起讨论。最终，幼儿们分成了两组，各自开展自己喜欢的游戏。在搭建"秘密基地"的过程中，幼儿们遇到了材料不足的问题，他们通过协商，决定用树叶、树枝等自然材料进行补充；在"寻宝游戏"中，幼儿们设计了藏宝地点和线索，玩得不亦乐乎。这种自由、自主的游戏体验，能够让幼儿充分发挥主观能动性，从而培养他们的团队合作精神和创造力。

（二）愉悦与创造的融合

游戏的过程应该是愉悦的，幼儿在游戏中能够获得快乐和满足感。同时，游戏也是激发幼儿创造力的重要途径。当幼儿处于愉悦的游戏氛围中时，他们更愿意尝试新的玩法和创意。例如，在美术活动中，教师可以将绘画与游戏相结合，开展"创意涂鸦大赛"。幼儿们可以在白色的画布上自由挥洒颜料，用画笔描绘出自己心中的世界。有的幼儿画了会飞的汽车，有的幼儿画了长着翅膀的房子，这些充满想象力的作品正是幼儿创造力的体现。

又如，在音乐游戏中，教师可以播放欢快的音乐，让幼儿自由创编舞蹈动作。幼儿们随着音乐的节奏，尽情地舞动身体，有的动作夸张有趣，有的动作优雅灵动。他们在游戏中享受着音乐带来的快乐，同时也提高了自己的节奏感和表现力。通过这种将愉悦与创造相融合的游戏活动，不仅能够让幼儿在轻松愉快的氛围中学习，还能不断激发他们的潜能，培养创新思维。

案 例

树叶拼贴活动

在阳光幼儿园中班的美工区，老师为孩子们收集了各种各样的树叶，有椭圆形的樟树叶子、边缘是锯齿状的枫叶，还有小巧精致的柳树叶等，同时准备了胶水、彩纸和剪刀。4岁的朵朵好奇地拿起一片枫叶，翻来覆去地观察着，却不知道如何进行创作。老师走到朵朵身边，轻声鼓励道："朵朵，你看这片枫叶像什么呀？我们可以用它变出好多有趣的东西哦!"在老师的引导下，朵朵尝试着将枫叶贴在彩纸上，可贴完后总觉得缺了点什么。她想把枫叶变成小金鱼的尾巴，但没有合适的材料做鱼身。面对这个问题，朵朵没有放弃，开始在材料堆里翻找。她发现椭圆形的樟树叶子很适合做鱼身，又将小树枝剪出鱼鳍和鱼尾的形状。在粘贴过程中，由于胶水涂抹不均匀，树叶总是掉下来，朵朵有些着急。老师见状，耐心地示范如何适量涂抹胶水，并告诉她粘贴时要轻轻按压一会儿。经过多次尝试，朵朵终于掌握了技巧。她还发挥创意，用柳树叶做出金鱼的眼睛，用彩色纸条做出鱼嘴。当一条栩栩如生的小金鱼在彩纸上"游动"时，朵朵兴奋地跳了起来，向小伙伴们展示自己的作品。在这次树叶拼贴活动中，朵朵不仅锻炼了手部肌肉的控制能力，提升了动手操作的精细度，还在构思造型的过程中，发挥了想象力和创造力。朵朵反复尝试解决粘贴问题，培养了她不怕困难、坚持完成任务的意志品质，也让她充分体会到了自主创作的快乐。

想一想

在日常的教学中，该怎么打造能为幼儿带来愉悦体验和具有创造性的游戏？是直接教他们新的游戏知识还是应该让幼儿在探索中发现游戏知识？

二　注重幼儿的兴趣与生活之间的联系

幼儿的学习内容来源于生活，只有将课程与幼儿的兴趣和生活紧密联系起来，才能让课程真正具有生命力。

(一)从兴趣出发生成课程

幼儿的兴趣是课程生成的重要依据。教师要善于观察幼儿的兴趣点，捕捉他们的关注点，从而生成有价值的课程内容。比如，在一次户外活动中，幼儿们对地上的蚂蚁产生了浓厚的兴趣，他们蹲在地上观察蚂蚁的活动，提出了各种问题："蚂蚁为什么要排队走路?""蚂蚁吃什么?"教师敏锐地察觉到了幼儿的兴趣点，随即生成了关于蚂蚁的主题课程。在课程中，教师组织幼儿通过观察蚂蚁、查阅资料、绘画蚂蚁等活动，深入了解蚂蚁的生活习性和特点。幼儿们在这个过程中积极参与、主动探索，学习的积极性得到了很大的提高。

再如，当幼儿对某个动画片中的角色感兴趣时，教师可以围绕这个角色开展一系列的游戏活动。比如以"超级飞侠"为主题，开展角色扮演游戏，让幼儿们分别扮演超级飞侠和需要帮助的角色，通过完成各种任务，培养幼儿的语言表达能力、团队合作能力和解决问题的能力。这种从兴趣出发生成的课程，能够让幼儿感受到学习的乐趣，提高他们的学习效果。

（二）将生活经验融入课程

生活是幼儿学习的宝库，应充分挖掘生活中的教育资源，将幼儿的生活经验融入课程之中。例如，在开展"认识蔬菜"的课程时，教师可以带领幼儿走进幼儿园的种植园，让他们亲自参与种植蔬菜的过程：从播种、浇水到施肥，观察蔬菜的生长过程。到收获季节，让幼儿们采摘自己种植的蔬菜，然后在教室里开展"蔬菜美食制作"活动，学习洗菜、烹饪等技能。通过参加这样的活动，幼儿不仅认识了各种蔬菜，还了解了蔬菜的生长过程和营养价值，同时也培养了他们的劳动意识和生活自理能力。

又如，在"认识交通工具"的课程中，教师可以组织幼儿进行一次"城市交通大调查"。让幼儿和家长一起观察马路上的各种交通工具，记录它们的名称、特点和用途。在课堂上，让幼儿们分享自己的调查结果，教师通过图片、视频等方式进一步拓展幼儿的认知范围。然后，教师可以利用积木、纸盒等材料，引导幼儿制作自己喜欢的交通工具模型，开展"交通工具展览会"活动。这种将生活经验融入课程的方式，能够让幼儿更好地理解和掌握知识，同时也提高了他们运用知识解决实际问题的能力。

案 例

小厨房大课堂——幼儿园里的"美食制作"游戏课程

在阳光幼儿园的中班教室里，一场别开生面的游戏课程正如火如荼地展开。教师发现近期幼儿们对家长烹饪美食的过程充满好奇，他们经常在自由活动时模仿做饭，便决定将日常生活中的美食制作活动融入课程，设计了"小厨房大课堂"游戏课程，让幼儿在游戏中体验生活、学习技能。

教师提前和幼儿们讨论，共同决定在班级的一角打造一个"小厨房"游戏区。大家一起动手布置，幼儿们从家里带来了迷你小锅、小铲、塑料碗碟等厨具，还收集了许多仿真蔬菜水果模型。此外，教师准备了面粉、面团、安全儿童刀具等简单的食材和工具，为游戏课程做了充分准备。

课程开始前，教师向幼儿们展示了各种厨具和食材，详细讲解了使用方法和安全注意事项，比如面团不能揉碎了乱扔等。幼儿们围坐在一起，眼睛里满是兴奋和期待。

5岁的朵朵率先选择了"制作饺子"。她拿起一小块面团，学着老师的样子，用手将面团搓成小圆球，再压扁，可她怎么都压不圆，边缘也是坑坑洼洼的。旁边的轩轩看到后，热心地说："朵朵，我妈妈说要轻轻转着压，我来帮你！"两人合作，一个转面团，一个用掌心下压，终于做出了较为圆整的饺子皮。接着，他们用勺子舀起"馅料"（仿真蔬菜）放在饺子皮中间，学着老师包饺子的样子，将边缘捏合起来。但馅料放得太多，怎么都捏不拢，还把皮撑破了。两人不禁皱起眉头，有些沮丧。这时，教师走过来，轻声引导："想一想，我们吃的饺子，是放很多馅料把肚皮撑破，还是放适量的好呢？"听了老师的话，朵朵和轩轩恍然大悟，减少了馅料的量，终于成功包出了几个像模像样的饺子，他们开心地跳了起来。

另一边，浩浩和乐乐在尝试"煎鸡蛋"。他们把平底锅放在"电磁炉"上，打开开关，然后将仿真鸡蛋模型打入锅中。乐乐拿着铲子准备翻面，可鸡蛋怎么都铲不起来，还差点把锅打翻。浩浩着急地说："是不是火太大了，鸡蛋粘住了？"他们赶紧把"火"调小，等了一会儿再尝试，这次顺利地将鸡蛋翻面。煎好鸡蛋后，他们还想着搭配一些蔬菜，让"早餐"更丰富。于是，两人小心翼翼地将仿真黄瓜、胡萝卜，摆放在盘子里，做出了一份精美的"早餐"。

在游戏过程中，幼儿们遇到了各种各样的问题，比如揉面太用力把面团甩了出去，煮汤时"水"（蓝色颜料水）洒了出来等。但他们在老师的引导和同伴的帮助下，不断尝试、改进，不仅学会了简单的美食制作技巧，还锻炼了手部肌肉的协调性和灵活性。同时，在合作制作美食的过程中，幼儿们的沟通能力、解决问题的能力以及团队协作能力都得到了显著提升。大家还学会了分享，幼儿们邀请其他小伙伴品尝自己制作的"美食"，收获了满满的快乐和成就感。

游戏结束后，教师组织幼儿们围坐在一起，分享自己在游戏中的经历和感受。朵朵兴奋地说："包饺子看起来简单，做起来好难呀，但和轩轩一起做出来了，我特别开心！"浩浩也抢着说："煎鸡蛋要掌握好火候，不然就煎不好，我以后也要帮妈妈做早餐！"通过这次将日常生活融入游戏的课程，幼儿们对生活技能有了更深刻的认识，在轻松愉快的氛围中获得了成长和发展，也变得更加热爱生活、乐于探索。

三 发挥教师的支持作用

在幼儿园课程游戏化的过程中，教师不再只是知识的传授者，而是幼儿游戏的观察者、支持者和引导者。教师的支持作用对于幼儿的游戏和学习至关重要。

Note

(一)观察与解读幼儿游戏

观察是教师了解幼儿的重要途径。教师要善于观察幼儿在游戏中的行为表现，包括他们的语言、动作、表情等，通过观察解读幼儿的游戏意图和发展需求。例如，在角色游戏区，教师观察到一名幼儿总是独自扮演医生，不愿意与其他幼儿交流。教师通过进一步观察和与幼儿交流，了解到这名幼儿因为害怕自己的想法不被其他小朋友接受，所以选择独自游戏。教师根据这一情况，在游戏评价环节，表扬了这名幼儿扮演医生时的认真态度，并鼓励其他幼儿与他一起游戏，共同丰富游戏情节。通过教师的引导，这名幼儿逐渐变得开朗起来，开始主动与同伴合作游戏。

又如，在建构区，教师观察到几名幼儿在搭建桥梁时遇到了困难：桥梁总是倒塌。教师没有直接告诉幼儿解决办法，而是通过提问的方式引导幼儿思考："为什么桥梁会倒塌？怎样才能让它更稳固？"幼儿们在教师的启发下，通过尝试不同的搭建方法，最终成功搭建了一座坚固的桥梁。通过观察和解读幼儿的游戏过程，教师能够及时发现幼儿的问题和需求，为其提供有效的支持。

案 例

游戏发起，建构新经验——给图书"定价"

幼儿园的小朋友们吃完点心后，周佳承搬了一把椅子坐在书架旁，乐乐走过来拿了一本书，周佳承说："拿一本书就给一次钱。"乐乐向周佳承做给钱的动作，"给你钱！"周佳承将手放在乐乐面前，做了抓钱的动作，回应他的第一个顾客。接着，亦安也过来拿了一本书，周佳承继续说："拿一本书就给一次钱。"随后，陆陆续续来了四五个小朋友，周佳承都主动地和他们说："拿书要给钱的。"小朋友们也都做出了给钱的动作，坐在书架一旁的周佳承乐此不疲地"收取图书费用"，并主动要求到书架上拿取图书的顾客们"给钱"。随后，教师作为顾客来到周佳承的书店，向他询问："老板，这一层的书怎么卖？""3块。"教师在书架同一层上先后拿了三本书。然后，又指着书架的第二层问："那这一层呢？""1块，不同的货架上的书价格不一样。"周佳承一边指着书架一边认真地回答。教师又从书架的不同层拿了三本书，周佳承按照书架的层数给自己"书店"的图书定了不同的价格，但是每一层图书的价格是一样的。

　　在上述案例中，教师通过持续观察幼儿在"小书店"游戏中的行为表现，解读幼儿在游戏中遇到的困难与需求，进而给予适时引导，推动游戏深入发展。基于此，我们不妨思考：当幼儿在游戏中出现类似因经验不足导致游戏陷入瓶颈，且教师介入引导后仍未达到预期效果的情况时，除了调整游戏材料、进行家园合作外，还可以采取哪些多元化、个性化的支持策略，才能在充分尊重幼儿的游戏意愿的基础上，有效帮助幼儿突破游戏困境、获得新的发展？

（二）提供适宜的材料支持

　　游戏材料是幼儿游戏的物质基础，教师要根据幼儿的年龄特点、兴趣爱好和发展需求，提供丰富多样、适宜的游戏材料。例如，在小班的角色游戏区，教师可以提供一些柔软的毛绒玩具、色彩鲜艳的餐具和服装等，满足小班幼儿喜欢模仿和摆弄物品的特点；在中班的建构区，教师可以提供不同形状和大小的积木、纸盒等材料，让幼儿能够进行更复杂的建构活动；在大班的科学区，教师可以提供放大镜、显微镜、实验器皿等材料，激发幼儿的探索欲望。

　　同时，教师还可以引导幼儿参与游戏材料的收集和制作。比如，在开展"环保小卫士"主题活动时，教师可以鼓励幼儿收集废旧物品，如塑料瓶、易拉罐、纸箱等，然后与幼儿一起将这些废旧物品制作成各种游戏道具。幼儿们用塑料瓶制作了保龄球，用纸箱制作了小汽车等。收集和制作游戏材料，不仅培养了幼儿的环保意识，提高了其动手能力，还让他们感受到了自己的创意和努力能够带来更多的乐趣。

幼儿园中班"纸箱王国"建构游戏：材料支持助力幼儿创造性发展

湖南省衡阳市第二实验幼儿园　谷任娟

一、案例背景

　　在某幼儿园中班的建构区，教师发现，幼儿对纸箱充满好奇，常常自发用纸箱搭建造型简单的"建筑"。为提高幼儿的创造力与建构能力，教师以"纸箱王国"为主题，精心规划了建构游戏，并依据幼儿发展需求与游戏进程，逐步投放和调整材料。

Note

二、游戏初始阶段：基础材料激发兴趣

游戏初期，教师投放了大量大小、形状各异的纸箱，以及辅助材料，如胶带、剪刀等。幼儿们看到材料后兴奋不已，立刻投入搭建工作。有的幼儿将纸箱垒高当作高楼，有的将小纸箱并排摆放当作火车车厢。可搭建过程中问题不断，比如纸箱容易倒塌，拼接不牢固。

轩轩想搭建一座高塔，他将几个大纸箱堆叠起来，可刚垒到第三层，就倒塌了。他有些沮丧，旁边的朵朵说："我们用胶带把它们粘起来试试。"于是两人尝试用胶带固定纸箱，虽然高塔成功立起，但因胶带粘贴不牢，过一会儿又倒了。

教师观察到了幼儿的困难，但没有直接干预，而是在游戏分享环节，引导幼儿讨论如何让纸箱结构更稳固。有的幼儿提出用更多胶带，有的说可以在纸箱底部放重物。教师肯定了幼儿们的想法，并提供了更宽、粘力更强的胶带，以及小沙包、石头等重物。

三、游戏发展阶段：多样化材料拓展玩法

随着游戏推进，幼儿不再满足于简单的搭建，开始有更复杂的想法。教师适时增加新的材料，如彩色卡纸、颜料、毛绒球、吸管、PVC 管、积木等。

在一次游戏中，浩浩说："我想建一个超级城堡，城堡要有漂亮的窗户和大门。"于是，他和同伴一起用彩色卡纸剪出窗户和门的形状，用颜料在纸箱上画了花纹，还将吸管当作城堡的尖顶。其他幼儿受到浩浩的启发，也开始装饰自己的作品，有的在"房子"上粘贴毛绒球当作装饰，有的用积木在纸箱周围搭建围墙。

小悠和小伙伴们想搭建一个游乐场，他们用 PVC 管作支架，将纸箱连接起来，做出旋转木马、滑梯等游乐设施。但在搭建旋转木马时，幼儿们发现"木马"无法转动。教师发现后，为幼儿们提供了小木棍、轴承等材料，引导幼儿思考如何让物体转动起来。孩子们尝试将小木棍穿过纸箱当作转轴，再装上轴承，成功让"木马"转了起来。

四、游戏深入阶段：低结构材料推动合作与创新

游戏的最后，为进一步激发幼儿的创造性与合作能力，教师投放了更多的低结构材料，如绳子、木板、轮胎等。这些材料没有固定玩法，给幼儿留下更大想象空间。

几个幼儿计划搭建一个"纸箱小镇"，他们用木板当作桥梁，连接不同的"建筑"；用轮胎当作路灯，摆在"街道"两旁；用绳子将纸箱串联起来，当作缆车索道。在搭建过程中，幼儿需要相互协商、分工合作，有的负责设计，有的负责搭建，有的负责装饰。

在搭建"小镇"中心广场时，幼儿们遇到难题，他们不知道如何让广场更开阔、更美观。教师参与幼儿的讨论，引导幼儿思考不同材料的组合方式。最后，幼儿们将大纸箱平铺当作广场地面，用木板在周围搭建台阶，还用绳子和彩色卡纸制作飘扬的彩旗，将广场装饰得十分漂亮。

五、案例总结

在"纸箱王国"的建构游戏中，教师根据幼儿游戏发展的不同阶段，逐步为幼儿提供适宜的材料，有效支持幼儿深入开展游戏。从最初的用基础材料满足幼儿搭建兴趣，到用多样化材料拓展游戏玩法，再到投放低结构材料推动幼儿合作与创新，材料的合理投放与调整成为幼儿游戏的有力支撑。

通过游戏，幼儿不仅提升了建构能力、创造力与想象力，还在与同伴的合作交流中提升了社交

能力与解决问题的能力。这一案例充分说明，教师提供适宜的材料，能促进幼儿创造丰富、有趣的游戏体验，促进幼儿全面发展。

（三）适时地引导与指导

在幼儿开展游戏活动的过程中，教师要根据幼儿的游戏情况，适时地引导与指导。当幼儿在游戏中遇到困难或问题时，教师可以通过提问、示范、启发等方式，引导幼儿自己寻找解决办法。例如，在拼图游戏中，幼儿遇到了拼不出来的难题，教师可以问幼儿："你觉得这块拼图应该放在哪里？周围的图案有什么特点？"通过教师的引导，幼儿能够重新审视拼图，并尝试不同的拼接方法，最终完成拼图。

当幼儿的游戏偏离目标或出现不良行为时，教师要及时进行指导。比如，在角色游戏中，有的幼儿出现了争抢玩具、不遵守游戏规则的行为，教师要及时制止，并引导幼儿学会分享和合作，遵守游戏规则。同时，教师还可以通过游戏评价环节，对幼儿的游戏行为进行总结和评价，表扬表现好的幼儿，并提出改进的建议，帮助幼儿不断提高游戏水平和社会交往能力。

案　例

搭建"梦想小镇"——适时引导助力幼儿成长

阳光幼儿园大班的建构区摆放着丰富多样的积木、纸盒、塑料管道等建构材料。孩子们常常发挥想象，搭建各种造型的"建筑"。一天，老师发现孩子们在搭建过程中出现了一些问题，有的孩子盲目堆砌，没有明确目标；有的孩子之间缺乏合作，经常因为争抢材料而发生矛盾。于是，老师决定以"梦想小镇"为主题，引导孩子们开展建构游戏，并在游戏过程中适时给予引导。游戏开始后，孩子们纷纷拿起材料开始搭建。乐乐随手拿起几块积木，胡乱地堆在一起，边堆边说："我要建一座大高楼。"可没一会儿，他就失去了兴趣，开始东张西望。旁边的朵朵和轩轩则因为都想用一个长纸盒而争吵起来，"这是我先拿到的！""不对，是我先看到的！"两人互不相让，谁也不肯松手。老师看到这一幕，并没有立刻上前制止。她先在一旁观察了一会儿，发现孩子们都沉浸在自己的小世界里，缺乏对游戏的整体规划和合作意识。于是，老师轻轻地走过去，蹲下来问孩子们："小朋友们，我们的梦想小镇如果这样各自搭建，会不会有点乱呀？大家想一想，真正的小镇里都有什么呢？"孩子们听到老师的话，纷纷停下手中的动作，开始思考起来。老师组织孩子们围坐在一起，开展了一场关于"梦想小镇"的讨论。"谁能说一说，你们见过的小镇是什么样的？"老师问道，孩子们纷纷举手，"小镇有好多房子！""还有马路！""有商店，能买东西！""还有公园，大家可以去玩！"孩子们你一言我一语，气氛十分热烈。接着，老师又问："那我们的梦想小镇要怎么搭建呢？需要分成

Note

几个部分？大家怎么分工合作呢？"在老师的引导下，孩子们开始讨论起来。最后，他们决定把小镇分成住宅区、商业区、公园和马路四个部分。乐乐主动说："我喜欢搭房子，我来负责建住宅区！"朵朵和轩轩也不再争吵，朵朵说："我可以搭商店，建商业区。"轩轩则说："我来修马路，还要做路标！"其他孩子也都找到了自己感兴趣的任务。在搭建过程中，孩子们遇到了不少困难。负责搭建公园的果果发现，用积木搭的树总是很容易倒。他尝试了几次，都没有成功，急得眼泪在眼眶里打转。老师看到后，走过去问："果果，怎么啦？遇到什么问题了？"果果委屈地说："老师，我的树总是倒，搭不起来。"老师鼓励他："别着急，我们一起来想想办法。你看，树为什么会倒呢？是不是下面不够稳固？"在老师的引导下，果果开始思考，他尝试在树的底部多放几块积木，还找来了一些小树枝插在积木的缝隙里当作树干。另一边，乐乐在搭建住宅区时，发现自己搭的房子不够高，和他想象中的高楼差距很大，他有些沮丧，不知道该怎么办。老师走过去，说："乐乐，你想搭一座高楼，对不对？我们可以试着把积木一块一块地往上叠，但是要对齐哦，这样才能让高楼更稳固。"乐乐听了老师的建议，重新开始搭建。他小心翼翼地把积木对齐，一层一层地往上垒放，慢慢地，一座高高的大楼就建好了。经过一段时间的努力，孩子们的"梦想小镇"终于搭建完成了。看着自己的作品，孩子们都兴奋不已，纷纷向小伙伴们介绍自己负责的部分。老师组织孩子们围坐在小镇周围，开展分享活动。"今天大家都很棒，我们的梦想小镇建得特别漂亮！"老师说，"在搭建过程中，大家都遇到了一些困难，谁能说一说，你是怎么解决的？"孩子们积极发言，分享了自己的经验和感受。通过这次游戏，孩子们不仅提高了建构技能，而且学会了如何与同伴合作、如何解决问题。适时的引导让孩子们在游戏中少走了很多弯路，激发了他们的想象力和创造力，也让他们在不断克服困难的过程中，获得了成就感和自信心。

想一想

　　当你发现搭建的作品总是倒塌时，除了换其他材料，还能从哪些方面去改变和尝试？怎样借助身边的辅助物品，让你的作品更稳固呢？

　　总之，幼儿园课程游戏化的基本要求——凸显游戏精神、注重幼儿的兴趣与生活之间的联系、发挥教师的支持作用，是相互关联、相互促进的有机整体。只有将这三点要求真正落实到幼儿园课程实施的过程中，才能让幼儿在游戏中快乐成长，实现全面发展。

任务实施

学生以组为单位，以本节主题"幼儿园课程游戏化的基本要求"为关键词，开展资料收集与阅读，然后撰写一份关于幼儿园课程游戏化的基本要求的阅读分析报告。

任务评价

评价维度	评价项目	评价标准	师生评价		
			自我评价	小组评价	教师评价
成果呈现	分析与评价	切合实际，思路清晰，评价客观			
	指导建议	科学可行，有针对性			
成果展示	表达	表述完整，语言流畅			
	合作	分工明确，团结协作			

思考与练习

一、简答题

1. 请简述"在课程实施的过程中生成游戏"的内涵，并举例说明。

2. 结合实际，谈谈如何在游戏中融入课程内容？

3. 论述游戏和课程有机融合的意义及实现途径。

二、实践题

到实践基地实践，了解幼儿园是如何在课程实施的过程中生成游戏的。

参考答案二维码

任务三　幼儿园课程游戏化的基本途径

【任务要求】

了解幼儿园课程游戏化的四种基本途径，掌握其实施策略，能够结合案例进行具体分析。

【知识梳理】

幼儿园课程游戏化是幼儿教育发展的重要趋势，它将游戏精神贯穿于课程设计与实施的全过程，以幼儿的兴趣和需求为出发点，促进幼儿在游戏中学习与成长。本任务结合实际案例从四个方面展开详细阐述，深入剖析幼儿园课程游戏化的基本途径。

一　以教具、玩具、材料为中介开展支架式教学

教具、玩具和材料是连接幼儿与课程内容的重要媒介，以其为中介开展支架式教学，能够为幼儿提供适宜的支持，帮助他们在已有经验的基础上，逐步建构新的知识与技能体系。具体实施策略如下。

1. 精心选择与投放材料

教师应根据幼儿的年龄特点、兴趣爱好和发展目标，选择丰富多样、具有层次性和开放性的教具、玩具和材料。例如，在小班的建构区，投放大小不同、形状各异的软积木，方便幼儿抓握和搭建；在大班的科学区，投放显微镜、天平、磁铁等材料，激发幼儿探索科学奥秘的兴趣。

2. 动态调整材料

关注幼儿在游戏过程中的表现和需求，及时调整材料的种类、数量和难度。当幼儿对某种材料失去兴趣时，应及时更换新的材料；当幼儿在游戏中遇到困难时，增加辅助材料或调整材料的组合方式，为幼儿提供支持。

3. 引导幼儿与材料互动

教师可以通过提问、示范、鼓励等方式，引导幼儿主动探索和操作材料，发现材料的特性和玩法。例如，在美工区，教师可以引导幼儿观察不同纸张的质地和颜色，尝试用撕、剪、贴等方法进行创作；在数学区，教师可以引导幼儿用积木、雪花片等材料进行数数、分类和排序。

案例

中班科学活动"沉浮的秘密"

在中班科学活动"沉浮的秘密"中，教师为幼儿提供了各种实验材料，包括水盆、木块、塑料瓶、铁钉、石头、泡沫板等。活动开始后，教师引导幼儿猜测哪些物品会浮在水面上，哪些物品会沉入水底，并将自己的猜测记录下来。然后，幼儿分组进行实验，将物品放入水中，观察它们的沉浮情况，并将结果记录下来。在实验过程中，幼儿发现铁钉和石头会沉入水底，木块、塑料瓶和泡沫板会浮在水面上。于是，教师引导幼儿进一步思考："为什么有些物品会浮在水面上，有些物品会沉入水底呢？"幼儿通过讨论和再次实验，发现物体的沉浮与它的重量和体积有关。最后，教师引导幼儿利用沉浮的原理，设计并制作了一艘小船。在这个活动中，教师通过提供丰富的实验材料，为幼儿的学习搭建了支架，引导幼儿在自主探索和操作的过程中发现问题、解决问题，提升了幼儿的科学探究能力。

想一想

在以教具、玩具、材料为中介开展支架式教学的过程中，如何更好地把握材料投放的时机和数量，以满足不同幼儿的发展需求？

拓展阅读

以教具、玩具为中介展开支架式教学的案例

在幼儿园教育中，以教具、玩具、材料为中介开展支架式教学，是助力幼儿学习与发展的重要方式。这种教学模式以幼儿的认知特点和发展需求为基础，通过合理运用丰富多样的教具、玩具、材料，为幼儿搭建学习的"支架"，逐步引导幼儿跨越最近发展区，实现知识与能力的提升。支架式教学的概念源于维果茨基的"最近发展区"理论。在幼儿园教学中，教具、玩具、材料便是连接幼儿现有水平与潜在发展水平的桥梁。教师依据教学目标和幼儿的实际情况，精心选择和设计教具、玩具、材料，以创设适宜的学习情境，引导幼儿在与材料的互动中主动探索、发现和学习。

以数学领域为例，教师在实际教学中常常运用教具、玩具、材料开展支架式教学。比如，在进行"认识数字与数量对应关系"的教学时，教师可以先为幼儿提供形象直观的实物教具，如小木棍、积木等。幼儿通过亲手点数这些实物，能够较为轻松地理解数字所代表的实际数量，初步建立

起数字与数量的对应关系的概念。这是支架教学的第一步，可以帮助幼儿从对具体实物的感知过渡到对数字概念的初步认知。幼儿掌握了基础概念后，教师可以进一步提供数字卡片与实物卡片的配对材料。幼儿需要将数字卡片与相应数量的实物卡片进行匹配，在这个过程中，幼儿对数字与数量的对应关系的理解将变得更加深入，同时也锻炼了观察、分析和判断能力。这是支架式教学的第二步，在已有基础上提升幼儿对知识的运用能力。

当幼儿熟练掌握数字与数量的对应关系后，教师可以引入计数器、数字拼图等更具挑战性的教具、玩具、材料。幼儿通过操作计数器进行数字的加减运算，或者通过完成数字拼图来巩固对数字顺序和关系的理解。这是支架教学的第三步，可以促使幼儿将所学知识进行整合和拓展，实现从简单认知到复杂运算的跨越。

以"图形认知"教学为例，在某幼儿园的教学初期，教师为幼儿提供了各种形状的积木，如三角形、正方形、圆形积木等。幼儿在搭建积木的过程中，通过触摸、观察和拼接，感知不同图形的特征。教师可适时引导幼儿用语言描述图形的特点，如"三角形有三个角、三条边""正方形的四条边一样长"等，帮助幼儿强化对图形的认识。幼儿熟悉图形后，教师可提供图形镶嵌板，让幼儿将不同形状的板块嵌入对应的凹槽中。这一过程不仅加深了幼儿对图形特征的理解，还锻炼了他们的手眼协调能力和空间感知能力。教师在旁观察幼儿的操作过程，针对幼儿的困难，如无法准确判断图形方向等问题，给予适当的提示和引导，帮助幼儿克服困难。最后，教师可以组织"图形创意拼搭"活动，为幼儿提供丰富多样的图形卡片、彩纸等材料，鼓励幼儿发挥想象力，用不同图形拼出各种有趣的图案，如用三角形和长方形拼出房子，用圆形和椭圆形拼出小动物等。在这个过程中，幼儿灵活运用所学的图形知识，其创造力和思维能力得到充分发展。

结合以上案例，我们可以思考：在以教具、玩具、材料为中介开展支架式教学时，如何准确把握每个幼儿的最近发展区，从而提供最适宜的教具、玩具、材料？怎样根据幼儿的反馈，及时调整支架式教学的难度和方向，以确保教学的有效性？

二　日常活动游戏化

日常活动是幼儿园课程的重要组成部分，将日常活动游戏化，能够让幼儿在轻松愉快的氛围中养成良好的生活习惯，提高自我服务能力和社会交往能力。具体实施策略如下。

1. 将生活环节游戏化

教师可以将洗手、进餐、午睡等生活环节设计成有趣的游戏。例如，在洗手环节，教师可以创编洗手儿歌，引导幼儿一边唱儿歌一边洗手；在进餐环节，教师可以开展"小小美食家"游戏，让幼儿介绍自己喜欢的食物，教授正确的进餐礼仪；在午睡环节，教师可以播放轻柔的音乐、讲述睡前故事，帮助幼儿放松心情，进入梦乡。

2．开展主题活动

教师可以围绕幼儿的生活经验和兴趣，开展主题游戏活动。例如，在"我爱我家"主题活动中，幼儿可以通过角色扮演游戏，模仿爸爸妈妈的日常行为，学习照顾家人；在"秋天的果实"主题活动中，幼儿可以通过采摘、品尝、制作等游戏，了解秋天的水果和农作物。

3．融入游戏元素

教师可以在日常教学活动中，融入游戏元素，如竞赛、角色扮演、故事表演等。例如，在语言活动中，教师可以通过角色扮演游戏，让幼儿表演故事中的情节，提高幼儿的语言表达能力和想象力；在数学活动中，教师可以开展数学游戏，让幼儿在游戏中学习数数、计算和比较。

案　例

小班生活活动"我会自己穿衣服"

在小班生活活动"我会自己穿衣服"中，教师将穿衣服的过程设计成一个有趣的游戏。教师先向幼儿展示各种漂亮的衣服，激发幼儿穿衣服的兴趣。随后，教师通过儿歌、示范等方式，教幼儿穿衣服的方法。例如，教师一边念儿歌"抓领子，盖房子，小老鼠，出洞子，吱溜吱溜上房子"，一边示范穿套头衫的方法。接着，教师为幼儿提供各种衣服，让幼儿在游戏中练习穿衣服。在游戏过程中，教师及时给予幼儿鼓励和指导，帮助幼儿掌握穿衣服的技巧。通过这个游戏活动，幼儿不仅学会了自己穿衣服，还提高了自我服务能力和动手能力。

想一想

如何在日常活动游戏化的过程中，平衡游戏的趣味性和教育的目标性，确保幼儿在游戏中获得有益的发展？

拓展阅读

日常活动游戏化对幼儿教育的作用

在幼儿教育领域，将日常活动游戏化已成为一种重要且有效的教育方式，它在幼儿每日经历的生活环节、学习过程中巧妙融入游戏元素，让幼儿在轻松愉悦的氛围中实现全面发展。以进餐环节

Note

为例，部分幼儿存在挑食、进餐速度慢等问题。教师可以设计"美食大冒险"游戏。将餐厅布置成神秘的美食王国，让幼儿们化身为勇敢的探险家。每一道菜品都是王国中的"宝物"，教师提前准备好与菜品相关的卡片，卡片上有生动的图案和简单的文字介绍，如胡萝卜卡片上画着可爱的胡萝卜小人，写着"吃我能让眼睛亮晶晶"。幼儿每吃完一种食物，就可以获得相应的卡片，集满一定数量的卡片，就能兑换"美食小勇士"的勋章。这样的游戏设置，能让幼儿们进餐的积极性大幅提高，原本不爱吃蔬菜的孩子，也开始主动尝试，因为他们渴望成为"美食小勇士"，在这个过程中，幼儿不仅养成了良好的饮食习惯，还认识了各种食物及其营养价值。

午睡环节也能巧妙游戏化。教师可以开展"魔法睡眠屋"游戏。将午睡室布置成梦幻的城堡，每个小床都是城堡里的小房间。在幼儿上床前，教师给每个孩子发放一颗"魔法星星"，告诉他们只要安静入睡，醒来后星星就会实现他的一个小愿望。同时，教师还可以在午睡室播放轻柔舒缓的音乐，营造温馨的氛围。对于入睡困难的幼儿，教师可以坐在床边，轻声讲述一个简短的睡前故事，如《小熊睡觉》，让幼儿在故事的陪伴下慢慢进入梦乡。这种方式能让幼儿们对午睡充满了期待，入睡速度加快，睡眠质量也得到了提升。

在教学活动中，游戏化同样发挥着重要作用。以数学教学为例，教师可以设计"数字寻宝"游戏，在教室的各个角落藏好写有数字的卡片，幼儿们分组进行寻找。找到卡片后，幼儿要根据卡片上的数字完成相应的任务，如卡片上的数字是3，幼儿就需要找出3个相同的玩具，或者用积木搭建有3个部分的作品。在这个过程中，幼儿不仅认识了数字，还学会了运用数字解决实际问题，对数学产生了浓厚的兴趣。日常活动游戏化不仅能够提升幼儿参与活动的积极性，还能促进幼儿多方面能力的发展。在游戏中，幼儿的语言表达能力得到锻炼，他们会与同伴交流游戏的想法和策略；幼儿的思维能力也不断提高，学会了思考如何完成游戏任务；同时，幼儿的团队合作能力也在与同伴的互动中逐渐形成。然而，在将日常活动游戏化的过程中，也会面临一些挑战。比如，如何根据幼儿的年龄特点和个体差异设计合适的游戏，确保每个幼儿都能在游戏中有所收获；怎样平衡游戏的趣味性和教育性，避免出现只注重游戏的娱乐性，而忽略教育目标的情况。

日常活动游戏化是一种行之有效的幼儿教育方式，它让幼儿在日常生活的各个环节，都能感受到游戏的乐趣，实现在玩中学、学中玩。未来，幼儿教育工作者应不断探索和创新，让日常活动游戏化在幼儿教育中发挥更大的作用，为幼儿的成长奠定坚实的基础。

二 以区域活动促进幼儿学习

区域活动是幼儿园课程游戏化的重要形式，它为幼儿提供了自主选择、自主探索、自主学习的空间，能够满足幼儿的个性化发展需求，丰富幼儿的学习经验。具体实施策略如下。

1. 合理规划区域

教师应根据幼儿园的实际情况和幼儿的发展需求，合理规划区域的种类和数量。常见的区域包括建构区、美工区、科学区、阅读区、角色扮演区等。每个区域都要有明确的功能和目标，每个区域都要投放相应的材料和设备。

2. 提供丰富的材料

教师要为每个区域提供丰富多样、具有层次性和开放性的材料，满足不同幼儿的兴趣和发展需求。例如，在建构区投放不同形状和大小的积木、纸盒、易拉罐等材料，让幼儿可以搭建各种不同的物体；在美工区投放各种绘画工具、手工材料、废旧物品等，让幼儿可以进行绘画、手工制作、装饰等活动。

3. 引导幼儿自主选择和探索

教师要尊重幼儿的意愿，鼓励幼儿自主选择区域和活动内容。在区域活动中，教师要给予幼儿足够的时间和空间，让幼儿自主探索和操作材料，发现问题、解决问题。同时，教师要关注幼儿的活动情况，及时给予指导和帮助。

4. 开展区域活动评价

教师要定期开展区域活动评价，了解幼儿在区域活动中的学习和发展情况。评价可以采用教师评价、幼儿自评、同伴互评等方式，评价的内容包括幼儿的活动表现、学习成果、合作能力等方面。通过评价，教师能及时发现问题，调整区域活动的内容和方式，提高区域活动的质量。

案例

大班区域活动"超市购物"

在大班区域活动"超市购物"中，教师设置了超市、收银台、银行等区域。在超市区域，教师投放了各种商品，包括食品、日用品、玩具等，让幼儿自由选择商品。在收银台区域，教师投放了收银机、计算器、购物袋等材料，让幼儿可以扮演收银员，为顾客结账。在银行区域，教师投放了存折、银行卡、取款机等材料，让幼儿扮演银行工作人员，办理存取款业务。在活动过程中，幼儿可以根据自己的兴趣和需求，选择不同的区域进行活动。例如，有的幼儿喜欢在超市购物，有的幼儿喜欢在收银台结账，有的幼儿喜欢在银行办理业务。通过区域活动，幼儿不仅了解了超市购物的流程和规则，还提高了社会交往能力、数学运算能力和解决问题的能力。

想一想

在区域活动中，如何引导幼儿进行深度学习，避免幼儿的活动停留在表面的玩耍阶段？

Note

引导幼儿深度学习

湖南省衡阳市第二实验幼儿园　谷任娟

在幼儿教育领域，深度学习是促进幼儿全面发展、培养幼儿的核心素养的重要方式，它主张让幼儿在主动探索、积极思考与深度体验的过程中，实现知识的内化与能力的提升。以下将通过具体实践案例，深入探讨如何引导幼儿深度学习。

一、"搭建桥梁"活动中的深度学习

在某幼儿园的建构区活动中，教师提出"搭建一座连接幼儿园两边操场的桥梁"这一主题任务。起初，幼儿们只是随意堆叠积木，桥梁结构松散，难以承重，但教师没有直接给出解决方案，而是引导幼儿观察生活中真实桥梁的图片和视频，鼓励他们思考桥梁的基本结构与承重原理。

看完图片和视频后，幼儿们开始分组讨论，尝试用不同形状、材质的积木搭建。有的小组用长方体积木作为桥墩，用长木板作为桥面；有的小组则尝试拱形结构。在搭建过程中，问题不断出现：桥面总是断裂、桥墩间距过大导致桥梁不稳等。这时，教师适时介入，引导幼儿思考"为什么会出现这些问题""怎样调整积木的摆放和组合能让桥梁更稳固"。随着探索的深入，幼儿们逐渐意识到桥墩的高度、间距以及桥面材料的选择对桥梁稳定性的重要性。他们开始测量积木尺寸，计算桥墩间距，尝试用不同方式固定桥面。有的幼儿甚至找来绳子、胶带等辅助材料加固桥梁。在这个过程中，幼儿不仅掌握了建构技能，还了解了数学测量、物理结构等知识，更重要的是，他们学会了发现问题、分析问题和解决问题，培养了批判性思维和创造力。

二、"植物生长探秘"活动中的深度学习

春天来临，幼儿园开展种植活动，幼儿们在班级种植角种下各种植物种子。教师引导幼儿制定观察计划，记录植物的生长过程。一开始，幼儿们只是简单地记录植物的高度变化，随着时间推移，问题逐渐出现：有的植物生长缓慢，有的叶子发黄。

教师组织幼儿讨论，鼓励他们说出可能的原因。幼儿们纷纷猜测，有的认为是浇水不够，有的觉得是阳光不足，还有的怀疑土壤有问题。为了验证这些猜测，幼儿们分组进行对比实验：一组增加浇水频率，一组调整植物摆放位置以获取更多阳光，一组更换土壤。

在实验过程中，幼儿们每天都会仔细观察植物的变化，认真记录数据。通过一段时间的观察和对比，他们发现植物生长需要合适的水分、充足的阳光和肥沃的土壤。同时，幼儿们还发现不同植物的生长习性存在差异。在这个过程中，幼儿们主动探究、合作、交流，对植物生长的知识有了深入的理解，具备了科学探究的思维方式和严谨的态度。

三、引导幼儿深度学习的策略

（一）创设具有挑战性的问题和情境

教师应根据幼儿的年龄特点和发展水平，创设能够激发幼儿兴趣和好奇心的问题和情境。问题要有一定的难度，但又在幼儿的"最近发展区"内，让幼儿在解决问题的过程中不断挑战自我，实现深度学习。如在"搭建桥梁"活动中，"如何搭建一座稳固且能承重的桥梁"这一问题，就充分调动了幼儿的积极性和探索欲望。

（二）提供充足的探索时间

深度学习需要幼儿用足够多的时间去观察、思考、尝试和验证。教师要避免急于求成，要给幼儿留出充裕的活动时间和宽松的活动空间，让他们能够按照自己的节奏进行探索。在"植物生长探秘"活动中，幼儿们要经过长时间的观察和实验，才能得出植物生长的相关结论。

（三）适时引导与有效支持

教师的引导和支持是幼儿进行深度学习的重要保障。当幼儿遇到困难时，教师要通过提问、启发、示范等方式，引导幼儿思考，帮助他们找到解决问题的思路和方法。同时，教师要关注幼儿的个体差异，提供个性化的支持，满足不同幼儿的学习需求。

（四）鼓励合作与交流

合作学习能够促进幼儿之间的思想碰撞和经验分享，拓宽幼儿的视野。教师可以让幼儿分组活动，鼓励他们在小组中相互讨论、合作解决问题。在交流过程中，幼儿不仅能够学习同伴的优点和经验，还能提高语言表达和沟通能力。

四、结语

引导幼儿进行深度学习是幼儿教育的重要目标。通过创设适宜的活动情境、提供充足的探索机会、给予有效的引导支持、鼓励幼儿合作交流，能够激发幼儿的学习兴趣和内在动力，培养幼儿的核心素养和综合能力。在未来的幼儿教育实践中，我们应继续深入研究和探索引导幼儿深度学习的方法和策略，为幼儿的成长和发展奠定坚实的基础。

想一想

在引导幼儿深度学习的过程中，如何平衡教师引导与幼儿自主探索之间的关系，从而更好地促进幼儿的学习与发展？

Note

四　利用环境来实施幼儿园课程

　　环境是幼儿园课程的重要组成部分，它能够潜移默化地影响幼儿的学习和发展。利用环境实施幼儿园课程，就是要将课程内容融入环境创设中，让环境成为幼儿学习的"隐性教师"。具体实施策略如下。

　　1. 创设主题环境

　　创设主体环境就是围绕幼儿园课程的主题，创设相应的主题环境。例如，在"春天来了"主题活动中，教师可以在教室的墙壁上张贴春天的图片、绘画作品，摆放各种植物和花卉，让幼儿在环境中感受春天的气息；在"交通工具"主题活动中，教师可以在教室的一角设置一个"交通城"，摆放各种交通工具的模型、图片和图书，让幼儿在主体环境中了解交通工具的种类和用途。

　　2. 创设互动环境

　　环境创设要注重幼儿的参与和互动，让幼儿成为环境的主人。教师可以引导幼儿参与环境创设的过程，让幼儿自己动手制作装饰品、布置教室等。同时，教师要在环境中设置一些互动环节，如问题墙、操作区等，让幼儿可以在互动环境中思考、探索和操作。

　　3. 创设开放环境

　　环境要具有开放性和灵活性，要根据幼儿的兴趣和需求进行调整。教师可以在幼儿园的户外场地设置一些开放性的游戏区域，如沙水区、建构区、种植区等，让幼儿可以在户外自由地玩耍和探索。同时，教师要在室内设置一些开放的活动空间，如走廊、大厅等，让幼儿可以在不同的区域之间自由走动和互动。

案　例

中班主题环境"我们的城市"创设

　　在中班主题环境"我们的城市"创设过程中，教师和幼儿一起收集了各种关于城市的图片、资料和物品，共同创设了一个充满城市气息的主题环境。在教室的墙壁上，教师张贴了城市的地图、高楼大厦的图片、交通工具的图片等，让幼儿了解城市的布局和结构；在教室的一角，教师设置了一个"城市街道"，摆放了各种建筑物的模型、交通标志和玩具车，让幼儿可以在"街道"上进行角色扮演游戏；在教室的另一角，教师设置了一个"城市展览馆"，展示了幼儿自己制作的城市手工艺品、绘画作品等，让幼儿感受自己的成长和进步。通过这个主题环境的创设，幼儿不仅了解了城市的相关知识，还提高了动手能力、想象力和创造力。

想一想

　　如何根据幼儿的年龄特点和发展需求，创设具有适宜挑战性的环境，促进幼儿的主动学习和发展？

拓展阅读

国外利用环境来实施幼儿园课程的案例与启示

一、意大利瑞吉欧艾米利亚幼儿园

　　瑞吉欧幼儿园的环境充满艺术气息与互动性。教室中设置了"工作坊"，配备了丰富的艺术创作材料，如颜料、陶泥、废旧物品等。墙面展示了幼儿未完成的作品、创作过程的照片以及幼儿的对话记录，形成了独特的"学习档案"。幼儿在这样的环境中，可以自由地开展艺术创作、实验探索等活动，教师通过观察幼儿与环境的互动，捕捉教育契机，生成课程内容。例如，幼儿在使用陶泥创作时，对陶泥的质地、可塑性产生兴趣，教师便引导幼儿开展关于"泥土的奥秘"的课程，带领幼儿探索泥土的来源、用途，进行泥塑创作等活动。

二、丹麦森林幼儿园

　　丹麦森林幼儿园将自然环境作为课程的核心载体。该幼儿园位于森林中，幼儿每天在森林里自由探索，攀爬树木、挖掘泥土、搭建树枝小屋。教师根据自然环境的变化，如季节更替、天气变化，引导幼儿开展相应的活动。春天，教师带领幼儿寻找发芽的植物，观察昆虫复苏；冬天，教师组织幼儿在雪地里堆雪人、打雪仗。自然环境中的一切元素，如落叶、石头、树枝等，都成为幼儿学习的材料。这种将课程完全渗透于自然环境的方式，培养了幼儿的观察力、冒险精神以及与自然和谐相处的意识。

三、启示

　　国外的实践案例表明，利用环境来实施幼儿园课程需打破传统教学的局限，充分利用多元环境资源，为幼儿提供丰富的学习体验。同时，教师应具备敏锐的观察力与课程开发能力，从幼儿与环境的互动中捕捉幼儿的兴趣点，使环境真正成为幼儿学习与发展的有力支持。我国的幼儿园课程游戏化实践，可借鉴这些经验，结合本土文化与资源，打造具有特色的环境渗透课程，让幼儿在充满生命力的环境中快乐成长、主动学习。

　　幼儿园课程游戏化的四条基本途径相互关联、相互促进，共同构成了一个有机的整体。以教具、玩具、材料为中介开展支架式教学，以日常活动游戏化、区域活动促进幼儿学习，利用环境来

Note

实施幼儿园课程，能够让幼儿在游戏中快乐学习、健康成长，实现幼儿园课程游戏化的目标。

任务实施

学生以小组为单位，进行游戏教具的制作，阐述教具对支架式教学的作用，体会以教具、玩具、材料为中介开展支架式教学的益处。

任务评价

评价维度	评价项目	评价标准	师生评价		
			自我评价	小组评价	教师评价
成果呈现	分析与评价	切合实际，思路清晰，评价客观			
	指导建议	科学可行，有针对性			
成果展示	表达	表述完整，语言流畅			
	合作	分工明确，团结协作			

思考与练习

简答题

1. 简述通过游戏化教学方法实现幼儿园课程游戏化的基本途径。

2. 环境创设在幼儿园课程游戏化中有何作用？具体可通过哪些方式实现？

3. 家园合作如何助力幼儿园课程游戏化？请举例说明。

参考答案二维码

参考文献

[1] 朱家雄. 幼儿园课程 [M]. 上海：华东师范大学出版社，2003.

[2] 沈建洲，张克顺. 幼儿园教育环境创设 [M]. 2版. 上海：复旦大学出版社，2022.

[3] 虞永平. 生活化的幼儿园课程 [M]. 北京：高等教育出版社，2010.

[4] 冯晓霞. 幼儿园课程 [M]. 北京：北京师范大学出版社，2000.

[5] 虞永平. 学前课程价值论 [M]. 南京：江苏教育出版社，2002.

[6] 王春燕，秦元东. 幼儿园课程概论 [M]. 北京：高等教育出版社，2019.

[7] 胡娟. 幼儿园课程概论 [M]. 上海：复旦大学出版社，2020.

[8] 李建军. 幼儿园课程概论 [M]. 南京：南京师范大学出版社，2018.

[9] 金敏，殷学军. 幼儿园教育活动设计与指导 [M]. 南京：南京师范大学出版社，2018.

Note

教学支持说明

为提升教育教学质量，本套教材融合多种媒体，配套了丰富的数字资源，使教材理论与实践密切结合，强调实践性，教材内容呈现形式灵活，方便教师教学，利于学生学习。

为方便教师的教学，我们将向使用本套教材的教师赠送教学课件或相关教学资料，请扫码加入托幼一体化专家俱乐部QQ群与我们联系，获取"数字资源申请表"并认真填写后发送给我们。

群名称：托幼一体化专家俱乐部
QQ群号：732618071

查看更多同系列教材